Die Verdrängungsabsicht als Beurteilungskriterium preisbezogener Behinderungsmissbräuche im Rahmen von Art. 102 AEUV

Schriftenreihe zum deutschen und europäischen Gesellschafts- und Wirtschaftsrecht

Herausgegeben von Christoph Teichmann und Florian Bien

Begründet von Günter Christian Schwarz †

Band 22

PETER LANG

www.ingramcontent.com/pod-product-compliance
Ingram Content Group UK Ltd.
Pitfield, Milton Keynes, MK11 3LW, UK
UKHW041823290926
8980IPUK00002B/24

9 783631 796184

Ulrich A. Pfeffer

Die Verdrängungsabsicht als Beurteilungskriterium preisbezogener Behinderungsmissbräuche im Rahmen von Art. 102 AEUV

PETER LANG

Bibliografische Information der Deutschen Nationalbibliothek
Die Deutsche Nationalbibliothek verzeichnet diese Publikation in der Deutschen Nationalbibliografie; detaillierte bibliografische Daten sind im Internet über http://dnb.d-nb.de abrufbar.

Zugl.: Würzburg, Univ., Diss., 2018

D 20
ISSN 1614-239X
ISBN 978-3-631-79618-4 (Print)
E-ISBN 978-3-631-79619-1 (E-PDF)
E-ISBN 978-3-631-79620-7 (EPUB)
E-ISBN 978-3-631-79621-4 (MOBI)
DOI 10.3726/b15905

Peter Lang – Berlin · Bern · Bruxelles · New York · Oxford · Warszawa · Wien

Diese Publikation wurde begutachtet.

www.peterlang.com

Meinen Eltern.

Vorwort

Die vorliegende Arbeit wurde im Sommersemester 2017 von der rechtswissenschaftlichen Fakultät der Julius-Maximilians-Universität Würzburg als Dissertationsschrift angenommen. Rechtsprechung und Literatur wurden, soweit erforderlich, noch bis Januar 2019 ergänzt.

Mein ganz besonderer Dank gilt meinem Doktorvater, Herrn Prof. Dr. Florian Bien, der mir neben der Promotion auch die Mitarbeit an seinem Lehrstuhl ermöglichte. Beides war in vielfacher Hinsicht für mich prägend, nicht zuletzt durch die zahlreichen wissenschaftlichen Diskussionen (in der interdisziplinären Arbeitsgruppe *Wettbewerb und Regulierung* und darüber hinaus), durch die hervorragende Betreuung dieser Arbeit, das stets große Interesse und das Vertrauen in mein Vorankommen. Ganz herzlichen Dank hierfür!

Ebenso gilt mein Dank Herrn Prof. Dr. Sosnitza für die freundliche Übernahme und zügige Erstellung des Zweitgutachtens. Für die Aufnahme der Arbeit in die Schriftenreihe zum deutschen und europäischen Gesellschafts- und Wirtschaftsrecht danke ich meinem Doktorvater sowie Herrn Prof. Dr. Christoph Teichmann.

Ein herzlicher Dank gebührt auch meinen ehemaligen Kolleginnen und Kollegen „am Paradeplatz", durch die ich meine Promotionszeit in sehr schöner Erinnerung behalten werde.

Ebenfalls möchte ich mich bei meinem Bruder Jan Christoph für den stets motivierenden Zuspruch in der Entstehungsphase und bei der Fertigstellung dieser Arbeit bedanken. Ganz besonderer Dank gilt schließlich meinen Eltern. Sie haben nicht nur meine Ausbildung uneingeschränkt gefördert, sondern mich auch bei diesem Projekt stets mit großem Rückhalt und viel Motivation unterstützt. Ihnen widme ich diese Arbeit.

Düsseldorf, März 2019

Inhaltsverzeichnis

Abkürzungsverzeichnis

Am. Econ. Rev.	American Economic Review
Am. Univ. L. Rev.	American University Law Review
Antitrust Bull.	Antitrust Bulletin
Antitrust L. & Econ. Rev.	Antitrust Law and Economics Review
Antitrust L. J.	Antitrust Law Journal
Arizona L. Rev.	Arizona Law Review
Asia-Pacific Antitrust Rev.	Asia Pacific Antitrust Review
Colum. L. Rev.	Columbia Law Review
CML Rev.	Common Market Law Review
Comp. L.	Competition Law
Cong. Rec.	Congressional Records (USA)
Cornell L. Rev.	Cornell Law Review
E. L. Rev.	European Law Review
ECLR	European Competition Law Review
Econ. J.	Economic Journal
E.I.P.R.	European Intellectual Property Review
Emory L. J.	Emory Law journal
Eur. Antitrust Rev.	European Antitrust Review
EuZW	Europäische Zeitschrift für Wirtschaftsrecht
EWS	Europäisches Wirtschafts- und Steuerrecht
GCP	Global Competition Policy
Geo. L. J.	Georgetown Law Journal
GRUR-Int.	Gewerblicher Rechtsschutz und Urheberrecht, Auslands- und internationaler Teil
Harv. L. Rev.	Harvard Law Review
J. Corp. L.	Journal of Corporation Law
J. L. & Econ.	Journal of Law and Economics
J. L. Econ. & Pol'y	Journal of Law, Economics and Policy
JECLP	Journal of European Competition Law and Practice
JZ	Juristenzeitung
Leg. Iss. Econ. Integr.	Legal Issues of Economic Integration

Marquette L. Rev.	Marquette Law Review
Mich. L. Rev.	Michigan Law Review
MR-Int.	Zeitschrift für Medien und Recht International
N. C. L. Rev.	North Carolina Law Review
N. Y. U. L. Rev.	New York University Law Review
Ohio St. L. J.	Ohio State Law Journal
ORDO	Jahrbuch für die Ordnung von Wirtschaft und Gesellschaft
Oxf. J. Leg. Stud.	Oxford Journal of Legal Studies
RIW	Recht der International Wirtschaft/ Außenwirtschaftsdienst des Betriebs-Beraters
S. Cal. L. Rev.	Southern California Law Review
St. John's L. Rev.	St. John's Law Review
Stan. L. Rev.	Stanford Law Review
Temple L. Rev.	Temple Law Review
Texas L. Rev.	Texas Law Rev.
U. Chi. L. Rev.	University of Chicago Law Review
U. Iowa Leg. Stud. Research Paper	University of Iowa Legal Studies Research Paper
Vand. L. Rev.	Vanderbilt Law Review
W. Comp.	World Competition
WuW	Wirtschaft und Wettbewerb
Yale L. J.	Yale Law Journal
ZHR	Zeitschrift für das gesamte Handels- und Wirtschaftsrecht
ZWeR	Zeitschrift für Wettbewerbsrecht

A. Anlass und Ziel der Untersuchung

Der primärrechtliche Anker der europäischen Missbrauchsaufsicht ist Art. 102 des Vertrags über die Arbeitsweise der Europäischen Union (AEUV). Er verbietet marktbeherrschenden Unternehmen die *missbräuchliche Ausnutzung* ihrer marktbeherrschenden Stellung, soweit dies zu einer Beeinträchtigung des zwischenstaatlichen Handels in der Europäischen Union führen kann. Mit der Eingriffsvoraussetzung der missbräuchlichen Ausnutzung enthält das europäische Missbrauchsverbot einen „extrem unbestimmten" Rechtsterminus, aus dem sich unmittelbar keine einheitlichen Anwendungsgrundsätze ableiten lassen.[1] Eine Legaldefinition findet sich weder im europäischen Primär- noch im Sekundärrecht. Es mag daher kaum verwundern, dass über seine Deutung und Tragweite seit jeher debattiert wird.[2]

Der Gerichtshof der Europäischen Union (EuGH) definiert die missbräuchliche Ausnutzung seit seinem Urteil in der Rechtssache *Hoffmann-La Roche* als „Verhaltensweisen eines Unternehmens in beherrschender Stellung, die die Struktur eines Marktes beeinflussen können, auf dem der Wettbewerb gerade wegen der Anwesenheit des fraglichen Unternehmens bereits geschwächt ist, und die die Aufrechterhaltung des auf dem Markt noch bestehenden Wettbewerbs oder dessen Entwicklung durch die Verwendung von Mitteln behindern, welche von den Mitteln eines normalen Produkt- oder Dienstleistungswettbewerbs auf der Grundlage der Leistungen der Marktbürger abweichen."[3] Verkürzt man die Aussage des EuGH um die Elemente, die an die Marktbeherrschung anknüpfen, so verbleibt als Definition des Missbrauchs die Behinderung des Wettbewerbs durch die Verwendung leistungsfremder Mittel.[4]

---

1 Für die deutsche Parallelvorschrift in § 19 Abs. 4 GWB a. F. (nunmehr § 19 Abs. 1 GWB) ebenso *Möschel*, Recht der Wettbewerbsbeschränkungen, Rn. 540. Ähnliches gilt für das Monopolisierungsverbot der USA in Sec. 2 Sherman Act, vgl. *Dana,* Harv. L. Rev. 7 (1894) 338, 355.

2 Vgl. dazu insbesondere den Tagungsband des achten EU Competition Law and Policy Workshop am European University Institute in Florenz, European Competition Law Annual 2003: What is an Abuse of a Dominant Position? Nach Einschätzung von *Eilmansberger,* CML Rev. 42 (2005), 129 f. Fn. 4, war der Workshop ein maßgeblicher Ausgangspunkt weiterer Erörterungen zur Interpretation und Modernisierung des damaligen Art. 82 EG.

3 EuGH, Urt. v. 13.2.1979, Rs. 85/76, Slg. 1979, 461 Rn. 91 – *Hoffmann-La Roche.*

4 *Glöckner,* Kartellrecht, Rn. 514.

Auch diese Definition bringt nur einen begrenzten Erkenntnisgewinn mit sich. Denn die Grenzlinie zwischen wettbewerbswidriger Behinderung und legitimer Geschäftspraxis ist oftmals schwer zu ziehen. Ein Grund dafür ist, dass manche Geschäftspraktiken unter Wettbewerbsbedingungen grundsätzlich unbedenklich sind, in der Hand eines Marktbeherrschers jedoch zu einer „Waffe gegen den Wettbewerb mutieren" können.[5] Noch schwieriger wird es, wenn das Verhalten auch bei einem Marktbeherrscher grundsätzlich erwünscht ist, aber jederzeit in einen Verdrängungsmissbrauch umschlagen kann. Zu denken ist dabei insbesondere an Preissenkungen, die erst bei Unterschreiten bestimmter Kostengrenzen als missbräuchlich angesehen werden. Die Entscheidungspraxis der Gemeinschaftsorgane hat sich stets an den konkreten Umständen des jeweiligen Falles orientiert und für verschiedene Fallgruppen verschiedene Prüfungskriterien gebildet.[6] In der Literatur mehren sich hingegen seit Anfang des 21. Jahrhunderts die Stimmen, die auf einen übergreifenden Differenzierungsmaßstab hindrängen.[7] Viele Formen des Behinderungsmissbrauchs haben gemeinsam, dass das marktbeherrschende Unternehmen seine wirtschaftliche Macht dazu nutzt, die Wettbewerbsbedingungen des beherrschten Marktes zu verändern, indem es entweder die angebotsseitigen oder die nachfrageseitigen Marktverhältnisse in wettbewerbsschädigender Weise beeinflusst. Ersteres ist der Fall, wenn der Marktbeherrscher beispielsweise durch Kampfpreise Wettbewerber aus dem Markt drängt. Letzteres kann durch den Einsatz von Alleinbezugsverträgen erreicht werden, die die Nachfrage an den Marktbeherrscher binden und somit den Wettbewerbern die Möglichkeit nehmen, ihre Produkte abzusetzen. Insbesondere für diese Art von Missbräuchen sind verschiedene

---

5 *Wurmnest,* Marktmacht und Verdrängungsmissbrauch, 341.

6 Die Fallpraxis zu Sec. 2 Sherman Act weist eine ähnliche Entwicklung auf. Vgl. dazu *Lao,* Am. Univ. L. Rev. 54 (2004), 151, 161: "Over time, courts classified potential exclusionary conduct into discrete categories, each with its own operational test, instead of analyzing all such conduct under a unitary standard."

7 *Nazzini,* Foundations of EU Competition Law, 51 ff.; *Eilmansberger,* CML Rev. 42 (2005), 129, 131; *Elhauge,* Stan. L. Rev. 56 (2003), 253, 255; *Kauper,* Geo. L. J. 93 (2005), 1623, 1625; siehe dazu auch *Popofsky,* Sherman Act Section 2 Joint Hearing: Tying Hr'g Tr. 59, Nov. 1, 2006: "[T]here is a holy war raging over the appropriate liability standard under Sherman Act Section 2 generally"; *Salop,* Antitrust L. J. 73 (2006), 311, 312: "There is currently great intellectual ferment over the proper antitrust liability standard governing allegedly exclusionary conduct under Section 2 in the United States and Article 82 in Europe." *Mandorff/Sahl,* Comp. L. 2013, 221: "Finding a single, unifying principle for the assessment of exclusionary abuse is arguably the holy grail of competition law."

Konzepte vorgeschlagen worden, die zu einer praktikablen Differenzierung zwischen legitimem und wettbewerbswidrigem Marktverhalten führen sollen.

Das intuitiv wohl naheliegendste und eingängigste Differenzierungskriterium ist die Verdrängungsabsicht. Dabei wird auf die Intention des Marktbeherrschers geschaut, um einen Missbrauch zu identifizieren. Dies entspricht der ursprünglichen Herangehensweise der US-amerikanischen Kartellrechtsordnung. So setzt ein Verstoß gegen das in Sec. 2 Sherman Act niedergelegte Monopolisierungsverbot nach ständiger Rechtsprechung des Supreme Court die *bewusste* Aufrechterhaltung von Monopolmacht voraus.[8] Das Verbot des Monopolisierungsversuchs erfordert zudem eine sog. Monopolisierungsabsicht ("specific intent"), um tatbestandlich erfüllt zu sein und als Untersagungsgrundlage für ein entsprechendes Verhalten zu dienen.[9] Auch in der deutschen lauterkeits- und kartellrechtlichen Spruchpraxis wird seit der *Benrather-Tankstellen*-Entscheidung[10] die Wettbewerbswidrigkeit bestimmter Preisunterbietungen ebenfalls von der Feststellung einer Verdrängungsabsicht abhängig gemacht. Ebenso greifen – wie noch zu zeigen sein wird – auch die Kommission und die europäischen Gerichte auf subjektive Absichten des Marktbeherrschers zurück, um Missbrauchsfälle zu analysieren.

Die Verdrängungsabsicht als Kriterium der Missbrauchsanalyse ist allerdings seit jeher starker Kritik ausgesetzt. Insbesondere prominente Stimmen aus dem US-amerikanischen Schrifttum, weisen darauf hin, dass der Blick auf die Motivation des Marktbeherrschers nicht tauge, um ein missbräuchliches Verhalten zu identifizieren. Ein gesundes Wettbewerbssystem sei grundsätzlich darauf ausgelegt, dass Wettbewerber versuchen, sich gegeneinander durchzusetzen und Marktanteile voneinander abzunehmen. Eine Verdrängungsabsicht sei damit einem jedem Wettbewerbsprozess immanent und könne nicht als Zeichen einer missbräuchlichen Ausnutzung bewertet werden. Judge *Easterbrook* hat diese Kritik mit seinen vielzitierten Worten treffend auf den Punkt gebracht:

> "Firms need not like their competitors; they need not cheer them on to success; a desire to extinguish one's rival is entirely consistent with, often is the motive behind competition."[11]

Die vorliegende Untersuchung will aufzeigen, dass diese Kritik nur bedingt gerechtfertigt ist und die Verdrängungsabsicht gerade im Bereich der preisbezogenen

---

8 *United States v. Grinnell Corp.*, 384 U.S. 563, 570 f. (1966).

9 Dazu *Hovenkamp*, Federal Antitrust Policy, 280 ff.

10 RGZ 134, 342 – *Benrather Tankstelle.*

11 *A.A. Poultry Farms, Inc. v. Rose Acre Farms, Inc.*, 881 F.2d 1396, 1402 (7th Cir. 1989).

Behinderungsmissbräuche ein hilfreiches, wenn nicht gar notwendiges Kriterium zur Identifizierung eines Missbrauchs darstellt. Um die Verdrängungsabsicht allerdings als brauchbares Kriterium einsetzen zu können, bedarf es zunächst einer begrifflichen Konkretisierung. In der Rechtsprechung und Literatur haben sich dazu eine Vielzahl verschiedener Zuordnungs- und Kategorisierungsversuche entwickelt, deren Darstellung und Erläuterung den Eingang dieser Untersuchung bilden (B.I.). Im Anschluss daran wird ein eigener begrifflicher Konkretisierungsvorschlag unterbreitet, der die Verdrängungsabsicht von den typischen einem Wettbewerbsprozess zugrunde liegenden Motivationen und Intentionen hinreichend differenziert, um sie als eigenständiges Missbrauchskriterium nutzbar machen zu können (B.II.). In einem weiteren Schritt wird sodann aufgezeigt, inwieweit das Kriterium der Verdrängungsabsicht mit dem europarechtlichen Postulat des objektiven Missbrauchskonzepts (B.III.) sowie der zunehmenden Ökonomisierung der Missbrauchsanalyse (B.IV.) in Einklang zu bringen ist.

Sind die grundsätzlichen Voraussetzungen erst einmal gegeben, um ein Absichtselement in die Missbrauchsprüfung zu integrieren, so stellt sich zwangsläufig die Frage, ob eine solche Berücksichtigung mit einem Mehrwert für die Missbrauchsanalyse und die dort erforderliche Differenzierung von wettbewerbswidrigem und wettbebwerblich legitimem Geschäftsverhalten verbunden ist. Der Verfasser geht diesen Fragen nach und arbeitet in diesem Zusammenhang die wesentlichen Funktionsweisen des Absichtselements heraus (B.V.).

Daran anschließend wird die europäische Entscheidungs- und Rechtsprechungspraxis zu den preisbezogenen Behinderungsmissbräuchen auf den Einsatz des Kriteriums Verdrängungsabsicht hin untersucht. Diese Verprobung wird aufzeigen, dass die Verdrängungsabsicht insbesondere im Rahmen des Kampfpreismissbrauchs (einschließlich der Kosten-Preis-Schere) ein geeignetes Analysekriterium zu deren Identifizierung darstellt (C.I.). Auch im Rahmen der missbrauchsrechtlichen Bewertung von Rabatten wird die Relevanz der Verdrängungsabsicht in Gestalt der Marktabschottungsabsicht herausgearbeitet (C. II.). Infolge ihrer sachlichen Nähe zu Treuerabatten wird anschließend noch die Relevanz der Marktabschottungsabsicht im Rahmen von Ausschließlichkeitsbindungen untersucht (C.III.).

In einem vergleichenden Exkurs wird dann ein Blick auf die Rolle der Verdrängungsabsicht im US-amerikanischen und deutschen Kartellrecht geworfen, die im Vergleich zur unionsrechtlichen Praxis unterschiedliche Akzente setzen (D).

Da sich in der Anwendungspraxis der Missbrauchskontrolle die Frage der Nachweisführung einer Verdrängungsabsicht häufiger stellt, wird dieses Thema in einem weiteren Kapitel vertieft (E), bevor abschließend die Rolle der Verdrängungsabsicht auf der Rechtsfolgenseite untersucht wird (F).

Die folgende Untersuchung kann sich auf den Verdrängungsmissbrauch beschränken, einen engen, aber praktisch wichtigen Ausschnitt aus dem weiten Feld der möglichen Missbrauchspraktiken. Dies hängt insbesondere damit zusammen, dass Verhaltensweisen, die in sich selbst schon missbräuchlich sind, keiner weitergehenden Wirkungs- oder Zweckanalyse bedürfen.[12] Dies trifft u. a. auf Fälle des Ausbeutungsmissbrauchs zu, bei denen Ausbeutungshandlung und Ausbeutungserfolg typischerweise derart zusammenfallen, dass bereits die Tatbestandsmäßigkeit der Ausbeutungshandlung (z. B. Festsetzung unangemessen hoher Preise) die Anwendung des Missbrauchsverbots auslöst.[13] Der Ausbeutungshandlung ist die Ausbeutungswirkung in diesen Fällen regelmäßig immanent.[14] Der zusätzliche Nachweis einer Ausbeutungsintention ist von vornherein nicht erforderlich.[15]

---

12 *Eilmansberger*, CML Rev. 42 (2005), 129, 148; vgl. auch *Brand*, in: FK-KartR, Art. 102 Rn. 154.

13 Vgl. *Fuchs/Möschel*, in: Immenga/Mestmäcker, EU-Wettbewerbsrecht, Art. 102 AEUV Rn. 143.

14 *Eilmansberger/Bien* formulieren daher treffend, dass es „keine bewirkte Ausbeutung" geben könne, vgl. *dies.*, in: MünchKommEuWettbR, Art. 102 AEUV Rn. 162.

15 *Eilmansberger/Bien*, in: MünchKommEuWettbR, Art. 102 AEUV Rn. 162.

B. Die Verdrängungsabsicht als Kriterium der Missbrauchsfeststellung – Grundlagen

I. Der Begriff der Verdrängungsabsicht

Wissenschaft und Rechtsprechung haben im Zusammenhang mit dem Kriterium der Verdrängungsabsicht verschiedene Kategorisierungs- und Zuordnungsversuche entwickelt. Um einen Überblick zu geben und die Verdrängungsabsicht als rechtliches Kriterium besser verstehen und einordnen zu können, werden diese nachfolgend kurz skizziert.

1. "Bad intent" vs. "good intent"

Im Rahmen der Missbrauchsanalyse kann zunächst zwischen „guten" wettbewerbsfördernden ("good intent", "legitimate intent" bzw. "pro-competitive intent") als auch „bösen" wettbewerbsbeschränkenden Absichten ("bad/malicious intent", "illegitimate intent" bzw. "anticompetitive intent")[16] differenziert werden.[17] Erstere zeichnen sich dadurch aus, dass sie eine Unternehmensentscheidung mit einer den Wettbewerb fördernden Zielsetzung verknüpfen. Will beispielsweise ein marktbeherrschendes Unternehmen die Wahlmöglichkeiten seiner Kunden erweitern und führt dafür ein neues Produkt auf dem Markt ein, so ist diese Intention für sich betrachtet rein prokompetitiv.[18] Gleiches gilt, wenn ein Unternehmen seine Effizienzvorteile in Form einer Preissenkung an die Kunden weitergeben will. Die „guten Intentionen" eines Unternehmens können insbesondere im Rahmen der objektiven Rechtfertigung relevant werden, da sie der Wettbewerbsbehörde ermöglichen, das zu beurteilende Wettbewerbsverhalten in einem weiteren Kontext zu betrachten und zu bewerten.[19] Die Unternehmensintention alleine vermag zwar grundsätzlich keinen objektiven Rechtfertigungsgrund zu begründen, sie kann aber zumindest den Anlass dafür geben, das in Frage stehende Wettbewerbsverhalten auf nachvollziehbare betriebswirtschaftliche Gründe hin zu untersuchen. Gleichzeitig kann das

---

16 So spricht *Fleischer* von „bösen" Absichten und „pure malice" (= purer Bosheit) in WuW 95, 796, 802.

17 Vgl. *Hovenkamp,* Federal Antitrust Policy, 304 f.; *Melícias,* W. Comp. 33 (2010), 569, 570 f.

18 *Melícias,* W. Comp. 33 (2010), 569, 570 f.

19 So etwa *O'Grady,* W. Comp. 37 (2014), 459, 476.

Vorbringen interner Dokumente, mit denen sich eine rein an legitimen betriebswirtschaftlichen Zwecken ausgerichtete Intention belegen lässt, die Umkehrung der Beweislast bewirken. Denn sobald das marktbeherrschende Unternehmen eine etwaige objektive Rechtfertigung geltend gemacht und dafür Argumente und Beweise hervorgebracht hat, obliegt es der Kommission, die vorgebrachten Beweise und Argumente zu entkräften.[20]

Im Gegensatz zum sog. "good intent", stehen bei den wettbewerbsbeschränkenden Absichten die anti-kompetitiven Ziele des Unternehmensverhaltens im Vordergrund. Als drastisches Beispiel führt *Hovenkamp* den Plan eines Unternehmens an, die Produktionsstätte seines Wettbewerbers (physisch) zu vernichten.

> "The fact that a firm planned to dynamite its competitor's plant shows illegitimate specific intent."[21]

Dass die Differenzierung zwischen pro- und anti-kompetitiven Absichten nicht immer eindeutig ist, zeigt allerdings das Beispiel der Preissenkung. Möchte ein Unternehmen bestimmte Kosteneinsparungen an Kunden weitergeben, so wird es (vermutlich) gleichzeitig das Ziel eines jeden wirtschaftlich rational handelnden Unternehmens verfolgen, nämlich den Gewinn zu maximieren und den eigenen Marktanteil auf Kosten der Wettbewerber zu vergrößern.[22] Mit dem wirtschaftlichen Erfolg eines Unternehmens geht daher oftmals eine Wettbewerberverdrängung oder eine Marktzutrittsbehinderung einher. In solchen Zweifelsfällen gilt es, strenge Maßstabe an die Feststellung einer anti-kompetitiven Absicht zu stellen, um nicht an sich wettbewerbsfördernde Verhaltensweisen kartellrechtlich zu sanktionieren und damit die allgemeine Wettbewerbsdynamik zu schwächen.

2. Die Verdrängungsabsicht als spezifischer Erfolgsvorsatz

In Anlehnung an die Vorsatzdogmatik des US-amerikanischen Strafrechtes, wird in der amerikanischen Kartellrechtspraxis zwischen allgemeinem Handlungsvorsatz ("general intent") und spezifischem Erfolgsvorsatz ("specific intent") differenziert.[23] Für die Verwirklichung des allgemeinen Monopolisierungsverbots

---

20 Vgl. EuG, Urt. v. 17.9.2007, Rs. T-201/04, Rn. 688 – *Microsoft*; EuG, Urt. v. 9.9.2009, Rs. T-301/04, Rn. 185 – *Clearstream Banking AG*.

21 *Hovenkamp*, Federal Antitrust Policy, 304.

22 Vgl. dazu vertiefend B.II.

23 Vgl. dazu näher D.I. sowie *Cass/Hylton*, S. Cal. L. Rev. 74 (2001), 657, 661 f. Auch in der europäschen Literatur wird diese Differenzierung aufgegriffen, vgl. *Nazzini*, Foundations of EU Competition Law, 57 f.

nach Sec. 2 des Sherman Act reicht das Vorliegen des Handlungsvorsatzes seitens des Monopolunternehmens aus.[24] Der entscheidende Unterschied zur Verdrängungsabsicht liegt darin, dass der Handlungsvorsatz schlicht das Bewusstsein umfasst, eine bestimmte Handlung vorzunehmen. Die Zweckrichtung sowohl in objektiver als auch subjektiver Hinsicht kann dabei unberücksichtigt bleiben.[25] Für den Fall der Kampfpreisunterbietung ist der Handlungsvorsatz bereits gegeben, wenn das marktbeherrschende Unternehmen die Preise bewusst und freiwillig unter die relevante Kostengrenze herabgesetzt hat. Ein Handlungsvorsatz ist bei Änderungen im Preisverhalten stets anzunehmen. Zumal regelmäßig davon auszugehen ist, dass jedes Unternehmen weiß, was es tut, und eine Preisreduzierung daher nicht *versehentlich* vornimmt. Dies stellte bereits Judge *Easterbrook* in seiner vielzitierten Entscheidung zu *A.A. Poultry Farms* fest:

> "[F]ew firms cut price unaware of what they are doing; price reductions are carried out in pursuit of sales, at other's expense."[26]

Dem schlichten Handlungsvorsatz sollte vor diesem Hintergrund zumindest mit Blick auf das Preisverhalten marktbeherrschender Unternehmen keine eigenständige Bedeutung für die materielle Missbrauchsanalyse beigemessen werden. Auch in der europäischen Literatur wurde dieser Gedanke bereits im Zusammenhang mit dem Verfahren *Tetra Pak II*[27] aufgegriffen. Sowohl die Kommission als auch das Gericht erster Instanz (seit dem Vertrag von Lissabon nunmehr das Gericht der Europäischen Union, nachfolgend "EuG") hatten im Rahmen ihrer Missbrauchsfeststellungen mehrfach von *bewussten* Preissenkungen gesprochen. Die Literatur äußerte daran vereinzelt Kritik. So kritisierte etwa *Akman*, dass es nicht darauf ankommen könne, ob ein Unternehmen die Preise *bewusst* oder *unbewusst* unter den eigenen Kosten festsetze. Es sei doch schließlich äußerst unwahrscheinlich, dass ein Unternehmen lediglich aus Versehen seine Preise senke.[28] Der Kritik ist zwar grundsätzlich zuzustimmen. Sie lässt jedoch unberücksichtigt, dass die Kommission nicht auf die *bewusst* vorgenommene Preissenkung selbst abstellte, sondern vielmehr die Frage in den Blick nahm, ob Tetra Pak durch „außerordentliche Umstände [...] gegen seinen Willen gezwungen [war], die beim Kauf [...] entstehenden Verluste in Kauf zu

---

24 Vgl. dazu näher D.I.

25 *Cass/Hylton*, S. Cal. L. Rev. 74 (2001), 657, 661.

26 *A.A. Poultry Farms, Inc. v. Rose Acre Farms, Inc.*, 881 F.2d 1396, 1401 (7th Cir. 1989).

27 Vgl. dazu vertiefend mit entsprechender Sachverhaltsdarstellung C.I.1.b)(1).

28 *Akman*, E.L. Rev. 2014, 316, 322. *Jones* konstatierte ferner, dass der Nachweis der Verdrängungspolitik in *Tetra Pak II* alles andere als eindeutig war, E.I.P.R. 1995, 252, 257.

nehmen".[29] Der Kommission ging es in diesem Zusammenhang lediglich darum, auszuschließen, dass Tetra Pak die Preissenkung infolge objektiv vorliegender Rechtfertigungsgründe (Produkteinführung oder "meeting of competition") vorgenommen hatte.

Soll der Verdrängungsabsicht eine eigenständige Funktion im Rahmen der Missbrauchsanalyse zukommen, so darf sich die „Absicht" mithin nicht in einem bloßen Handlungsvorsatz erschöpfen. Vielmehr muss die Verdrängungsabsicht – und dies legt schon der Begriff der Absicht nahe – einen spezifischen Erfolgsvorsatz darstellen. Spezifisch deshalb, weil sie unmittelbar oder zumindest mittelbar auf das konkrete Ziel einer Wettbewerbsverzerrung ausgerichtet sein muss. Der Marktbeherrscher muss mit seinem Verhalten einen über die bloße Handlung hinausgehenden Erfolg beabsichtigen, den die Kartellrechtsordnung ahndet.[30] Dies entspricht nicht nur dem sog. "specific intent" im amerikanischen Kartellrecht, sondern kommt auch der im deutschen Strafrecht gebräuchlichen Vorsatzform des *dolus directus 1. Grades* sehr nahe.[31] Im Fall der Preissenkung, aber auch bei sonstigen Verhaltensweisen im Bereich des Behinderungsmissbrauchs, kann für die Annahme einer Verdrängungsabsicht der beabsichtigte Erfolg beispielsweise in der Verdrängung oder Abschreckung der Mitbewerber und der damit einhergehenden Stärkung oder Festigung der eigenen marktbeherrschenden Stellung liegen (sog. "predatory intent"). Die Verdrängungsabsicht kann sich aber auch auf die Disziplinierung von Wettbewerbern, die Vereinnahmung eines ganzen Marktes sowie die Marktabschottung richten. Entscheidend ist nur, dass das mit der Handlung beabsichtigte Ziel in Widerspruch zu dem aus Art. 102 AEUV folgenden Behinderungsverbot steht.

3. Das enge und weite Begriffsverständnis der Verdrängungsabsicht

Dem Begriff der Verdrängungsabsicht kann ferner ein weites und ein engeres Begriffsverständnis zugrunde liegen.[32] Ersteres erfasst bereits die bloße Absicht, Wettbewerbern Marktanteile „abzujagen" und sie bestenfalls sogar zu

---

29 Kommission, Entsch. v. 24.7.1991, ABl. 1992 L 72/1, Rn. 148 – *Tetra Pak II.*

30 *Nazzini,* Foundations of EU Competition Law, 57 f.; vertiefend im Kontext von Sec. 2 Sherman Act *Hovenkamp,* Federal Antitrust Policy, 278 ff. sowie *Cass/Hylton,* S. Cal. L. Rev. 74 (2001), 657 ff.

31 Vgl. *Möschel,* RIW 1988, 501, 505, der die Verdrängungsabsicht allgemein dem dolus directus zuordnet; so auch *Pries,* Kampfpreismissbrauch, 121; *Glöckner,* Kartellrecht, Rn. 525.

32 *Eilmansberger/Bien,* in: MünchKommEuWettbR, Art. 102 Rn. 507.

verdrängen. Eine solche Absicht ist jedoch integraler Bestandteil eines jeden Wettbewerbs und sollte somit im Rahmen der Missbrauchskontrolle nur eine untergeordnete Rolle spielen. Die Verdrängungsabsicht gewinnt jedoch an Trennschärfe, wenn die Definition konkretisiert und an qualitative Anforderungen gekoppelt wird (enges Begriffsverständnis). So argumentiert *Eilmansberger* beispielsweise, dass die Verdrängungsabsicht nicht auf die bloße Verdrängung an sich, sondern auf die angebots- oder nachfrageseitige Marktstrukturmanipulation abzielen müsse.[33] *Eilmansberger* stellt dadurch eine subjektive Verknüpfung zwischen dem Verdrängungsmittel der Marktstrukturmanipulation und dem Erfolg der Wettbewerberverdrängung her.

Die Kommission definiert die Verdrängungsabsicht als Absicht, einen „Mitbewerber zu verdrängen oder den Wettbewerb zu beschränken".[34] Das zugrunde gelegte Begriffsverständnis ist damit vergleichsweise weit und erfasst nicht nur die konkrete Wettbewerberverdrängung, sondern auch die allgemeine Wettbewerbsbeschränkung. Die Wettbewerberverdrängung ist zudem nicht mit einer vollständigen Verdrängung gleichzusetzen. Die Ausführungen der Kommission lassen erkennen, dass auch eine „bloße" Schädigungsabsicht ausreichend sein kann.[35] In diesem Zusammenhang ist hervorzuheben, dass die Kommission als Bezugspunkt des Absichtskriteriums nicht jede „einfache" Verdrängung gelten lässt. Denn die Absicht eines marktbeherrschenden Unternehmens im Wege „größerer Wirksamkeit oder höherer Leistung" „die Oberhand über die Mitbewerber zu behalten" und diese dadurch sogar vom Markt zu verdrängen, sieht sie für sich betrachtet nicht als rechtswidrig an.[36] Der Verdrängungsabsicht wird damit indirekt ein qualifizierter Bezugspunkt gegeben. Entscheidend ist nicht die beabsichtigte Verdrängung selbst, sondern vielmehr die Absicht, einen Wettbewerber durch andere Mittel als die eigene Effizienz zu verdrängen. Darin sieht die Kommission den Unterschied zwischen der einem Preiswettbewerb immanenten und einer den Missbrauchstatbestand begründenden Verdrängungsabsicht.[37] Um eine solche Verdrängungsabsicht feststellen zu können, können

---

33 *Eilmansberger*, CMLRev. 2005, 129, 149.

34 Kommission, Entsch. v. 14.12.1985, ABl. 1985 L 374/1, Rn. 80 – *ECS/AKZO*.

35 Kommission, Entsch. v. 14.12.1985, ABl. 1985 L 374/1, Rn. 78 und Rn. 80 – *ECS/AKZO*: „wettbewerbswidrige[n] Verhaltensweise […], die auf die Verdrängung eines Mitbewerbers vom Markt oder dessen Schädigung gerichtet ist"; „die auf einen Plan hindeuten, Mitbewerber zu schädigen."

36 Kommission, Entsch. v. 14.12.1985, ABl. 1985 L 374/1, Rn. 81 – *ECS/AKZO*.

37 A.A. *Rousseva*, Rethinking Exclusionary Abuses, 153, die die Erwägungen der Kommission zur höheren Leistungsfähigkeit des Marktbeherrschers nicht berücksichtigt.

auch die objektiven Begleitumstände des jeweiligen Einzelfalles herangezogen werden. Sowohl die Selektivität als auch die Intensität und die Dauer einer Preissenkung können eine Verdrängungsabsicht nahelegen, die sich nicht auf Effizienzvorteile stützt, sondern sich in einer „unbilligen" Wettbewerberverdrängung erschöpft.[38]

4. Das subjektive und objektive Begriffsverständnis der Verdrängungsabsicht

Im Schrifttum wird ferner zwischen einem subjektiven und einem objektiven Begriffsverständnis der Verdrängungsabsicht unterschieden.[39] Während das subjektive Verständnis auf die tatsächliche *innere* Intention des Unternehmens abstellt, stellt das durch die zunehmende Ökonomisierung der Kartellrechtsanwendung geprägte objektive Verständnis auf das Marktverhalten des Unternehmens ab.[40] Im Kern geht es letztlich zwar immer noch um die Feststellung der Intention des Unternehmens.[41] Allerdings werden verschiedene Anforderungen an den Nachweis gestellt. So stehen nach dem "subjektiven" Verständnis (firmeninterne)[42] Beweismittel im Vordergrund, die *direkt* und unmittelbar die *tatsächliche* Geisteshaltung ("state of mind") des marktbeherrschenden Unternehmens offenbaren.[43] Bei natürlichen Personen erfolgt dies in der Regel durch von ihnen getätigte Äußerungen oder verfasste Schriftstücke. Bei juristischen Personen müssen die entsprechenden Nachweise in einem weiteren Schritt dem Unternehmen als Ganzem zugerechnet werden (vgl. dazu E.I.3.). Der objektive und ökonomisch geprägte Ansatz nimmt hingegen das Unternehmensverhalten selbst in den Blick und leitet dabei die Unternehmensintention im Sinne eines

---

38 Die Kommission stellte bereits in den Anfängen ihrer Missbrauchspraxis fest, dass sie eine „unbillige Geschäftsmethode […] zur Verdrängung […] kleinerer Mitbewerber" als einen Verstoß gegen Art. 102 AEUV ansehe, Kommission, Entsch. v. 14.12.1985, ABl. 1985 L 374/1, Rn. 74 aE – *ECS/AKZO*.

39 Vgl. *Akman*, E.L. Rev. 39 (2014), 316, 317 f.; *Lao*, Am. Univ. L. Rev. 54 (2004), 151, 202 ff.; in einem allgemeineren Kontext *Cass/Hylton*, S. Cal. L. Rev. 74 (2001), 657, 659.

40 *Korah*, EC Competion Law and Practice, 191: "Economists frequently use the words "intent to exclude" to refer to conduct that would not be commercially sensible unless it excluded, and this interpretation has the advantage of being objective and avoiding chasing for documents containing macho statements, like "I'll squeeze you like a bug".

41 *Akman*, E.L. Rev. 39 (2014), 316, 318 Fn. 8.

42 Insbesondere *Akman* bringt dies zum Ausdruck, indem sie zwischen "internal" und "external factors" differenziert, vgl. E.L. Rev. 39 (2014), 316, 318.

43 *Cass/Hylton*, S. Cal. L. Rev. 74 (2001), 657, 659; *O'Grady*, W. Comp. 37, 2014, 459, 460 f.

Indizienbeweises aus dem objektiv erkennbaren Unternehmensverhalten im Lichte aller Begleitumstände ab.[44] Interne Unternehmensdokumente nehmen dabei eine zu vernachlässigende Rolle ein, oder wie es *Kahn* formuliert: "*The quest for explanatory intent does not involve psychoanalysis.*"[45] Die Differenzierung zwischen subjektiven und objektiven Nachweisen entspricht weitestgehend auch der in dem Verfahren *AKZO* anklingenden Unterscheidung zwischen direkten und indirekten Beweisen.[46]

5. Zweck gleich Absicht?

In der Entscheidungspraxis der Unionsgerichte wird auf die Zweckbestimmtheit bzw. die Zielgerichtetheit des zu beurteilenden Marktverhaltens vielfach Bezug genommen.[47] Dies wirft die Frage auf, inwiefern die Verdrängungsabsicht von der Zwecksetzung zu differenzieren ist, oder ob die Begrifflichkeiten in der Rechtsprechung gar synonym verwandt werden.

Gerade im Rahmen von Kampfpreisstrategien und missbräuchlichen Rabattpraktiken wird dem Zweck bzw. den Zielen des Verhaltens teilweise ausschlaggebende Bedeutung für die rechtliche Beurteilung beigemessen.[48] Das beste Beispiel dafür bietet die Beurteilung von Niedrigpreisstrategien durch die Unionsgerichte. So formuliert die Rechtsprechung, dass Preise, die zwischen den durchschnittlichen Gesamtkosten und den durchschnittlichen variablen Kosten liegen, dann als missbräuchlich anzusehen sind, wenn sie im Rahmen eines *Plans* festgelegt werden, der die Ausschaltung eines Wettbewerbers *zum Ziel hat* bzw. *bezweckt.*[49] Über die zusätzliche Voraussetzung des Verdrängungs*plans* erhält

44 *Cass/Hylton,* S. Cal. L. Rev. 74 (2001), 657, 659; *Kahn,* Harv. L. Rev. 67 (1953), 28, 51.

45 *Kahn,* Harv. L. Rev. 67 (1953), 28, 51.

46 Kommission, Entsch. v. 14.12.1985, ABl. 1985 L 374/1, Rn. 80 f. – *ECS/AKZO;* vgl. dazu vertiefend C.I.1.a).

47 Vgl. u. a. bei Rabatten: EuGH, Urt. v. 13.2.1979, Rs. 85/76, Slg. 1979, 461, 540 Rn. 90 – *Hoffmann-La Roche*; EuG, Urt. v. 1.4.1993, Rs. T-65/89, Slg. 1993, II-389, 416 Rn. 65 ff. – *BPB Industries und British Gypsum*; EuG, Urt. v. 30.9.2003, Rs. T-203/01, Slg. 2003, II-4082, 4160 Rn. 239 – *Michelin II.*

48 Vgl. allgemein dazu *Bulst,* in: Langen/Bunte, Art. 102, Rn. 116 ff.; *Eilmansberger/Bien,* in: MünchKommEuWettbR, Art. 102 Rn. 157 ff.

49 EuGH, Urt. v. 3.7.1991, Rs. C-62/86, Slg. 1991, I-3359, Rn. 72 – *AKZO* („zum Ziel hat"); EuG, Urt. v. 30.1.2007, Rs. T-340/03, Slg. 2007, II-107, Rn. 130 – *France Télécom* („bezweckt"). Den teilweise voneinander abweichenden Begrifflichkeiten im Zusammenhang mit der Finalität einer Maßnahme kommt keine weitergehende Bedeutung zu. Sie werden von den Unionsgerichten synonym verwandt.

die geforderte Finalität des Marktverhaltens bei Kampfpreisen eine besonders subjektive Ausprägung, wodurch die dem Verhalten zugrundeliegende unternehmerische Intention in Form der Verdrängungsabsicht in den Vordergrund der rechtlichen Analyse gerückt wird. Wird bei Preisen unterhalb der durchschnittlichen variablen Kosten, eine etwaige Verdrängungsabsicht infolge des objektiven Preissetzungsverhaltens vermutet, so ist sie bei Preisen oberhalb dieser Kosten selbstständig (d.h. unabhängig von der bloßen Preissenkung) nachzuweisen. Die Finalität des Marktverhaltens ist damit durch den direkten oder indirekten Nachweis der Verdrängungsabsicht darzutun. Ähnlich verhält es sich auch bei der Beurteilung einer möglicherweise missbräuchlichen Rechtsverfolgung. So wird in *ITT Promedia* auf einen „Plan *zur* Beseitigung des Wettbewerbs" als Missbrauchsvoraussetzung Bezug genommen.[50] Der Nachweis eines entsprechenden Beseitigungsplans wird in diesen Fällen vornehmlich im Wege direkter Beweismittel erfolgen. Denn nach den von der Kommission formulierten Prüfungskriterien ist zunächst die Feststellung erforderlich, dass eine Klageerhebung vernünftigerweise nicht als Geltendmachung von Rechten, sondern nur als Belästigung des Gegners verstanden werden kann. Die indirekte Nachweisbarkeit einer Verdrängungsabsicht liegt damit infolge der objektiven Handlungsvoraussetzungen sehr nahe. Allerdings verlangt die *prima facie*-Legitimität der Rechtsverfolgung einen klaren Nachweis der Verdrängungsabsicht. Daher wird dieser Nachweis vornehmlich durch schriftliche Unternehmensdokumente, die eine (subjektive) Verdrängungsintention belegen, zu erbringen sein.

Bei anderen Missbrauchsformen tritt die unternehmerische Intention hingegen in den Hintergrund. So bedarf es nach der Rechtsprechung bei Rabattpraktiken und Kosten-Preis-Scheren zwar der Untersuchung, ob die zu beurteilende Verhaltensweise „*darauf abzielt,* dem Abnehmer durch die Gewährung eines Vorteils, der nicht auf einer ihn rechtfertigenden wirtschaftlichen Leistung beruht, die Wahl zwischen mehreren Bezugsquellen unmöglich zu machen oder zu erschweren, den Konkurrenten den Zugang zum Markt zu verwehren, Handelspartnern für gleichwertige Leistungen ungleiche Bedingungen aufzuerlegen und ihnen damit einen Wettbewerbsnachteil zuzufügen oder die beherrschende Stellung durch einen verfälschten Wettbewerb zu stärken."[51] Ob aus der bloßen

---

50 EuG, Urt. v. 17.7.1998, Rs. T-111/96, Slg. 1998, II-2937, 55, 58 – *ITT Promedia/Kommission*. Da die Klägerin das von der Kommission formulierte Kriterium des Plans zur Wettbewerbsbeseitigung im Verfahren nicht beanstandet hatte, konnte das EuG dieses Kriterium ohne weitere Prüfung übernehmen.

51 So zunächst für Rabattpraktiken: EuGH, Urt. v. 9.11.1983, Rs. 322/81, Rn. 73 – *N.V. Nederlandsche Banden-Industrie Michelin*. Später auch im Zusammenhang mit

Bezugnahme auf die Finalität der Verhaltensweise jedoch eine generelle oder gar notwendige Berücksichtigung der unternehmerischen Absicht abgeleitet werden kann, bleibt nach den Ausführungen der Rechtsprechung unklar. In Fällen der Kosten-Preis-Schere nimmt der EuGH zwar auf die Zielrichtung des Preissetzungsverhaltens Bezug, geht in seiner anschließenden Analyse dann jedoch nicht auf das Kriterium einer bestehenden Verdrängungsabsicht ein.[52]

In *Hoffmann-La Roche* hatte die Kommission interne Sitzungsprotokolle und Rundschreiben sichergestellt, die eindeutig eine Marktabschottungsabsicht auf Seiten von Hoffmann-La Roche (HLR) belegten.[53] Allerdings berücksichtigte der Gerichtshof diese – zumindest ausdrücklich – erst im Rahmen der Bußgeldfestsetzung und nicht auf Tatbestandsebene zur Feststellung der Ausrichtung bzw. der Zwecksetzung der Rabattpraxis.[54] In *BPB Industries* ging das EuG im Zusammenhang noch einen Schritt weiter. Zwar rekurrierte es auf die Zielrichtung des Marktverhaltens. Es stellte jedoch sodann ausdrücklich fest, dass es auf die unternehmerische Intention im Sinne einer Behinderungsabsicht insofern nicht ankomme, als deren Fehlen der Missbrauchsfeststellung nicht entgegenstehe.[55]

> „Der Begriff der missbräuchlichen Ausnutzung ist im übrigen ein objektiver Begriff [...], so dass das Verhalten eines Unternehmens in beherrschender Stellung auch ohne jedes Verschulden als missbräuchlich im Sinne des Artikels 86 EWG-Vertrag [nunmehr Art. 102 AEUV] betrachtet werden kann. Demnach ist das Vorbringen der Klägerinnen, dass BG nie beabsichtigt habe, Iberian zu entmutigen oder zu schwächen, ohne Einfluss auf die rechtliche Würdigung des Sachverhalts."[56]

Damit ist zunächst nur etwas über die (fehlende) Relevanz einer wettbewerbsneutralen oder –fördernden Intention im Sinne eines sog. "good intent" gesagt. Die rechtliche Rolle einer bestehenden Verdrängungsabsicht bleibt dabei weiterhin offen. Die Zwecksetzung wird in beiden Fällen anhand der konkreten Ausgestaltung und dem damit verbundenen Wirkungs- bzw. Abschottungspotenzials

Kosten-Preis-Scheren: EuGH, Urt. v. 14.10.2010, Rs. C-280/08 P, Rn. 175 – *DTAG*; EuGH, Urt. v. 17.2.2011, Rs. C-52/09, Rn. 28 – *TeliaSonera*.

52 EuGH, Urt. v. 14.10.2010, Rs. C-280/08 P, Rn. 197 ff. – *DTAG*; EuGH, Urt. v. 17.2.2011, Rs. C-52/09, Rn. 38 ff. – *TeliaSonera*.

53 Kommission, Entsch. v. 9.6.1976, IV/29.020, ABl. EG 1976 L 223/27, 37 Rn. 28 – *Vitamine*.

54 EuGH, Urt. v. 13.2.1979, Rs. 85/76, Slg. 1979, 461, 556 Rn. 139 – *Hoffmann-La Roche*.

55 EuG, Urt. v. 1.4.1993, Rs. T-65/89, Slg. 1993, II-389, 418 Rn. 70 – *BPB Industries und British Gypsum*.

56 EuG, Urt. v. 1.4.1993, Rs. T-65/89, Slg. 1993, II-389, 418 Rn. 70 – *BPB Industries und British Gypsum*.

ermittelt. Der subjektive Nachweis einer Verdrängungsabsicht bleibt somit unberücksichtigt. Es ließe sich allerdings argumentieren, dass durch das Abstellen auf die konkrete objektive Ausgestaltung sowie das Wirkungspotenzial eine Verdrängungsabsicht indirekt nachgewiesen und unterstellt werden kann.

In *Tomra* und zuletzt *ICI* stellten die Unionsgerichte jedoch klar, dass es zum Zwecke der Anwendung des Art. 102 AEUV nicht des Nachweises einer Verdrängungsabsicht bedarf. Zugleich sei das Vorliegen einer Verdrängungsabsicht aber ein tatsächlicher Umstand, der im Rahmen der Missbrauchsprüfung Berücksichtigung finden kann.[57] Danach lassen die Unionsgerichte der Verdrängungsabsicht zwar keine konstitutive Wirkung bei der Beurteilung von Rabattsystemen zukommen. Allerdings dürfen sie als Indiz für die Missbräuchlichkeit einer Maßnahme herangezogen werden.

Zusammenfassend lässt sich daher feststellen, dass die Zwecksetzung und die Verdrängungsabsicht in der Rechtsprechung in qualitativer Hinsicht nicht vollkommen deckungsgleich sind.[58] Eine Verdrängungsabsicht kann im Wege interner Unternehmensunterlagen oder anhand objektiver Indizien bewiesen werden. Für den Nachweis der Zwecksetzung oder der Ausrichtung einer Unternehmensmaßnahme zieht die Rechtsprechung vornehmlich objektive Anhaltspunkten heran. Der „subjektive" Nachweis einer Verdrängungsabsicht reicht allein hingegen nicht aus, um die geforderte Zwecksetzung und damit den Missbrauchsvorwurf zu stützen. Der Zweckbegriff gibt insoweit die Art des Nachweises vor. Wird die Zwecksetzung im Rahmen der Behinderungsmissbräuche jedoch objektiv nachgewiesen, so dürfte grundsätzlich auch die Verdrängungsabsicht vorliegen.

II. Die Verdrängungsabsicht – integraler Bestandteil eines jeden Wettbewerbsprozesses?

Unternehmen versuchen sich im Wettbewerb gegeneinander durchzusetzen und Marktanteile voneinander abzunehmen. Die zugrunde liegende Absicht, Wettbewerber zu verdrängen und den eigenen Marktanteil zum Zwecke der Gewinnsteigerung zu vergrößern, ist dem Wettbewerb durchaus immanent.[59] Auch die vollständige Verdrängung jeglicher Wettbewerber und die Einnahme einer Monopolstellung kann ein legitimes Ziel des Wettbewerbsverhaltens sein,

57 So zuletzt auch EuGH, Urt. v. 6.9.2017, Rs. C-413/14 P, Rn. 139 – *Intel.*

58 A. A. *Akman,* E.L. Rev. 39 (2014), 316, 319 ff.

59 *de Bronett,* in: Wiedemann, § 22 Rn. 4; 7 Østerud, Identifying Exclusionary Abuses, 142.

insbesondere wenn der Marktbeherrscher dies im Wege höherer Effizienz wie z. B. geringerer Produktionskosten zu erreichen beabsichtigt.[60] Fehlt oder wird diese Motivation künstlich durch rechtlich zu strenge Vorgaben aufgehoben, verliert der Wettbewerb seine Antriebskraft: Preis- und Innovationswettbewerb lassen nach, die Ausbringungsmenge nimmt ab und die Wohlfahrtsverluste mehren sich. Um dies zu verhindern, darf die Rechtsordnung keine belastenden Rechtsfolgen an eine solche dem Wettbewerbsverhalten immanente Verdrängungsabsicht knüpfen.[61]

In der Literatur und der amerikanischen Rechtsprechung wird daher teilweise vor einem Rückgriff auf die Verdrängungsabsicht im Rahmen der Missbrauchskontrolle gewarnt. Die Verdrängungsabsicht habe in einem Wettbewerbsmarkt keine hinreichende Aussagekraft hinsichtlich der Wettbewerbswidrigkeit eines zu beurteilenden Marktverhaltens, da schließlich jede Wettbewerbshandlung – zumindest indirekt – auf die Verdrängung von Wettbewerbern ausgerichtet sei.[62] Insbesondere *Easterbrook* vertritt, dass die Verdrängungsabsicht zur Differenzierung zwischen legitimem Wettbewerbsverhalten und wettbewerbsschädlicher Verdrängungspraktik ungeeignet und deren wettbewerbsrechtliche Berücksichtigung damit irrelevant sei.[63] Am deutlichsten bringt er dies in seinem viel beachteten und einflussreichen Urteil in *A.A. Poultry Farms v. Rose Acre Farms* zum Ausdruck, aus dem auch die vielzitierte Feststellung stammt, dass jedes Unternehmen nur darauf bedacht sei, möglichst viel Geschäft zu machen und gegebenenfalls seine Wettbewerber zu vernichten ("*Firms "intend" to do all the business they can, to crush their rivals if they can.*").[64] Jedes wirtschaftlich rational geführte Unternehmen verfolge die Absicht, seine Wettbewerber zu verdrängen und damit seinen Marktanteil zu steigern.[65] Besonders deutlich zeige sich dies bei Preisreduzierungen. Kaum ein Unternehmen senke seine Preise, ohne

---

60 *Posner*, Antitrust Law, 214.

61 Ähnlich auch die Argumentation in *A.A. Poultry Farms, Inc. v. Rose Acre Farms, Inc.*, 881 F.2d 1396, 1402 (7th Cir. 1989).

62 U. a. *Akman*, E.L. Rev. 39 (2014), 316, 318; *Brodley/Ma*, Stan. L. Rev. 45 (1993), 1161, 1201; *Easterbrook*, U. Chi. L. Rev 48 (1981), 263, 280 f.; *Hovenkamp*, Ohio St. L.J. 61(2000), 1035, 1039; *Korah*, ECLR 1997, 98, 101; *Martinez*, Legal Issues of Economic Integration 20 (1993),95, 108; *Temple Lang/O'Donoghue*, Fordh. Int. L. J. 26 (2002), 83, 140 f.; *O'Donoghue/Padilla*, 309.

63 Judge *Easterbrook* in *A.A. Poultry Farms, Inc. v. Rose Acre Farms, Inc.*, 881 F.2d 1396, 1401 f. (7th Cir. 1989).

64 *A.A. Poultry Farms, Inc. v. Rose Acre Farms, Inc.*, 881 F.2d 1396, 1401 (7th Cir. 1989).

65 *A.A. Poultry Farms, Inc. v. Rose Acre Farms, Inc.*, 881 F.2d 1396, 1401 (7th Cir. 1989).

zu wissen, dass dadurch den Wettbewerbern Kunden abhanden kommen können. Jede vernünftige Führungskraft eines Unternehmens kenne und verstehe die Zusammenhänge zwischen eigener Preissetzung, Unternehmenserfolg und Wettbewerberverdrängung.[66] Die Perspektive, Wettbewerber zu verdrängen, diene zudem als entscheidende Motivation, die eigene Effizienz zu steigern und die Produkte über verschiedene Wettbewerbsparameter (z. B. Preis, Qualität, Service, Marketing) für den Abnehmer attraktiver erscheinen zu lassen. Diese subjektive Motivationslage sei damit Wesenselement und zugleich Antriebskraft eines funktionierenden Wettbewerbsmarktes.[67] Die dem Unternehmenshandeln immanente Verdrängungsabsicht könne daher keinen Ausschlag für die Wettbewerbswidrigkeit einer Verhaltensweise geben.[68] Judge *Easterbrook* hat diesen Gedanken mit folgender Formulierung zusammengefasst:

> "Firms need not like their competitors; they need not cheer them on to success; a desire to extinguish one's rival is entirely consistent with, often is the motive behind, competition."[69]

Diese Bedenken rechtfertigen aber keine vollständige Ablehnung der Verdrängungsabsicht in der Missbrauchsprüfung. Vielmehr gilt es, den Inhalt der Verdrängungsabsicht zu konkretisieren, um sie für die Anwendung und die kartellrechtliche Einstufung von Verhaltensweisen nutzbar zu machen. Diese Notwendigkeit hat die Kommission bereits in ihrer *AKZO*-Entscheidung angedeutet. Dort hob die Kommission hervor, dass sie die Absicht eines marktbeherrschenden Unternehmens, „die Oberhand über die Mitbewerber zu behalten", „sich im Wettbewerb der Qualität" zu behaupten und Unternehmen durch eigene Effizienzvorteile vom Markt zu verdrängen, für nicht wettbewerbswidrig erachtet.[70] Gleichzeitig stellte sie indirekt auf die „größere Wirksamkeit" und „die höhere Leistung" des marktbeherrschenden Unternehmens ab.[71] Der Passus der Kommissionsentscheidung konkretisiert das Absichtselement dahingehend, dass eine schlichte Verdrängungsabsicht nicht ausreicht, um als Differenzierungsmaßstab

---

66 *A.A. Poultry Farms, Inc. v. Rose Acre Farms, Inc.*, 881 F.2d 1396, 1401 f. (7th Cir. 1989).
67 *A.A. Poultry Farms, Inc. v. Rose Acre Farms, Inc.*, 881 F.2d 1396, 1402 (7th Cir. 1989).
68 *A.A. Poultry Farms, Inc. v. Rose Acre Farms, Inc.*, 881 F.2d 1396, 1402 (7th Cir. 1989).
69 *A.A. Poultry Farms, Inc. v. Rose Acre Farms, Inc.*, 881 F.2d 1396, 1402 (7th Cir. 1989). Ebenso *Areeda/Hovenkamp*, Antitrust Law, Bd. III B, § 805b, 407 f.: "[S]pecific intent clearly cannot include: the mere intention to prevail over one's rivals. To declare that intention unlawful would defeat the antitrust goal of encouraging competition on the merits, which is heavily motivated by such an intent."
70 Kommission, Entsch. v. 14.12.1985, ABl. 1985 L 374/1, Rn. 81 aE – *ECS/AKZO*.
71 Kommission, Entsch. v. 14.12.1985, ABl. 1985 L 374/1, Rn. 81 aE – *ECS/AKZO*.

zwischen wettbewerbskonformem und wettbewerbswidrigem Verhalten zu dienen. Vielmehr hat sich die Absicht an dem wettbewerbsgefährdenden Potenzial einer Verhaltensweise zu orientieren. Sie erschöpft sich daher nicht in der bloßen Erfolgsaussicht, einen Wettbewerber zu verdrängen, sondern umfasst auch die konkreten strategischen Mittel, dieses Ziel zu erreichen. Ein marktbeherrschendes Unternehmen handelt danach in missbräuchlicher Verdrängungsabsicht, wenn es im Wege einer konkret ausgestalteten Vorgehensweise, mit anderen Worten „planmäßig", einen Wettbewerber schädigen, disziplinieren oder verdrängen will und keine vorrangigen Rechtfertigungsgründe im Blick hat[72]. In der europäischen Kommissions- und Gerichtspraxis wird daher auch zu Recht von einem Verdrängungs*plan* gesprochen.

Eine weitergehende Konkretisierung der Verdrängungsabsicht wird in der Literatur sowie in der Rechtsprechung einiger US-amerikanischen Berufungsgerichte entwickelt. Dort wird versucht, die dem Wettbewerb immanente ("competitive intent") und die wettbewerbswidrige Verdrängungsabsicht ("predatory intent") im Wesentlichen anhand zweier Kriterien zu differenzieren.[73] Zum einen nach dem Ursprung des erlangten Wettbewerbsvorteils und zum anderen nach den Erwartungen des Marktbeherrschers.[74] Entscheidend sei danach zunächst, ob der Marktbeherrscher Effizienzvorteile hat. Dies sei dann der Fall, wenn der Marktbeherrscher Kostenvorteile gegenüber seinen Konkurrenten hat, die es ihm ermöglichen, seinen kurzfristigen Gewinn durch einen niedrigeren Preis als dem seiner Wettbewerber zu maximieren.[75] Aus wettbewerbs- und anreizpolitischen Gründen müsse es dem Marktbeherrscher gestattet sein, eigene Effizienzvorteile voll auszunutzen.[76] Die bewusste Wahrnehmung von Effizienzvorteilen sei daher nicht als Verdrängungsabsicht zu qualifizieren. Wenn der Marktbeherrscher andererseits bewusst kurzfristige Vermögenseinbußen ("firm sacrifices short-run profits") in Kauf nehme, so habe er dieses Verhalten zu

---

72 Auch *Epstein* weist darauf hin, dass es durchaus einen Unterschied macht, ob die Intention wettbewerbskonforme oder offensichtlich wettbewerbswidrige Mittel umfasst. "It makes all the difference whether one baseball team wants to crush another by hitting the ball out of the park, or by sticking pebbles under the soles of their opponents' shoes, or worse, by beaning their batters." Vgl. *ders.*, U. Chi. L. Rev. 72 (2005), 49, 57.

73 *Beck* greift dabei inhaltlich insbesondere auf die US-amerikanischen Rechtsprechung einiger Federal Court of Appeals zurück, u. a. *William Inglis & Sons Baking Co. v. ITT Continental Baking Co., Inc.*, 668 F.2d 1014 (9th Cir. 1981).

74 *Beck*, Cornell L. Rev. 76 (1991) 1241, 1248 f.

75 Ebenda.

76 Ebenda.

rechtfertigen. Die Erwartung, dass Wettbewerber aus dem Markt gedrängt werden und somit der Gewinn auf lange Sicht durch eine Monopolrente maximiert werden kann, sei dabei allerdings kein Rechtfertigungsgrund.[77] Folglich handele der Marktbeherrscher in wettbewerbswidriger Verdrängungsabsicht, wenn er bewusst kurzfristige Gewinneinbußen in Kauf nimmt, er gleichzeitig aber auf lange Sicht Vermögensvorteile im Blick hat, die abhängig vom Ausscheiden, der Disziplinierung oder der Abschreckung seiner Wettbewerber sind.[78]

Die Konkretisierung erinnert stark an das recoupment-Erfordernis[79] und stellt letztlich nur die subjektive Variante dessen dar. Diesem Konkretisierungsansatz ist insoweit zuzustimmen, dass er einem over-enforcement durchaus entgegenwirkt und sich von einer schlichten Verdrängungsabsicht im Wege konkreter Kriterien hinreichend abhebt. Allerdings wird die alleinige Orientierung an einer subjektiven Recoupment-Aussicht nicht dem Gefährdungscharakter des Art. 102 AEUV gerecht. Denn die subjektive Aussicht auf Kompensation der in Kauf genommenen Verluste sagt nur in begrenzten Einzelfällen etwas über die bestehende Gefährdungslage für den Wettbewerb aus. Ferner mag es durchaus Konstellationen geben, in denen für das marktbeherrschende Unternehmen keine Kosten anfallen (sog. “cheap exclusion”).[80]

Die eingangs dargestellte Kritik an der Verdrängungsabsicht verliert außerdem in den Fällen an Gewicht, in denen die zu beurteilende Verhaltensweise ohnehin nur in geringem Maße oder überhaupt nicht auf plausible Effizienzvorteile oder andere prokompetitive Gründe gestützt werden kann. Ein Unternehmen, das – ähnlich wie in der Rechtssache *AstraZeneca*[81] – eine Patentanmeldung bewusst mit falschen Angaben abgibt, kann sein Verhalten nicht plausibel mit Effizienzgründen rechtfertigen. In solchen Fällen sollte es einer Wettbewerbsbehörde nicht verwehrt bleiben, auf direkte Beweismittel zurückzugreifen, die eine entsprechende Absicht, falsche Angaben vor den Patentämtern zu machen, belegen kann. Eine ähnliche Konstellation tritt auch auf, wenn ein Unternehmen im Rahmen eines Standardsetzungsverfahrens bewusst Wissen zurückhält,

77 Ebenda.
78 Ebenda.
79 Vgl. dazu auch C.I.5.
80 Vgl. dazu *Creighton,* Antitrust L.J. 72 (2005), 975 ff.
81 EuGH, Urt. v. 6.12.2012, Rs. C-457/10P – *AstraZeneca/Kommission*; EuG, Urt. v. 1.7.2010, Rs. T-321/05 P, Slg. 2010, II-2805 – *AstraZeneca/Kommission*; Kommission, Entscheidung v. 15.6.2005, COMP/A.37.507/F3 – *AstraZeneca*.

das Patente betrifft, die den anderen Mitgliedern der Standardorganisation nicht bekannt sind.[82]

III. Die Verdrängungsabsicht und das Postulat des „objektiven“ Missbrauchsbegriffs

Im Rahmen der europäischen Missbrauchskontrolle wird regelmäßig auf die besondere Verantwortung des marktbeherrschenden Unternehmens und das objektive Begriffsverständnis der missbräuchlichen Ausnutzung verwiesen.[83] Insbesondere Letzteres scheint auf den ersten Blick in Widerspruch zu der Berücksichtigung der Verdrängungsabsicht in der europäischen Rechtspraxis zu stehen. Im folgenden Abschnitt wird versucht, die Bedenken auszuräumen und die Vereinbarkeit der Verdrängungsabsicht mit dem Postulat des objektiven Missbrauchsbegriffs aufzuzeigen.

1. *Hoffmann-La Roche* und die Verdrängungsabsicht

Nach der Rhetorik der Unionsgerichte ist „der Begriff der missbräuchlichen Ausnutzung […] ein objektiver Begriff.“ Dies hatte der EuGH bereits 1979 in der Rechtssache *Hoffmann-La Roche* formuliert.[84] In der Literatur wird daraus teilweise gefolgert, dass eine Motivforschung im Rahmen von Art. 102 AEUV keinen Platz habe und die Berücksichtigung der Verdrängungsabsicht im Rahmen der Missbrauchsfeststellung in offenem Widerspruch zu dem objektiven Missbrauchskonzept stehe.[85]

---

82 Darauf weisen *O'Donoghue/Padilla* hin, 281.

83 Zum objektiven Verständnis des Missbrauchsbegriffs vgl. bspw. EuGH, Urt. v. 13.2.1979, Rs. 85/76, Slg. 1979, 461 Rn. 91 – *Hoffmann-La Roche;* EuGH, Urt. v. 3.7.1991, Rs. C-62/86, Slg. 1991, I-3359, Rn. 69 – *AKZO;* zur besonderen Verantwortung eines marktbeherrschenden Unternehmens vgl. EuGH, Urt. v. 9.11.1983, Rs. 322/81, Slg. 1983, 3461, 3511 Rn. 57 – *Michelin I.*

84 EuGH, Urt. v. 13.2.1979, Rs. 85/76, Slg. 1979, 461 Rn. 91 – *Hoffmann-La Roche.*

85 U. a. *Ahlborn/Allen,* World Comp. 26 (2003), 233, 241; *Gyselen* in: 2003 European Competition Law Annual, 287 ff.; *Rosenblatt/Armengod/Scordamaglia-Tousis,* Eur. Antitrust Rev. 2013, 21, 22; *Sinclair,* ECLR 2004, 491, 499; *Jones/Sufrin,* EC Competition Law, 325. Kritisch zur Heranziehung der Verdrängungsabsicht im Rahmen des objektiven Missbrauchskonzepts auch *Rousseva,* Rethinking Exclusionary Abuses, 152 und 158 f. ("intent sits uncomfortably with the objective nature of the concept of abuse"; "the notion of intend does not fit comfortably in the framework of an objective notion of abuse and no matter how intent is interpreted, the discrepancy remains").

Dieses Verständnis der apodiktisch anmutenden Formulierung im *Hoffmann-La Roche* Urteil ist jedoch nicht zwingend.[86] Dies ergibt sich insbesondere aus dem konkreten Kontext, in dem der Gerichtshof seine Äußerung getroffen hatte. Statt einen allgemeinen Definitionsversuch zu unternehmen, erwiderte er lediglich auf das Vorbringen des Klägers, Art. 102 AEUV beinhalte ein Kausalitätserfordernis.[87] Hoffmann-La Roche hatte seine Treuerabattpraxis nämlich mit dem Argument verteidigt, dass Art. 102 AEUV einen kausalen Zusammenhang zwischen Marktmacht und Verdrängungshandlung voraussetze. Anders formuliert, eine missbräuchliche Verhaltensweise sei mit Blick auf die Treuerabatte nur gegeben, wenn Hoffmann-La Roche seine Abnehmer mittels seiner Wirtschaftskraft unter Druck gesetzt oder gar gezwungen habe, Treuerabatte zu vereinbaren.[88] Der Gerichtshof lehnte das Erfordernis eines derartigen Kausalzusammenhangs ab und machte sich dabei zumindest indirekt die von der Kommission im Verfahren vertretene Ansicht zu eigen. Diese hatte auf das Vorbringen von Hoffmann-La Roche erwidert, dass die Annahme eines Missbrauchs weder „den Nachweis eines Verschuldens noch überhaupt subjektive Momente oder die Feststellung einer Sittenwidrigkeit" voraussetzte. Unter Missbrauch sei vielmehr „ein sittlich indifferenter, objektiv fehlerhafter Gebrauch zu verstehen".[89] Mit der Proklamation eines objektiven Missbrauchsbegriffs gibt der Gerichtshof zwar zu verstehen, dass vornehmlich objektive Umstände das Missbrauchsverdikt begründen. Dies kann jedoch nicht ohne Weiteres mit einer generellen Absage an intentionsbezogene Kriterien gleichgesetzt werden.[90] Es bedeutet nur, dass subjektive Elemente und damit vor allem auch die Verdrängungsabsicht nicht notwendig sind, um einen Missbrauchsfall anzunehmen.[91]

Dass die Ausrichtung bzw. die Intention des Unternehmens im Rahmen der Missbrauchsanalyse weiterhin nicht vollständig aus dem Blick gelassen wird, zeigen die weiteren Ausführungen des Gerichtshofs in *Hoffmann-La Roche*. So nimmt er an verschiedenen Stellen Bezug auf die Ausrichtung der zur Prüfung stehenden Rabatte und formuliert etwa, dass Treuerabatte *dazu dienen*, Abnehmer vom Bezug bei anderen Herstellern abzuhalten, und auf die

86 *Eilmansberger/Bien*, in: MünchKommEuWettbR, Art. 102 AEUV Rn. 157.

87 Vgl. ebenso *Eilmansberger/Bien*, in: MünchKommEuWettbR, Art. 102 AEUV Rn. 157.

88 Vgl. EuGH, Urt. v. 13.2.1979, Rs. 85/76, Slg. 1979, 461, 497 ff. und Rn. 91 – *Hoffmann-La Roche*.

89 EuGH, Urt. v. 13.2.1979, Rs. 85/76, Slg. 1979, 461, 497 ff. – *Hoffmann-La Roche*.

90 Ebenso *Bellamy/Child*, EU Law of Competition, Rn. 10.058.

91 So auch *Bavasso*, ECLR 2005, 616; *Bellamy/Child*, EU Law of Competition, Rn. 10.058.

Marktabschottung *abzielen.*[92] Streng genommen wird durch diese Formulierung marktbeherrschenden Unternehmen, die Treuerabatte praktizieren, eine Absicht zur Marktabschottung unterstellt.[93] Zieht man eine vorsichtige Parallele zur späteren *AKZO*-Rechtsprechung, so ähnelt dies dem Vorgehen des Gerichtshofs bei Preisen, die unterhalb der durchschnittlich variablen Kosten liegen. Auch dort wird die zugrunde liegende Verdrängungsabsicht stets vermutet.[94] Ähnliche Formulierungen lassen sich bereits in der Rechtssache *Suiker Unie* finden. Dort hatte der Gerichtshof festgestellt, dass das von Südzucker angewandte Prämiensystem einen Treuerabatt darstelle, der *„dazu diente*, die Kunden [...] vom Bezug von konkurrierenden Herstellern abzuhalten. Allerdings richtete der EuGH sein anschließendes Prüfungsprogramm ausschließlich an dem Wirkungspotenzial des Rabatts aus. Bei der Beurteilung eines Treuerabatts sei allein entscheidend, ob der Rabatt *geeignet* sei, Kunden davon abzuhalten, ihren Bedarf bei anderen Herstellern zu beziehen.[95]

Andererseits lässt die leicht unpräzise Formulierung des Urteils, in dem weder von einer „Absicht" noch einer "Intention" oder Ähnlichem die Rede ist, Zweifel an dieser Deutung bestehen. Auch die von der Kommission bei Hoffmann-La Roche (nachfolgend: HLR) sichergestellten internen Rundschreiben und Sitzungsprotokolle, aus denen sich eindeutig eine Geschäftsstrategie zur Marktabschottung ableiten ließ, wurden im Rahmen der Missbrauchsfeststellung nicht weiter gewürdigt.[96] Die Unterlagen ergaben insbesondere, dass HLR mit der

---

92 EuGH, Urt. v. 13.2.1979, Rs. 85/76, Slg. 1979, 461, 540 Rn. 90 – *Hoffmann-La Roche/Kommission.*

93 Ähnlich *Richter*, die darauf hinweist, dass der EuGH in *Hoffmann-La Roche* den *Zweck* eines Rabattsystems zur Kundenbindung und Markverschließung für den Missbrauchsvorwurf genügen lässt, wobei er den Zweck allein aus der Eigenschaft des Rabatts als Treuerabatt herleitet, vgl. *Richter*, Mengen- und Umsatzbezogene Rabatte, 28 u. 32.

94 EuGH, Urt. v. 3.7.1991, Rs. C-62/86, Slg. 1991, I-3359, 3455 Rn. 71 – *AKZO/Kommission.*

95 EuGH, Urt. v. 16.12.1975, Verb. Rs. 40 et al./73, Slg. 1975, 1663, 2021 Rn. 521 – *Suiker Unie/Kommission*. Die Kommission hingegen scheint der Ausrichtung des Rabatts mehr Bedeutung beizumessen: „Wird ein solcher Treuerabatt von einem Unternehmen in beherrschender Stellung angewandt, *um* die Importmöglichkeiten weiter einzuschränken und die beherrschende Stellung zu festigen und auszubauen, so stellt dies einen Missbrauch dar [...]", Kommission, Entscheidung v. 2.1.1973, IV/26.918, ABl. 1973 L 140/17, 40 – *Europäische Zuckerindustrie.*

96 Zur Strategie der Marktabschottung, siehe Kommission, Entscheidung v. 9.6.1976, IV/29.020, ABl. EG 1976 L 223/27, 32 Rn. 12 ff. – *Vitamine.*

Gewährung der Rabatte Kunden binden wollte, um den Markt gegenüber Wettbewerbern „abzuschirmen" und nicht länger dem intensiven Preiswettbewerb um jede Bestellung ausgesetzt zu sein.[97] Sowohl die Kommission als auch der Gerichtshof berücksichtigten diese Erkenntnisse – zumindest ausdrücklich – erst auf der Rechtsfolgenseite bei der Festsetzung der Geldbuße, indem sie damit ein vorsätzliches Verhalten seitens HLR begründeten.[98]

Aus dem Urteil selbst lassen sich daher keine eindeutigen und zweifelsfreien Rückschlüsse hinsichtlich der vollständigen Ablehnung der Verdrängungsabsicht treffen. Betrachtet man jedoch das *Hoffmann-La Roche* Urteil im Gesamtzusammenhang mit der zuvor und später ergangenen Judikatur des Gerichtshofs, so wird deutlich, dass der Gerichtshof die Berücksichtigung subjektiver Elemente im Rahmen der Missbrauchsfeststellung nicht gänzlich ausschließen wollte. Bereits vor *Hoffmann-La Roche* hatte der Gerichtshof in *United Brands* auf die Zielrichtung einer Lieferverweigerung rekurriert, um einen Missbrauch zu begründen, und hielt sich damit zumindest in einem „diffusen Grenzbereich zwischen objektivem und subjektivem Tatbestand"[99] auf.[100] Die weitere Auswertung der Fallpraxis zum Behinderungsmissbrauch zeigt, dass *United Brands* keine Ausnahme war. Vielmehr erfuhr die Berücksichtigung subjektiver Elemente im Rahmen der Missbrauchsfeststellung offene Anerkennung, als die Kommission in *AKZO* die Feststellung eines Kampfpreismissbrauchs allein auf die nachgewiesene Verdrängungsabsicht stützte und der Gerichtshof dies teilweise bestätigte. In der *AKZO*-Entscheidung wird besonders deutlich, dass die Kommission keinen Widerspruch zwischen objektivem Missbrauchsbegriff und der Berücksichtigung subjektiver Kriterien erblickt. So beginnt sie ihrer Ausführungen zu einem etwaigen Missbrauch durch Akzo in Rn. 74 mit Verweis auf den objektiven Missbrauchsbegriff im Sinne von *Hoffmann-la Roche*, und formuliert noch in derselben Randnummer, dass jede unbillige Geschäftsmethode eines Marktbeherrschers *zur* Verdrängung von Wettbewerbern vom Missbrauchstatbestand erfasst sein kann.[101]

---

97 Kommission, Entscheidung v. 9.6.1976, IV/29.020, ABl. EG 1976 L 223/27, 32 Rn. 12 ff. – *Vitamine*.

98 EuGH, Urt. v. 13.2.1979, Rs. 85/76, Slg. 1979, 461, 556 Rn. 139 – *Hoffmann-La Roche/ Kommission*; Kommission, Entscheidung v. 9.6.1976, IV/29.020, ABl. EG 1976 L 223/27, 37 Rn. 28 – *Vitamine*.

99 *Paul*, Behinderungsmissbrauch, 136.

100 EuGH, Urt. v. 14.2.1978, Rs. 27/76, Slg. 1978, 207, 298 Rn. 184 ff. – *United Brands/ Kommission*.

101 In der englischen Sprachfassung wird die Relevanz der Intention noch deutlicher. Dort heißt es: "Any unfair commercial practices on the part of a dominant undertaking

Kampfpreise sind danach missbräuchlich, wenn sie in der Absicht festgesetzt werden, Wettbewerber zu verdrängen: Bei Preisen unterhalb der durchschnittlichen Kosten gilt eine entsprechende Vermutung; bei Preisen zwischen den durchschnittlichen variablen und den durchschnittlichen Gesamtkosten bedarf es eines weiteren Nachweises der Verdrängungsabsicht.[102] Insbesondere in letzterem Fall geriert sich die Verdrängungsabsicht als erforderlicher Teil des Missbrauchstatbestandes. Denn ohne ihren Nachweis sind Preise oberhalb der durchschnittlichen variablen Kosten als wettbewerbsrechtlich legitim zu bewerten. Auch über den Bereich der Kampfpreise hinaus, finden sich viele Beispiele, in denen die Gemeinschaftsorgane die Absicht des Marktbeherrschers in ihre Missbrauchsprüfung miteinbezogen haben. In verfahrensmäßiger Hinsicht macht sich dies durch die weitgehende Berücksichtigung interner Dokumente sowie geführter Emailkorrespondenz und sonstiger Beweismittel bemerkbar.

Mit Blick auf die Verdrängungsabsicht lässt sich der in *Hoffmann-La Roche* begründete objektive Missbrauchsbegriff dahingehend auslegen, dass er lediglich als Ausgangspunkt einer Missbrauchsprüfung dienen soll: Die Verdrängungsabsicht ist kein notwendiges Element für jeden Missbrauchsvorwurf.[103] Dies bedeutet aber nicht, dass sie in bestimmten Fällen, in denen die zu prüfenden Unternehmenspraktiken mehrdeutig bzw. sowohl pro- als auch anti-kompetitiv sein können, nicht herangezogen werden kann, um die Abgrenzungsschwierigkeit aufzulösen und Klarheit zu schaffen.[104] Dies entspricht im Wesentlichen dem vom Gerichtshof gewählten Ansatz zur Prüfung von Kampfpreisen. Abgemildert wird der (vermeintliche) Widerspruch ohnehin dadurch, dass die Verdrängungsabsicht nicht als eigenständiger Missbrauchstest angesehen, sondern stets nur in Verbindung mit objektivem Verhalten berücksichtigt wird. Das Bestehen einer Verdrängungsabsicht ohne jegliche Manifestation in der Außenwelt (sei es durch ein aggressives Preisverhalten oder lediglich durch eine geäußerte Drohung) kann keinen Verstoß gegen Art. 102 AEUV begründen. Erst durch das Verhaltenselement wird eine Gefahr für den Wettbewerb begründet und damit

---

intended to [Hervorhebung durch Verf.] eliminate […]", vgl. Kommission, Entsch. v. 14.12.1985, ABl. 1985 L 374/1, Rn. 74 aE – *ECS/AKZO*.

102 EuGH, Urt. v. 3.7.1991, Rs. C-62/86, Slg. 1991, I-3359, 3455 Rn 71 – *AKZO Chemie/Kommission*.

103 *Bellamy/Child*, EU Law of Competition, Rn. 10.058.

104 *Bellamy/Child*, EU Law of Competition, Rn. 10.058; *Kling/Thomas*, Kartellrecht, § 6 Rn. 81.

der Anwendungsbereich des Art. 102 AEUV eröffnet. In diesem Sinne bleibt die Missbrauchsfeststellung ein objektives Konzept.[105]

In Zusammenhang mit dem objektiven Missbrauchsbegriffs verweist *Bavasso* zusätzlich noch darauf, dass ein marktbeherrschendes Unternehmen eine „*besondere Verantwortung* [Hervorhebung durch Verf.] dafür trägt, dass es durch sein Verhalten einen wirksamen und unverfälschten Wettbewerb nicht beeinträchtigt“[106]. Der Begriff der besonderen Verantwortung sei dabei untrennbar mit dem objektiven Missbrauchsbegriff verbunden.[107] Während das Verhalten durch ein marktbeherrschendes Unternehmen wettbewerbsverzerrende Auswirkungen haben könne, sei ein Unternehmen mit geringem Marktanteil erst gar nicht in der Lage, den Wettbewerb nachhaltig zu beeinflussen.[108] Daraus könne geschlossen werden, dass für die Interpretation des Missbrauchsbegriffs die objektiven Auswirkungen des Wettbewerbsverhaltens und nicht etwa die Intention des Unternehmens, solche Auswirkungen auszulösen, entscheidend ist.[109] Dem ist zwar insoweit zuzustimmen, dass ein marktbeherrschendes Unternehmen, das eine bloße wettbewerbsschädliche Absicht hegt, sie jedoch in keinerlei Weise umzusetzen begonnen hat und somit von ihr (noch) keine Gefahr für den Wettbewerb ausgeht, nicht dem Missbrauchsvorwurf ausgesetzt werden kann. Allerdings können aus dem Postulat der speziellen Verantwortung eines marktbeherrschenden Unternehmens keine weitergehenden Schlüsse dahingehend gezogen werden, dass die Verdrängungsabsicht nicht als zusätzliches Element der Missbrauchsfeststellung genutzt werden darf, sei es in materiell-rechtlicher Art oder lediglich als Indiz für die wettbewerbsschädliche Eignung eines Verhaltens.[110] Im Gegenteil: Lässt sich eine Verdrängungsabsicht des Marktbeherrschers im Zusammenhang mit einem konkreten Verhalten nachweisen, stärkt dies gerade den Vorwurf, dass der Marktbeherrscher seiner besonderen Verantwortung nicht nachgekommen ist.

---

105 So auch *Nazzini*, 188.

106 EuGH, Urt. v. 9.11.1983, Rs. 322/81, Slg. 1983, 3461, 3511 Rn. 57 – *Michelin I.*

107 *Bavasso*, ECLR 2005, 616, 617.

108 Ebenda.

109 Ebenda.

110 *O'Grady*, World Competition 37, no. 4 (2014), 459, 463.

2. Der objektive Missbrauchsbegriff als Absage an ein Verschuldenserfordernis

Einigkeit besteht allerdings darüber, dass die missbräuchliche Ausnutzung einer marktbeherrschenden Stellung kein Verschulden seitens des marktbeherrschenden Unternehmens erfordert.[111] Dies hatte die Kommission für den Fall der Diskriminierung bereits 1971 in ihrer *GEMA*-Entscheidung klargestellt.[112] Im Rahmen des EuGH-Verfahrens zur Rechtssache *Continental Can* verallgemeinerte die Kommission ihren Ansatz und führte aus, dass für die Missbrauchsfeststellung ein „objektives Fehlverhalten genüge“ und mit ihr somit kein „Schuldvorwurf sittlicher oder moralischer Art“ verbunden sei.[113] Der EuGH folgte der Kommission und begründete den Missbrauchsvorwurf seither verschuldensunabhängig.[114] Das in Hoffmann-La Roche formulierte Postulat des objektiven Missbrauchsbegriffs wird von der Entscheidungs- und Rechtsprechungspraxis seither vornehmlich als Absage an das Verschuldenserfordernis interpretiert.[115] Es ist für die Missbrauchsfeststellung daher irrelevant, ob der Marktbeherrscher seiner aus Art. 102 AEUV resultierenden besonderen Verantwortung und damit des Verstoßes gegen Art. 102 AEUV bewusst war oder nicht.[116] Lediglich auf Rechtsfolgenseite im Rahmen der Bußgeldbemessung nach Art. 23 Abs. 2 lit. a VO 1/2003[117] kommt dem Verschulden gesonderte Bedeutung zu.

---

111 Siehe mit weiteren Nachweisen *Eilmansberger/Bien,* in: MünchKommEuWettbR, Art. 102 AEUV Rn. 157.

112 Kommission, Entscheidung v. 2.6.1971, ABl. 1971 L 134/15, 26 – *GEMA.*

113 EuGH, Urt. v. 21.2.1973, Rs. 6/72, Slg. 1973, 215, 227 (linke Spalte) – *Europemballage und Continental Can.*

114 EuGH, Urt. v. 21.2.1973, Rs. 6/72, Slg. 1973, 215, Rn. 29 – *Europemballage und Continental Can.*

115 Kommission, Entscheidung v. 5.5.2001, ABl. 2001, L 125/27, Rn. 40 – *Deutsche Post AG:* „[...] dass der Begriff der missbräuchlichen Ausnutzung ein „objektiver Begriff“ ist, so dass das Verhalten eines Unternehmens in beherrschender Stellung auch ohne jedes Verschulden als missbräuchlich im Sinne des Art. 82 EG-Vertrag betrachtet werden kann.“; EuG, Urt. v. 1.4.1993, Rs. T-65/89, Rn. 70 – *BPB Industries und British Gypsum:* „Der Begriff der missbräuchlichen Ausnutzung ist im Übrigen ein objektiver Begriff (Urteil Hoffmann-La Roche, a.a.O, Randnr. 91), so dass das Verhalten eines Unternehmens in beherrschender Stellung auch ohne jedes Verschulden als missbräuchlich im Sinne des Artikel 86 EWG-Vertrag betrachtet werden kann.“

116 Vgl. Kommission, Entscheidung v. 5.5.2001, ABl. 2001, L 125/27, Rn. 40 – *Deutsche Post AG.*

117 Verordnung (EG) Nr. 1/2003 des Rates v. 16.12.202, ABl. 2003, L 1/1.

IV. Die Verdrängungsabsicht und die ökonomische Analyse

Die Missbrauchsaufsicht ist aus Sicht marktbeherrschender Unternehmen ein scharfes Schwert, das bei fehlerhafter Anwendung leicht zu einer Verzerrung des freien Wettbewerbs statt zu dessen Schutz führen kann.[118] Die wirtschaftlichen Folgen bestimmter Verhaltensweisen am Markt müssen daher möglichst treffsicher vorhergesagt und festgestellt werden können. Diese Aufgabe kommt insbesondere der Ökonomie zu, die das Fundament einer jeden modernen Wettbewerbspolitik bildet.[119] Die zunehmende Ökonomisierung des Kartellrechts, insbesondere durch die Lehren der Chicago School, die Ende der 1970er Jahre eine bedeutende Rolle in der US-amerikanischen Kartellrechtspolitik einnahm, führte zu einer immer intensiveren Berücksichtigung ökonomischer Methoden und Wirkungszusammenhänge. Die Verdrängungsabsicht als ein mögliches Nachweiskriterium zur Feststellung einer Monopolisierung wurde dabei immer mehr in den Hintergrund gedrängt und erfuhr zunehmende Ablehnung.[120] Vor allem der direkte Nachweis einer Verdrängungsabsicht in Form interner Unternehmensunterlagen wurde als nicht hinreichend präzise und exakt angesehen.[121]

Die Kritik und die vollständige Ablehnung der Verdrängungsabsicht wirkt überzogen und kann letztlich nicht überzeugen. Nur unter der Prämisse, dass eine ökonomische Analyse Ergebnisse hervorbringt, die allgemein anerkannt werden und von einer den Naturwissenschaften nahekommenden Exaktheit geprägt sind, führt die Berücksichtigung einer etwaigen Verdrängungsabsicht zu einer zwangsläufigen Beeinträchtigung der Zielgenauigkeit der ansonsten einwandfreien Analyse. Die Ökonomie ist jedoch keine Naturwissenschaft, die von festen und anerkannten Gesetzlichkeiten geprägt ist. Vielmehr zeichnet sie sich durch eine Vielzahl verschiedener und teilweise beträchtlich voneinander abweichender Lehrmeinungen aus. Neue ökonomische Theorien bilden sich oftmals als Gegenlehren zur bisherigen herrschenden Auffassung heraus und beanspruchen für sich, dass die von ihnen belegten oder zumindest wissenschaftlich fundiert begründeten Wirkungszusammenhänge im Markt bei der Anwendung des Kartellrechts Berücksichtigung finden müssen.[122] Insbesondere weichen

---

118 *Wurmnest,* Marktmacht und Verdrängungsmissbrauch, 109.

119 *Easterbrook* bezeichnet das Kartellrecht beispielsweise als „einen Zweig der Ökonomie" ("has become […] a branch of economics"), vgl. Geo. L.J. 76 (1987), 305.

120 Vgl. *Jacobs,* N.C.L. Rev. 74 (1995), 219, 358; *Lao,* Am. U. L. Rev. 54 (2004), 151, 164; *dies.,* Antitrust L.J. 73 (1005), 171, 177; *Waller,* Case Western L. Rev. 52 (2001), 283, 315.

121 Vgl. *Posner,* Antitrust Law, 214.

122 *Wurmnest,* Marktmacht und Verdrängungsmissbrauch, 110.

auch die jeweiligen Grundannahmen über Marktbedingungen und Marktprozesse, die den einzelnen Denkschulen zugrunde liegen, voneinander ab. So vertrauen die Vertreter der Chicago School maßgeblich den Selbstheilungskräften des Marktes und betrachten die Intervention einer Wettbewerbsbehörde in die Funktionsmechanismen des Marktes mit größter Skepsis. Die Kartellrechtsdurchsetzung solle daher nur mit äußerster Vorsicht betrieben werden, damit nicht versehentlich den Wettbewerb förderndes Verhalten untersagt wird ("Type II error"). Die Post-Chicago-Lehren gehen hingegen davon aus, dass infolge von Unvollkommenheiten im Markt (z. B. Informationsasymmetrie) die Selbstheilungskräfte grundsätzlich nicht ausreichen, um einen freien Wettbewerb aufrechtzuerhalten. Folglich müsse die Wettbewerbsbehörde ein breiteres Spektrum an Verhaltensweisen in den Blick nehmen. Besonders deutlich tritt diese Uneinigkeit im Hinblick auf die Bewertung von Kampfpreisen zu Tage. Vertreter der Chicago School bezweifeln schon die Existenz von Kampfpreisstrategien.[123] Die Post-Chicago-Lehren haben jedoch theoretische Modelle entwickelt, mit denen sie nachweisen, dass eine Kampfpreisstrategie durchaus ein geeignetes Verdrängungsmittel für marktbeherrschende Unternehmen sein kann.[124] Der alleinige Rückgriff auf ökonomische Theorien und Analysemethoden bietet daher für die Identifizierung missbräuchlicher Verhaltensweisen kein hinreichendes Maß an Präzision und Rechtssicherheit.

Die zusätzliche Berücksichtigung der Intention des marktbeherrschenden Unternehmens kann vor diesem Hintergrund ein geeignetes Mittel sein, um dem Mangel an Präzision und Rechtssicherheit entgegenzuwirken. Dem wird aus Teilen der Literatur jedoch entgegengehalten, dass die Verdrängungsabsicht für sich genommen noch nichts bewirke und sich daher als Anknüpfungspunkt für eine kartellrechtliche Bewertung nicht besonders eigne.[125] Außerdem zeichne sich eine freie Wettbewerbswirtschaft gerade dadurch aus, dass ihre Teilnehmer nicht einem gemeinsamen Zweck unterworfen sind, sondern ihre jeweiligen,

---

123 Maßgeblich *McGee*, J.L. & Econ. 1 (1958), 137 ff.; *ders.*, J.L. & Econ. 23, 289 ff; ferner *Bork*, The Antitrust Paradox, 154; *Easterbrook*, U. Chi. L. Rev. 48 (1981), 263, 318 ff.

124 Zu den verschiedenen spieletheoretischen Ansätzen, die die Rationalität von Kampfpreisstrategien nahelegen, vgl. *Motta*, Competition Policy, 455 ff. Für einen umfassenden Überblick über die verschiedenen Erklärungsansätze im ökonomischen Schrifttum siehe *Wurmnest*, Marktmacht und Verdrängungsmissbrauch, 382 ff.

125 *Gyselen*, in: European Competition Law Annual 2003, 287 f. Rn. 17.

oftmals auch diametral zueinander verlaufenden Einzelinteressen frei verfolgen können, ohne dass ihre innere Motivation dabei erheblich werde.[126]

Die Kritik verkennt jedoch, dass die Verdrängungsabsicht nicht um ihrer selbst willen als Kriterium in die Missbrauchsprüfung einbezogen wird. Anknüpfungspunkt der kartellrechtlichen Bewertung ist nicht die Absicht allein, sondern vielmehr die daraus ableitbare Gefährdung für die Freiheit des Wettbewerbsprozesses. Dem liegt die Prämisse zugrunde, dass erfahrungsgemäß davon ausgegangen werden kann, „dass Unternehmen, die dieses Ziel [der Verdrängung] in ihre Geschäftspolitik aufgenommen haben, auch die Mittel haben, es zu realisieren, oder doch jedenfalls bis zu einem Punkt vordringen können, der unter Wettbewerbgesichtspunkten ein Einschreiten erfordert."[127] Die nachgewiesene Verdrängungsabsicht eines Marktbeherrschers und die Verdrängungswirkungen auf den Wettbewerb gehen somit zumindest in gewissem Maße ineinander über. Das EuG hatte dies in der Rechtssache *Michelin II* erstmals zum Ausdruck gebracht, als es feststellte, dass, wenn ein marktbeherrschendes Unternehmen mit seinem Marktverhalten eine Wettbewerbsbeschränkung bezweckt, dieses Verhalten auch dazu geeignet ist, eine wettbewerbsbeschränkende Wirkung zu entfalten.[128] Das enge Verhältnis zwischen Zweck und Wirkung ist kein Sonderfall des Missbrauchsverbots, sondern zieht sich durch das gesamte Kartellrecht. Am anschaulichsten verdeutlicht dies der Kartelltatbestand des Art. 101 AEUV, der Vereinbarungen verbietet, die eine Wettbewerbsbeschränkung „bezwecken oder bewirken".

Für eine Anknüpfung der kartellrechtlichen Bewertung an eine subjektive Komponente spricht auch der präventive Schutzzweck des Art. 102 AEUV. Die Ausgestaltung des Art. 102 AEUV als konkreter Gefährdungstatbestand, soll es der Missbrauchsaufsicht ermöglichen, bereits vor Eintritt einer endgültigen Wettbewerbsbeeinträchtigung tätig zu werden.[129] Das Erfordernis zusätzlicher objektiver Merkmale, die vor Eingreifen der Missbrauchsaufsicht erfüllt sein müssen, kann der Gefahrenabwehr im Einzelfall zuwider laufen. Dies gilt vor allem für die Feststellung wettbewerbswidriger Wirkungen. Würde man hier

---

126 *Möschel,* Pressekonzentration und Wettbewerbsgesetz, 102: „Der geringere Bedarf an Moral ist bekanntlich einer der Vorzüge der Verkehrswirtschaft."

127 *Möschel,* Oligopolmissbrauch, 193; vgl. *ders.* Pressekonzentration und Wettbewerbsgesetz, 102; *ders.* RIW 1988, 501, 505.

128 EuG, Urt. v. 30.9.2003, Rs. T-203/01, Slg. 2003, II-4082, 4160 Rn. 239 – *Michelin II.*

129 Vgl. zur Einordnung des Missbrauchsverbots als Gefährdungsdelikt *Brand,* FK-KartR, Art. 102 Rn. 154 f.; *Bulst,* in: Langen/Bunte, Art. 102 AEUV Rn. 131; *Fuchs/Möchel,* in: Immenga/Mestmäcker, Art. 102 AEUV Rn. 144 f.

generell eine wirtschaftswissenschaftlich gut fundierte Auswirkungsanalyse verlangen, so bestünde die Gefahr, dass die Wettbewerbsstrukturen auf dem Markt durch die zwischenzeitliche Verdrängung einzelner ebenso effizienter Wettbewerber wegen der Länge des Verfahrens dauerhaft beeinträchtigt werden. Hinzu kommt auch ein rein praktisches Problem. Die ökonomische Analyse unternehmerischen Handelns kann mitunter eine nicht zu unterschätzende Komplexität erreichen. Von Richtern und insbesondere auch Rechtsberatern, die die rechtlichen Risiken des Wettbewerbsverhaltens des eigenen Unternehmens bereits *ex ante* zu beurteilen haben, kann ein solch vertieftes Verständnis ökonomischer Modelle und darauf aufbauender Analyseansätze im Allgemeinen aber nicht erwartet werden.[130]

V. Die Eignung der Verdrängungsabsicht als Differenzierungskriterium in der Missbrauchskontrolle

1. Allgemeine Überlegungen

Will man die Verdrängungsabsicht als Differenzierungskriterium heranziehen, sind an einen solchen Test Mindestforderungen zu stellen. So muss sich die Verdrängungsabsicht insbesondere in einer Verhaltensweise manifestieren, die objektiv geeignet ist, eine Behinderung des Wettbewerbs auszulösen.[131] Das Vorhandensein einer unternehmensinternen Absicht, einen Wettbewerber zu verdrängen, stellt für sich betrachtet kein wettbewerblich relevantes Verhalten dar, das von Art. 102 AEUV in seiner Eigenschaft als Gefährdungstatbestand erfasst werden könnte. Selbst wenn eine Wettbewerbsbehörde an interne Dokumente gelangt, anhand derer eine Verdrängungsabsicht unschwer nachgewiesen werden kann, so ist dies nicht ausreichend, um den Missbrauchstatbestand als erfüllt anzusehen. Das Missbrauchsverbot zielt nicht darauf ab, bestimmte innere „Moralvorstellungen“ bei Unternehmen durchzusetzen oder ihnen wettbewerbsfördernde Ziele vorzugeben. Vielmehr bezweckt Art. 102 AEUV den Schutz eines wirksamen Wettbewerbsprozesses.[132] Der Wettbewerbsprozess

---

130 *Pitofski*, “Policy objectives of competition law and enforcement”, in: European Competition Law Annual 2003, 127, 132: “Economic models at times are marvellously complex.”

131 *Nazzini*, 58.

132 In den Einzelheiten ist hier vieles umstritten. Vgl. allgemein zur sog. Schutzzweckdebatte: *Nazzini*, 107 ff.; *Akmann*, Oxford J. of Leg. Stud. 29 (2009), 267 ff.; *Schweitzer*, in: European Competition Law Annual 2007, 119 ff.

wird jedoch durch das bloße „Gedankenspiel", einen Wettbewerber mit wettbewerbswidrigen Mitteln zu verdrängen, nicht gefährdet. Insoweit kann hier eine Parallele zum deutschen Strafrecht gezogen werden. Beschließt eine Person, Einbrecher zu werden, so löst dies als sozial irrelevantes Verhalten keine Strafbarkeit aus. Da das Strafrecht nicht die sittliche Bildung des einzelnen zu fördern, sondern eine bestimmte soziale Ordnung zu schützen hat, kann Unrecht nur die Verletzung dieser Ordnung sein. Die bloße Planung aber ist ein rein innerer Vorgang, der nichts und niemanden verletzt.

Gleichzeitig ist für die Manifestation der Verdrängungsabsicht in der „Außenwelt" eine Handlung erforderlich, die zumindest unter Zugrundelegung einer plausiblen Kausalkette erfahrungsgemäß geeignet ist, den Wettbewerbsprozess negativ zu beeinflussen.[133] Schließlich macht die Absicht allein ein Verhalten nicht automatisch zu einem Missbrauch.[134] *Nazzini* macht dies an einem anschaulichen Beispiel deutlich:

> "[...] nobody would dream, it is hoped, of finding an abuse of dominance because the board of a dominant undertaking performed a voodoo ritual aimed at destroying a competitor in order to protect the undertaking's dominant position."[135]

Entscheidend ist, dass die sich objektiv auf dem Markt manifestierende Verhaltensweise in Zusammenspiel mit der Verdrängungsabsicht eine konkrete Gefährdungslage für den Wettbewerb auslöst.[136] Dies kann einerseits dadurch geschehen, dass der in den internen Dokumenten geschilderte Verdrängungsplan schrittweise in die Tat umgesetzt wird, beispielsweise indem eine gezielte Kampfpreiskampagne gegen einen unliebsamen Wettbewerber umgesetzt wird. Andererseits, kann der Verdrängungsplan auch Rückschlüsse hinsichtlich

---

133 Vgl. *Wurmnest*, Marktmacht und Verdrängungswettbewerb, 344.

134 *Bien*, ZHR 176 (2012), 128, 132.

135 *Nazzini*, 58 Fn. 20.

136 Ähnlich *Gyselen*, in: European Competition Law Annual 2003, 287 ff. Rn. 17: "Internal documents showing the dominant company's exclusionary intent without evidence that it has been followed by *objectively unlawful* behaviour in the market will not take the case anywhere." [Herv. durch Verf.] *Gyselen* scheint einem strengerem Ansatz zuzuneigen, indem er ein „objektiv rechtswidriges bzw. wettbewerbswidriges Verhalten" als Manifestationsakt der Verdrängungsabsicht verlangt. Dies steht jedoch in Widerspruch zur Entscheidungspraxis der Gemeinschaftsorgane bei der Beurteilung einer Kampfpreisunterbietung. So ist eine Preissenkung oberhalb der durchschnittlichen variablen Kosten grundsätzlich wettbewerbsrechtlich legitim. Das Unrechtsverdikt wird erst aus dem zusätzlichen Vorliegen einer Verdrängungsabsicht geschlossen. Vgl. nur EuGH, Urt. v. 3.7.1991, Rs. C-62/86, Slg. 1991, I-3359, Rn. 72 – *AKZO.*

anderer unternehmerischer Verhaltensweisen geben, die nicht in der unmittelbaren funktionellen Umsetzung des Plans bestehen, wohl aber das gleiche wettbewerbswidrige und -gefährdende Ziel aufweisen.

Verallgemeinernd lässt sich daher festhalten, dass sich die Verdrängungsabsicht nicht als *alleiniges* Missbrauchskriterium eignet und ein auf die Unternehmensintention abstellender Test regelmäßig einer objektiven Verhaltenskomponente bedarf.[137] An diese Verhaltenskomponente sind zudem Mindestanforderungen hinsichtlich des Gefährdungspotenzials zu stellen. So kommt der Verdrängungsabsicht etwa in Fällen eines völlig untauglichen Versuchs, genauer ausgedrückt, eines Versuchs der Marktabschottung oder Wettbewerberverdrängung mit Mitteln, die von vornherein völlig ungeeignet für die Herbeiführung des Erfolgs sind, keine den Missbrauchsvorwurf begründende Wirkung zu.[138] Auch im Rahmen der Kampfpreisrechtsprechung ist eine solche Grenzziehung zwischen zumindest im Ansatz wettbewerbsgefährdenden und wettbewerbsfördernden Preissenkungen zu erkennen. Die Grenze zieht der EuGH grundsätzlich bei der Deckung der durchschnittlichen Gesamtkosten. Liegt der Preis nach einer Preissenkung immer noch oberhalb dieser Kosten, hat dies regelmäßig keinerlei wettbewerbsverzerrende Auswirkungen auf einen ebenso effizienten Mitbewerber. Eine Ausnahme ist nur dann zu machen, wenn durch Hinzutreten weiterer objektiver Umstände wie etwa der Selektivität der Preissenkung in Zusammenhang mit einer „super-dominanten" (z. B. ein Marktanteil von über 90 %)[139] Marktstellung zu einer konkreten Gefährdungslage führt.

Als Beispiel dafür mag der von der Kommission und den Unionsgerichten als missbräuchlich befundene „Kampfschiffeinsatz" der damaligen Linienkonferenz CEWAL (Associated Central West Africa Lines) dienen.[140] Sowohl die Kommission als auch die Unionsgerichte hielten es in diesem Fall für nicht erforderlich die Kostendeckung der von den Kampfschiffen angebotenen Preise zu überprüfen. Vielmehr ließen sie die Tatsache genügen, dass CEWAL mit seiner nahezu monopolartigen Stellung die Preise in Verdrängungsabsicht an die seines einzigen Konkurrenten angeglichen hatte.[141] Der Kern des festgestellten

---

137 *Østerud,* 155: "The test […] consists of two criteria: a requirement concerning the form of the conduct and a requirement concerning intent."

138 *Østerud, 151 f.; Eilmansberger/Bien,* in: MünchKommEuWettbR, Art. 102 AEUV Rn. 175.

139 Vgl. dazu *O'Donoghue/Padilla,* 206 f.; *Whish/Bailey,* Competition Law, 198 f.

140 Vgl. dazu näher C.I.3.b).

141 EuGH, Urt. v. 16.3.2000, verb. Rs. C-395/96 P u. C-396/96 P, Slg. 2000, I-1365, Rn. 117 ff. – *Compagnie Maritime Belge Transports SA u. a./Kommission.*

missbräuchlichen Verhaltens lag somit weniger in dem Ausmaß der erfolgten Preissenkung als vielmehr in ihrer selektiven Anwendung und der ihr zugrunde liegenden Verdrängungsabsicht.[142] Auch hier fehlte es nicht an der Gefährdungseignung des Verhaltens. Die Gefährdungslage für den Wettbewerb ergab sich maßgeblich daraus, dass die Konferenzmitglieder von CEWAL in der Lage waren, die niedrigen „Kampftarife" durch die auf den anderen Fahrten angewandten üblichen Tarifen auszugleichen. Dadurch wurde nämlich die Verdrängung von Unternehmen ermöglicht, die vielleicht ebenso leistungsstark wie CEWAL waren, aber infolge ihres marginalen Marktanteils nicht über ebenbürtige Finanzierungsmöglichkeiten verfügten.

2. Die Verdrängungsabsicht als *konstitutives* Bewertungselement missbräuchlicher Behinderungsfälle

Wie noch zu zeigen sein wird, kann der Verdrängungsabsicht durchaus konstitutive Wirkung zukommen. Die konstitutive Wirkung eines subjektiven Elements im Rahmen der Missbrauchsfeststellung ist allerdings begründungsbedürftig. Im Folgenden werden verschiedene Ansätze bzw. Begründungsmöglichkeiten analysiert.

a) Ein kartellrechtliches Schikaneverbot?

Auf den ersten Blick mag eine Parallele zu dem in einigen Zivilrechtsordnungen normierten Schikaneverbot[143] naheliegen. Auch stellt sich in diesem Zusammenhang die allgemeine Frage, ob an sich rechtmäßiges Wettbewerbsverhalten durch eine zugrunde liegende Vernichtungsabsicht rechtswidrig werden kann. Diese Streitfrage begleitete bereits zu Anfang des 20. Jahrhunderts die deliktsrechtliche

---

142 GA *Fennelly*, Schlussanträge zur verb. Rs. C-395/96 P u. C-396/96 P, Slg. 2000, I-1365, Rn. 119 u. 121 ff. – *Compagnie Maritime Belge Transports u. a./Kommission*; vgl. auch Kommission, Entsch. v. 23.12.1992, ABl. 1993 L34/20, Rn. 80 – *CEWAL*: „im ersteren Fall, um den es sich hier handelt, entsteht der Missbrauch aus der Absicht mehrerer Unternehmen, einen ungewöhnlich niedrigen Preis festzusetzen, um damit einen Wettbewerber auszuschalten."

143 In § 226 BGB heißt es bspw.: „Die Ausübung eines Rechts ist unzulässig, wenn sie nur den Zweck haben kann, einem anderen Schaden zuzufügen." Die Besonderheit des deutschen Schikaneverbots liegt allerdings darin, dass zur Auslösung seiner Rechtsfolge nach Lage der gesamten Umstände ein anderer Zweck als Schadenszufügung objektiv ausgeschlossen sein muss. Es genügt somit nicht, dass jemand subjektiv aus verwerflichen Gründen von seinem Recht Gebrauch macht, vgl. *Grothe,* in: MünchKomm, BGB, § 226 Rn. 4; *Ellenberger,* in Palandt, BGB, § 226 Rn. 2.

Auseinandersetzung mit Wettbewerbshandlungen im amerikanischen Common Law. In *Tuttle v. Buck*[144] ging es um einen Banker, der in einer amerikanischen Kleinstadt einen Friseursalon eröffnet hatte und den Ärger des bereits dort ansässigen Friseurs auf sich zog. Dieser warf ihm vor, dass er mit der Geschäftseröffnung allein den Zweck verfolge, seinen Wettbewerber in den geschäftlichen Ruin zu befördern und damit seiner Lebensgrundlage zu berauben. Der Supreme Court of Minnesota sah diesen Vorwurf als gerechtfertigt an und stellte fest, dass an sich rechtmäßiges Wettbewerbsverhalten durch eine zugrunde liegende Vernichtungsabsicht rechtswidrig werden kann:

> "To divert to one's self the customers of a business rival by the offer of goods at lower prices is in general a legitimate mode of serving one's own interest, and justifiable as fair competition. But when a man starts an opposition place of business, not for the sake of profit to himself, but regardless of loss to himself, and for the sole purpose of driving his competitor out of business, and with the intention of himself retiring upon the accomplishment of his malevolent purpose, he is guilty of a wanton wrong and an actionable tort. In such cases he would not be exercising his legal right, or doing an act which can be judged separately from the motive which actuated him. To call such conduct competition is a perversion of terms. It is simply the application of force without legal justification, which in its moral quality may be no better than highway robbery."[145]

Dieser Grundsatz wurde kurz darauf auch im Rahmen der Beurteilung von Preiskämpfen herangezogen. In *Standard Oil v. Dundee*[146] hatte sich der Supreme Court of Iowa mit einer Schadensersatzklage der Crystal Oil Company

---

144 *Tuttle v. Buck,* 107 Minn. 145 (S. Ct. Minn. 1909).

145 *Tuttle v. Buck,* 107 Minn. 145 (S. Ct. Minn. 1909); siehe auch die Übersetzung bei *Mestmäcker,* Der verwaltete Wettbewerb, 160 ff.: „Die Kunden eines Wettbewerbers an sich zu ziehen, indem man Waren zu billigeren Preisen anbietet, ist grundsätzlich eine gesetzmäßige Art und Weise, die eigenen Interessen zu fördern, und ist als fairer Wettbewerb nicht rechtswidrig. Aber wenn jemand ein Konkurrenzunternehmen eröffnet, nicht um für sich Gewinn zu erzielen, sondern ungeachtet eigener Verluste allein den Zweck verfolgt, seinen Wettbewerber aus dem Geschäft zu vertreiben, um sich vom Markt zurückzuziehen, sobald er diesen unsittlichen Zweck erreicht hat, so macht er sich eines "wanton wrong" und einer klagbaren unerlaubten Handlung schuldig. In einem solchen Fall übt er nicht ein gesetzmäßiges Recht aus und handelt nicht dergestalt, dass man sein Verhalten getrennt von seinen Motiven beurteilen kann. Ein solches Verhalten Wettbewerb zu nennen, würde den Begriff in sein Gegenteil verkehren (perversion of terms). Es handelt sich um nichts weiter als um die Ausübung von Macht ohne irgendeine Rechtfertigung; die moralische Qualität dieses Verhaltens ist um nichts besser als Straßenraub."

146 132 N.W. 371 (S. Ct. Iowa, 1911).

auseinanderzusetzen. Crystal Oil war im Öl-Einzelhandel tätig und versorgte das gesamte Gebiet der Hauptstadt Des Moines. Crystal Oil bezog das Öl zunächst bei Standard Oil. Als es jedoch 1989 begann auch von anderen Großhändlern Öl zu beziehen, begann Standard Oil über eine Strohmanngesellschaft selbst als Einzelhändler tätig zu werden und ging mit Niedrigpreisen gezielt gegen Crystal Oil vor. Nach erfolgreicher Verdrängung von Crystal Oil, beschränkte Standard Oil seine Geschäftstätigkeit wieder auf den Großhandel. Das Oberste Gericht betonte in seiner Entscheidung, dass das Recht grundsätzlich keine einzelnen Unternehmen vor den Gefahren des normalen Wettbewerbs schütze. Allerdings sei Wettbewerb auch kein „Krieg" in dem alles erlaubt sei. Daher verpflichte ein in Vernichtungsabsicht erfolgter direkter Angriff auf einen Wettbewerber zum Schadensersatz.[147]

Die den angeführten Entscheidungen zu entnehmenden Wertungen richten sich jedoch zu sehr am Individualschutz des einzelnen Wettbewerbers aus, um sie generell auf die Anwendung des Missbrauchsverbots nach Art. 102 AEUV übertragen zu können.[148] Denn Art. 102 AEUV bezweckt nicht den Schutz einzelner Wettbewerber, sondern vielmehr den Schutz des Wettbewerbs als solchen.[149] Es kann daher grundsätzlich nicht darauf ankommen, ob ein einzelner Wettbewerber durch das Verhalten des Marktbeherrschers geschädigt wurde.

Nur in den besonderen Fällen der missbräuchlichen (bzw. *schikanösen*)[150] Rechtsdurchsetzung lässt sich die Parallele zu einem Schikaneverbot erkennen. Beispielhaft dafür ist das Verfahren *ITT Promedia*.[151] ITT Promedia führte mit Belgacom, dem führenden belgischen Telekommunikationsanbieter, einen Rechtsstreit vor den belgischen Gerichten über die Herausgabe von Branchentelefonbüchern. Nach mehreren Verfahren, Klagen und Widerklagen legte ITT Promedia bei der Kommission Beschwerde ein und machte geltend, dass Belgacom seine marktbeherrschende Stellung durch Erhebung böswilliger Klagen missbräuchlich ausnutze. Die Kommission wies die Beschwerde jedoch zurück und nahm den Standpunkt ein, dass „die Erhebung einer Klage als Ausdruck des Grundrechts auf Zugang zu den Gerichten nicht als Missbrauch angesehen werden kann, es sei denn, dass ein Unternehmen in beherrschender Stellung Klagen

147 Zu weiteren Fällen vgl. *Mestmäcker*, Der verwaltete Wettbewerb, 160 ff.

148 Vgl. *Mestmäcker*, Der verwaltete Wettbewerb, 161; *Möschel*, RIW 1988, 502, 505.

149 Vgl. zu den möglichen Schutzzwecken von Art. 102 AEUV *Nazzini*, 107 ff.

150 So etwa *Huttenlauch/Lübbig*, in: Loewenheim/Meessen/Riesenkampff/Kersting/Meyer-Lindemann, Art. 102 AEUV Rn. 291.

151 EuG, Urt. v. 17.7.1998, Rs. T-111/96, Slg. 1998, II-2937, Rn. 30 – *IIT Promedia/Kommission*;

erhebt, die i) vernünftigerweise nicht als Geltendmachung ihrer Rechte verstanden werden und daher nur dazu dienen können, den Gegner zu belästigen, und ii) Teil eines *Planes* [Herv. d. Verf] sind, mit dem der Wettbewerb beseitigt werden soll."[152] Promedia legte daraufhin Rechtmittel beim Gericht ein. Das Gericht bestätigte die Kommissionsentscheidung vollumfänglich. Allerdings konnte es seine Prüfung auf die rechtmäßige Anwendung der von der Kommission aufgestellten Missbrauchskriterien beschränken, da Promedia die Kriterien selbst nicht gerügt hatte.[153] Das Gericht betonte dabei, dass die von der Kommission aufgestellten Kriterien als Ausnahme vom allgemeinen Grundsatz des freien Zugangs zu den Gerichten, eng auszulegen seien.[154] Die Verdrängungsabsicht tritt hier in Gestalt eines *Plans zur Beseitigung des Wettbewerbs* auf. Diesem Plan kommt für die Feststellung der missbräuchlichen Rechtsverfolgung konstitutive Bedeutung zu, d. h. er muss durch die Kommission (bzw. im Zivilverfahren durch den Kläger) dargelegt und bewiesen werden. Die Funktion des Beseitigungsplans im Rahmen der übrigen Voraussetzungen der missbräuchlichen Rechtsverfolgung ist eindeutig: er soll sicherstellen, dass nur solche Fälle vom Missbrauchsverbot erfasst werden, die auch wirklich eine Gefährdung des Wettbewerbs bewirken. Es soll somit ein sog. "*over-enforcement*" bzw. das Begehen von sog. Typ 1 Fehlern unterbunden werden.[155] Unter Berücksichtigung dieser Funktion spricht zudem vieles dafür, nur den direkten Nachweis eines Beseitigungsplans zuzulassen.

b) Die Verdrängungsabsicht als Wirkungsindikator

Es erscheint nicht abwegig, von der subjektiven Motivation eines marktbeherrschenden Unternehmens auf die wettbewerbliche Wirkung zu schließen.[156] Es

---

152 Zitat entnommen aus EuG, Urt. v. 17.7.1998, Rs. T-111/96, Slg. 1998, II-2937, Rn. 30 – ITT *Promedia/Kommission.*

153 EuG, Urt. v. 17.7.1998, Rs. T-111/96, Slg. 1998, II-2937, Rn. 58 – *ITT Promedia/ Kommission.*

154 EuG, Urt. v. 17.7.1998, Rs. T-111/96, Slg. 1998, II-2937, Rn. 61 – *ITT Promedia/ Kommission.*

155 Vgl. auch *Nazzini,* 191.

156 So auch *Hurwitz/Kovacic,* Vand. L. Rev. 35 (1982), 63, 91: "It seems fair to assume, however, as an aid to analysis, that conduct is most likely to have anticompetitive effects when it is intended from the outset to be predatory." Ebenso *Comanor/Frech III.,* Am. Econ. Rev. 74 (1984), 372, 375: "Purpose and intent become important elements in determining the competitive consequences of various strategic actions. Kritisch dagegen *Fleischer,* der darauf hinweist, dass der Schluss von einer Verdrängungsabsicht

handelt sich dabei im Kern um eine alte Idee. „Über die Wirtschaftspläne der Marktteilnehmer [soll der] Zugriff auf die Realität des Wirtschaftslebens“ ermöglicht werden.[157] Damit ist für die wettbewerbsrechtliche Behandlung nicht der Zweck der Wettbewerbshandlung, sondern die daraus abgeleitete Gefährdung für die Freiheit der Wettbewerbsprozesse entscheidend.[158] Ein marktbeherrschendes Unternehmen, das nachhaltig den Plan verfolgt, ausgewählte Wettbewerber zu vernichten, verfügt nach der Lebenserfahrung auch über die Macht, seinen Plan zu verwirklichen oder zumindest zu einem Punkt vorzudringen, der unter Wettbewerbsgesichtspunkten ein Einschreiten erfordert.[159] Die Verbindung zwischen Absicht und Wirkung wurde bereits frühzeitig in der Rechtsprechung zum amerikanischen Antitrustrecht vertreten. Exemplarisch für diesen Ansatz steht die viel diskutierte Entscheidung des Supreme Courts in der Rechtssache *Utah Pie Co. v. Contintenal Baking Co.*[160] Dort hatte das Oberste Gericht festgestellt, dass eine Preisdiskriminierung dann als missbräuchlich anzusehen sei, wenn ihr eine Verdrängungsabsicht (“predatory intent”) zugrunde liegt.[161] Der Nachweis einer Verdrängungsabsicht diene dabei als Alternative zum Nachweis einer tatsächlichen Wettbewerbsbeschränkung (“actual competitive injury”).[162]

Dass die Unternehmensintention mit Blick auf die wettbewerbswidrigen Wirkungen eines Verhaltens hilfreiche Indizien geben kann, ist in den USA auch aktuell anerkannt. So heißt es in den vom US Department of Justice und der

---

auf die Wettbewerbsbeschränkung einen Kausalzusammenhang unterstellt, der selbst beweisbedürftig ist, vgl. WuW 1995, 796, 802.

157 *Möschel,* RIW 1988, 502, 505.

158 *Möschel,* Pressekonzentration und Wettbewerbsgesetz, 102.

159 *Mestmäcker,* Der verwaltete Wettbewerb, 163; *Möschel,* Pressekonzentration und Wettbewerbsgesetz, 102.

160 *Utah Pie Co. v. Continental Baking Co.*, 386 U.S. 685 (1967). Siehe zum Sachverhalt und der geäußerten Kritik D.I.1.

161 *Utah Pie Co. v. Continental Baking Co.*, 386 U.S. 685, 697 f. (1967): “It seems clear to us that the jury heard adequate evidence from which it could have concluded that Pet had engaged in predatory tactics in waging competitive warfare in the Salt Lake City market. Coupled with the incidence of price discrimination attibutable to Pet, the evidence as a whole established, rather than negated, the reasonable possibility that Pet’s behavior produced a lessening of competition proscribed by the Act.”

162 *Utah Pie Co. v. Continental Baking Co.*, 386 U.S. 685, 702 f. (1967): “In this case there was some evidence of predatory intent with respect to each of these respondents. There was *also* other evidence upon which the jury could rationally find the requesite injury to competition.”[Herv. durch Verf.].

Federal Trade Commission 2010 veröffentlichten Horizontal Merger Guidelines ausdrücklich:

> "Explicit or implicit evidence that the merging parties intend to raise prices, reduce output or capacity, reduce product quality or variety, withdraw products or delay their introduction, or curtail research and development efforts after the merger, or explicit or implicit evidence that the ability to engage in such conduct motivated the merger, can be highly informative in evaluating the likely effects of a merger."[163]

Auch in den "Antitrust Guidelines for Collaborations among Competitors" heißt es:

> "The Agencies also consider evidence of the subjective intent of the participants to the extent that it sheds light on competitive effects."[164] "[...] extrinsic evidence of intent may aid in evaluating market power, the likelihood of anticompetitive harm, and claimed precompetitive justifications where an agreement's effects are otherwise ambiguous."[165]

Die Rechtfertigung, um von der Unternehmensintention auf die (potenziellen) Auswirkungen einer Verhaltensweise zu schließen, ist der Informationsvorteil, den das marktbeherrschende Unternehmen über den Markt hat.[166] Es wird davon ausgegangen, dass ein marktbeherrschendes Unternehmen, das am Markt fest etabliert ist, gegenüber Behörden und Gerichten einen erheblichen Wissensvorsprung über die industriespezifische Wettbewerbsdynamik und ihre Wirkungszusammenhänge hat. Infolge dieser Kenntnis ist es auch in der Lage, Marktauswirkungen besser vorherzusagen. Selbst Vertreter der Chicago School erkennen die Indizwirkung von der Verdrängungsabsicht auf die Wettbewerbsauswirkungen an.[167] Die Verdrängungsabsicht ist daher gerade in den Fällen von besonderem Wert, in denen die wettbewerbswidrigen Wirkungen oder Gefahren prognostiziert werden müssen.[168]

Hinzukommt, dass die Bejahung eines Missbrauchs nach Art. 102 AEUV – unabhängig von der konkreten Rolle subjektiver Elemente – stets die Feststellung der Marktbeherrschung des Unternehmens voraussetzt; nur dann darf

---

163 *US Department of Justice/Federal Trade Commission,* Horizontal Merger Guidelines 2010, § 2.2.1.

164 *US Department of Justice/Federal Trade Commission,* Antitrust Guidelines for collaboration among competitors 2000, 3.31.

165 *US Department of Justice/Federal Trade Commission,* Antitrust Guidelines for collaboration among competitors 2000, 3.31 Fn. 35.

166 *Stucke,* J. L. Econ. & Pol'y 8 (2012), 801, 849.

167 *Posner,* Antitrust Law, 214 ff.

168 *Stucke,* J. L. Econ. & Pol'y 8 (2012), 801, 849; *O'Donoghue/Padilla,* 281 f.

die Missbrauchsaufsicht einschreiten. Ist ein Unternehmen jedoch marktbeherrschend, so ist es grundsätzlich infolge der ohnehin geschwächten Wettbewerbssituation auch jederzeit in der Lage, sich auf dem Markt durch einseitige Verhaltensweisen kartellrechtswidrig zu verhalten. Es besteht damit bereits eine abstrakte Gefahrensituation. Wird nun im Rahmen einer Unternehmensdurchsuchung ein Verdrängungsplan aufgedeckt, führt die Kumulation von machtbedingtem Wirkungspotenzial und subjektiver Verdrängungsabsicht zu einer Steigerung der Gefahrenlage. Kommt dann noch ein zur Wettbewerberverdrängung nicht völlig ungeeignetes Verhalten hinzu, konkretisiert sich die Gefahr hinreichend und es bedarf des Einschreitens der Missbrauchskontrolle. Dies spiegelt sich auch in der nach der Rechtsprechung dem Marktbeherrscher obliegenden besonderen Verantwortung wider. Im Ergebnis stützt sich die Vermutung wettbewerbswidriger Auswirkungen somit nicht nur auf die Verdrängungsabsicht, sondern auch auf die beiden weiteren Elemente der Marktbeherrschung und einer grundsätzlich (abstrakt) zur Wettbewerberverdrängung geeigneten Verhaltensweise (z.B. Preissenkung, Rabattgewährung, Lieferverweigerung, Geltendmachung von Rechten).[169]

Wird in der Verdrängungsabsicht ein Indikator für das wettbewerbswidrige Wirkungspotenzial einer Verhaltensweise gesehen, so liegt dem die Annahme zugrunde, dass die indizierten Wirkungen regelmäßig auch eintreten. Die Rechtsprechungspraxis zeigt jedoch, dass Verdrängungsstrategien durchaus auch erfolglos bleiben können. So hatte sich beispielsweise in *Compagnie Maritime Belge Transports* der Marktanteil des bekämpften Schifffahrtsunternehmens erhöht, statt teilweise oder vollständig durch die marktbeherrschende Schifffahrtskonferenz abgeschöpft worden zu sein.[170] Da eine Verdrängungsabsicht nicht zwangsläufig auch zu einer Verdrängungswirkung führt, stellt sich die Frage, wie in solchen Fällen verfahren werden soll, insbesondere, ob der Missbrauchsvorwurf mangels wettbewerbswidriger Wirkungen entfällt.

---

169 Ähnlich auch *Østerud, 156.*

170 EuG, Urt. v. 8.10.1996, verb. Rs. T-24/93 bis T-26/93 und T-28/96, Slg. 1996, II-1201, Rn. 149 – *Compagnie Maritime Belge Transport.* Vgl. ferner EuG, Urt. v. 7.10.1999, Rs. T-228/97, Slg. 1999, II-2669, Rn. 191 – *Irish Sugar.* Einschränkend ist in diesem Zusammenhang aber zu bemerken, dass nicht ersichtlich ist, wie sich der Marktanteil ohne die besagte Verdrängungsstrategie entwickelt hätte. Geht man davon aus, dass sich der Marktanteil in Abwesenheit der Verdrängungsstrategie noch stärker erhöht hätte, so wäre die Strategie durchaus mit einem Erfolg (d. h. einer Verringerung des Marktanteilszuwachses) verbunden gewesen.

Die Beantwortung kann weitreichende Folgen haben. Bleibt der Missbrauchsvorwurf trotz Fehlens wettbewerbswidriger Wirkungen bestehen, so verlässt die Verdrängungsabsicht ihren Funktionsbereich als Wirkungsindikator und bedarf einer anderweitigen Rechtfertigung. Entfällt der Missbrauchsvorwurf hingegen, eröffnet sich für marktbeherrschende Unternehmen eine grundsätzlich neue Verteidigungsstrategie. Unternehmen würden versucht sein, die Indikation zu widerlegen, indem sie das Fehlen tatsächlicher Wettbewerbswirkungen vor den Behörden oder im Prozess vortragen. Der Missbrauchsvorwurf könnte somit durch den Nachweis fehlender Auswirkungen widerlegt werden. Dies läuft letztlich auf eine oftmals komplexe Marktanalyse hinaus, die es im Wege der Verdrängungsabsicht an sich einzuschränken galt.[171] Hinzu kommt die Eigenschaft des Art. 102 AEUV als Gefährdungstatbestand. Art. 102 AEUV setzt damit gerade keine konkret festgestellten Auswirkungen voraus, sondern lässt eine Gefährdung des Wettbewerbsprozesses ausreichen. Einer solchen Gefährdung ist aber immanent, dass sich ihr Gefahrenpotenzial nicht notwendigerweise realisiert und auswirkt. Ist ein Geschäftsverhalten hingegen von vornherein offensichtlich nicht wettbewerbsschädigend, so fehlt es bereits an einer Gefährdungslage, sodass Art. 102 AEUV ohnehin nicht eröffnet ist. Auch die von den Gerichten entwickelte Prüfungsstruktur einzelner Missbrauchsformen entspricht diesem Charakter des Missbrauchsverbots. So sind für die Annahme einer missbräuchlichen Kampfpreisstrategie keine tatsächlichen wettbewerbswidrigen Wirkungen nachzuweisen. Vielmehr ergibt sich bereits aus dem Unterschreiten der relevanten Kostengrenze, gegebenenfalls in Verbindung mit der Verdrängungsabsicht, das konkrete Verdrängungs- und damit Gefährdungspotenzial für den Wettbewerb. Sobald diese Gefahr gegeben ist, ist die „Schwelle von der tatbestandslosen Vorbereitung zum tatbestandsmäßigen Verhalten überschritten."[172] Insoweit besteht zwischen Art. 102 AEUV und dem im US-amerikanischen Antitrustrecht geltenden Verbot der versuchten Monopolisierung eine gewisse Ähnlichkeit.

c) *Die Verdrängungsabsicht als Mittel zur Fehlerreduzierung*

> "[...] a proper rule would be one that could accurately separate the sheep from the wolves. [...] Bluntly stated, accuracy requires avoidance of two errors – (1) branding sheep as wolves and (2) mistaking wolves for sheep."[173]

---

171 Ähnlich auch *Østerud,* der darüber hinaus auch auf die Verringerung des Abschreckungseffekts hinweist, vgl. 152.

172 *Bulst,* in Langen/Bunte, Art. 102 AEUV Rn. 131.

173 *Greer,* Antitrust Bulletin, 24 (1979), 233, 238 f.

Die Verdrängungsabsicht kann als zusätzliches Element der Missbrauchsprüfung auch der Vorbeugung von Fehlern in der Analyse und Durchsetzung von Art. 102 AEUV dienen. Denn infolge der Komplexität des Wettbewerbsprozesses und der gleichzeitigen Notwendigkeit teilweise abstrakter Spielregeln für einzelunternehmerische Verhaltensweisen ist das Irrtumsrisiko im Rahmen der Missbrauchskontrolle besonders hoch. So kann legitimes Wettbewerbsverhalten, wie beispielsweise das Setzen niedriger Preise, fließend in eine wettbewerbsschädigende Verdrängungshandlung umschlagen. Hinzukommt, dass die langfristigen Auswirkungen des Marktverhaltens auf Grundlage der zu beobachtenden kurzfristigen Marktbedingungen nur sehr vage vorhergesagt werden können.[174] *Mestmäcker* konstatiert daher, dass das Unwerturteil in wettbewerbsrechtlichen Vorschriften auf Wahrscheinlichkeitsurteilen beruhe.[175] Es bedarf daher möglichst präziser Maßstäbe, um wettbewerbsförderndes und wettbewerbsverzerrendes Verhalten voneinander treffsicher zu unterscheiden und Fehler zu vermeiden.

Unter Adoption eines Begriffspaares der Statistik wird zwischen Fehlern 1. Ordnung ("type I error", "false positive") und Fehlern 2. Ordnung ("type II error", "false negative") unterschieden. Wird durch die Rechtsanwendung prokompetitives Verhalten unterbunden, so handelt es sich um einen Fehler 1. Ordnung, der zu einem sog. "over-enforcement" führt. Wird hingegen wettbewerbsschädliches Verhalten gebilligt, so liegt ein Fehler 2. Ordnung vor, der zu einem sog. "under-enforcement" führt.

In der Literatur werden beide Fehlertypen als Kritik gegen das Nachweiserfordernis einer Verdrängungsabsicht ins Feld geführt. Einerseits verleite das Absichtskriterium dazu, dass sichergestellten direkten Nachweisen zu viel Bedeutung beigemessen wird; beispielsweise wenn aus den mit „Kriegsmetaphern" ausgeschmückten Kommentaren eines übereifrigen Managers auf eine Verdrängungsabsicht geschlossen wird. Dies erhöhe das Risiko von Fehlern 1. Ordnung. Diese Besorgnis – gerade in Teilen der amerikanischen Literatur – ist auch vor dem Hintergrund der dort bestehenden Möglichkeit eines Jury-Prozesses zu verstehen. So werden mitunter gerade die Geschworenen als anfällig dafür betrachtet, von abwertenden, martialischen oder vulgären Äußerungen „geblendet" und zu vorschnellen Schlüssen verleitet zu werden. Die damit verbundene Besorgnis eines sog. over-enforcements veranlasste bereits einige der amerikanischen Berufungsgerichte sowie den U.S. Supreme Court in ihrer Beurteilung

---

174 *Joskow/Klevorick*, Yale L.J. 89 (1979) 213, 222 f.

175 *Mestmäcker*, Der verwaltete Wettbewerb, 97.

von Kampfpreisen dazu, das Absichtselement als (zentrales) Prüfungskriterium abzulehnen und stattdessen den recoupment-Nachweis zu verlangen.[176]

Wie bereits an vorangegangener Stelle erörtert, kann diesen Bedenken zum einen mit einer inhaltlich präzisierten Definition der Verdrängungsabsicht begegnet werden. Diese ist wichtig, da sie entscheidende Auswirkung auf die Beweisführung hat. Bleibt die Definition zu vage, so fällt der Nachweis leichter und die daraus folgenden Implikationen sind fehleranfälliger. Ferner sind entsprechende Nachweiserfordernisse und eine gründliche Beweiswürdigung zu verlangen. Etwaig verbleibende Zweifel sind entweder durch weitere objektive Anhaltspunkte auszuräumen oder haben zu Lasten der Wettbewerbsbehörde zu gehen. Zuletzt werden die Bedenken auch nicht durch die europäische Kommissions- und Rechtsprechungspraxis bestätigt, die den Verdrängungsnachweis und damit ihr Missbrauchsverdikt (zumindest) bisher auf eine Vielzahl gewichtiger und übereinstimmender Kriterien gestützt hat.

Gleichzeitig wird auch auf die Gefahr von Fehlern 2. Ordnung hingewiesen. So führe der notwendige Nachweis der Verdrängungsabsicht in Fällen, in denen eindeutige Anzeichen für wettbewerbswidrige Auswirkungen bereits vorliegen, zu einer ungerechtfertigten und unangemessenen Anhebung des Missbrauchsstandards.[177] Diese Konstellation kann im europäischen Recht bisher nur in zwei Fällen auftreten, nämlich bei Kampfpreisstrategien, die Preise zwischen den durchschnittlichen variablen und durchschnittlichen Gesamtkosten betreffen, und der missbräuchlichen Rechtsdurchsetzung. Hinsichtlich Letzterem scheint der strenge Prüfungsmaßstab schon infolge des Grundrechts auf Zugang zu den Gerichten gerechtfertigt. Die Heranziehung der Verdrängungsabsicht bei Kampfpreisen ergibt sich einerseits – wie noch zu zeigen sein wird – aus dem Mangel an geeigneteren Prüfungsmaßstäben.[178] Andererseits ist sie auch dadurch gerechtfertigt, dass der Preis einen besonders wichtigen Wettbewerbsparameter darstellt und der Preiswettbewerb daher nicht durch zu rigide Anwendung des Missbrauchsverbots behindert werden darf ("to chill competition").

Ob die Verdrängungsabsicht letztlich zu einem strengeren oder milderen Maßstab führt hängt auch von der Perspektive ab. Wird ein sog. formbasierter Ansatz als Ausgangspunkt gewählt, der die Missbräuchlichkeit lediglich an eine objektive Verhaltensweise knüpft, d. h. ein Verhalten per se verbietet, so führt ein zusätzliches Prüfungskriterium der Verdrängungsabsicht zu einem strengeren

176 Vgl. *Wurmnest,* Marktmacht und Verdrängungsmissbrauch, 418 ff.

177 So etwa *Bavasso,* ECLR 2005, 616, 618; Østerud, Identifying Exclusionary Abuses, 156.

178 Vgl. dazu umfassend C.I.

Maßstab. Aus der Perspektive eines effektorientierten Ansatzes, der maßgeblich auf die wettbewerbswidrigen Auswirkungen der Verhaltensweise abstellt und einer Marktanalyse bedarf, führt die Verdrängungsabsicht zu einem milderen und praktikableren Prüfungsmaßstab.

d) "Disambiguating the ambiguous"[179] – die Verdrängungsabsicht als Interpretationshilfe

Bereits 1933 in *Appalachian Coals* hatte Chief Justice *Hughes* festgestellt, dass eine nachgewiesene Unternehmensabsicht sowohl als Interpretationshilfe als auch als Wirkungsindikator bzw. Prognosemittel im Hinblick auf die wettbewerblichen Auswirkungen dienen kann: "knowledge of actual intent is an aid in the interpretation of facts and prediction of consequences."[180] Auch die Kommission scheint sich diesen Ansatz zu eigen zu machen, wenn sie in ihrer Prioritätenmitteilung formuliert, dass unmittelbare Beweise helfen können, „das Verhalten des marktbeherrschenden Unternehmens nachzuvollziehen und zu bewerten."[181] Interne Unternehmensunterlagen können insofern hilfreich sein, als dass sie der Wettbewerbsbehörde ermöglichen, sich auf die für die Beurteilung der Missbräuchlichkeit relevanten Tatsachen zu konzentrieren.[182] Lässt ein Verhalten mehrere Deutungsmöglichkeiten zu, so kann der Rückgriff auf direkte Nachweise überdies Klarheit verschaffen.[183] Bereits in *AKZO* stellte der EuGH entsprechend fest, dass in Fällen, „in denen für niedrige Preise verschiedene Erklärungen möglich seien," Beweismittel für eine Verdrängungsabsicht erforderlich für die Feststellung einer Zuwiderhandlung sein können.[184] Dem Nachweis der Verdrängungsabsicht kommt damit eine Art Erklärungsfunktion zu, die in schwierigen Grenzfällen den Ausschlag geben kann, ob ein Verhalten als

179 Der Ausdruck ist an *Posner* angelehnt, der trotz seiner generellen Skepsis gegenüber dem Kriterium der Verdrängungsabsicht, nicht von ihr ablassen will (bzw. kann), weil er keine gleichrangige Alternative erkennt, um mehrdeutige Verhaltensweisen dem monopolisierenden Verdrängungswettbewerb zuzuordnen: "Whether it *is* such a [predatory] tactic is another question, however, which is where proof of intent comes in; it is a method of disambiguating an ambiguous practice", Antitrust Law, 216.

180 *Appalachian Coals v. United States,* 288 U.S. 344, 372 (1933).

181 Kommission, Prioritätenmitteilung, Rn. 20.

182 *Bulst*, in: Langen/Bunte, Art. 102 Rn. 129.

183 Dies gesteht auch *Bavasso* ein, der der Verdrängungsabsicht grundsätzlich sehr kritisch gegenübersteht, vgl. ECLR 2005, 616, 622. Ferner *Lao,* Antitrust L.J. 73 (2005), 171, 193.

184 Vgl. Urt. v. 3.7.1991, Rs. C-62/86, Slg. 1991, I-3359, Rn. 72 – *AKZO.*

antikompetitiv oder prokompetitiv einzustufen ist. In solchen Fällen geht es im Kern nicht um die Frage, wieso ein Marktbeherrscher ein bestimmtes Verhalten an den Tag gelegt hat, sondern darum, was ein Marktbeherrscher konkret getan hat – hat er sich wettbewerblich verhalten oder hat den Wettbewerb verzerrt? *Kahn* brachte diese Funktion bereits 1953 mit folgenden Worten zum Ausdruck:

> "The question is not: „Why did A *really* do what he did?" but simply: What was A really doing? Was he competing – or suppressing competition?"[185]

Entsprechendes gilt auch im Rahmen nicht preisbezogener Behinderungsmissbräuche wie etwa der Lieferverweigerung. So kann aus dem direkten Nachweis unter Umständen der Zweck einer Lieferverweigerung (z. B. als Mittel der Bestrafung, dass das Produkt bzw. die Leistung auch von Wettbewerbern bezogen wird) offenbart und Effizienzrechtfertigungen ausgeräumt werden. Gleiches gilt für Fälle der Kopplung. So mag ein Unternehmen zwar die technische Kopplung seiner Produkte unter dem Deckmantel der Produktverbesserung begründen. Wenn durch interne Unterlagen jedoch dokumentiert ist, dass das Unternehmen in Wahrheit Wettbewerber im Wege der Kopplung verdrängen wollte, so fällt jegliche Rechtfertigung weg.[186]

Findet die Kommission interne Unternehmensunterlagen vor, aus denen sich Rückschlüsse auf das Verhalten und die zugrunde liegenden Unternehmensentscheidungen führen lassen, so ist nicht ersichtlich, wieso diese völlig unberücksichtigt bleiben sollten. Etwaige Auslegungsprobleme können auf Ebene der Beweiswürdigung erörtert werden.

e) Die „Ausrichtung" eines Marktverhaltens als zentrales Bewertungselement missbräuchlicher Behinderungsfälle

In der deutschen Literatur sehen *Eilmansberger/Bien* in der Zweckausrichtung einer Maßnahme das „zentrale" und „geradezu konstitutive" Kriterium für die Feststellung eines Behinderungsmissbrauchs.[187] Sie sind der Ansicht, dass die einem Unternehmensverhalten zugrundeliegende Zwecksetzung eine notwendige Voraussetzung für den Behinderungsmissbrauch darstelle. Aus der Definition des Behinderungsmissbrauchs nach *Hoffmann-La Roche* leiten Eilmansberger/Bien zunächst zwei allgemeine Prüfungskriterien ab. Zunächst müsse das Unternehmensverhalten geeignet sein, die Marktstruktur zu beeinflussen.

---

185 *Kahn*, Harv. L. Rev. 67 (1953), 28, 51.

186 *Bulst*, in: Langen/Bunte, Art. 102 Rn. 129.

187 *Eilmansberger/Bien*, in: MünchKommEuWettbR, Art. 102 AEUV Rn. 169.

Darüber hinaus dürfe das in Frage stehende Verhalten nicht dem Leistungswettbewerb zuzuordnen sein. Insbesondere aus der zweiten (negativen) Voraussetzung folgern sie, dass eine Verhaltensweise, die objektiv die Marktstruktur beeinträchtigt, nicht als missbräuchlich angesehen werden kann, wenn sie Teil des Leistungswettbewerbes ist. Nimmt man eine Preissenkung in den Blick, so ist dem zuzustimmen. Denn eine Preissenkung kann grundsätzlich dazu führen, dass weniger effiziente Unternehmen aus dem Markt gedrängt werden und damit eine angebotsseitige Veränderung der Marktstruktur bewirkt wird. Preissenkungen sind aber zugleich Ausdruck wirksamen Leistungswettbewerbs.

Die Wirkung des Verhaltens – so *Eilmansberger/Bien* – könne für die Missbrauchsfeststellung demnach nicht ausschlaggebend sein.[188] Vielmehr bedürfe es eines weiteren (Abgrenzungs-)Kriteriums. Dieses sei in der Ausrichtung des für sich genommen neutralen Unternehmensverhaltens zu erblicken.[189] Ist die gänzliche Verdrängung von Wettbewerbern (z. B. im Wege einer Preissenkung) oder eine langfristige Abnehmerbindung (z. B. im Wege von Rabatten) ein selbstständiges Ziel der an sich „normalen Wettbewerbsmaßnahme“, so sei ein Missbrauch anzunehmen. Stellen diese jedoch eher Folgewirkungen eines anderen beabsichtigten Erfolges dar, so sei ein Missbrauchsvorwurf nicht ohne weiteres möglich.[190] Nach diesem Verständnis der *Hoffmann-La Roche* Definition ist für die Verneinung des Leistungswettbewerbes somit entscheidend, ob die Verhaltensweise auf die Beeinflussung der Marktstruktur abzielt. Mit anderen Worten: Die mit der Verhaltensweise verfolgte Intention wird in den Mittelpunkt der Überlegung gerückt. Der Ansatz von *Eilmansberger/Bien* lässt sich in verschiedenen Entscheidungen der Kommission und der europäischen Gerichte wiederfinden. So weisen sie unter anderem auf *United Brands* hin, in der der EuGH festgestellt hatte, das marktbeherrschende Unternehmen nur soweit ihre eigenen geschäftlichen Interessen zu wahren berechtigt sind, als dass ihr Geschäftsverhalten nicht auf die Verstärkung der beherrschenden Stellung und ihren Missbrauch *abzielt*.[191] Dies sei dahingehend zu verstehen, dass solche Verhaltensweisen als missbräuchlich einzustufen seien, „die auf eine Verstärkung der marktbeherrschenden Stellung durch Zurückdrängung der Mitbewerber (angebotsseitige Strukturveränderung) anstelle auf eine Verstärkung der

188 *Eilmansberger/Bien,* in: MünchKomm, Art. 102 AEUV, Rn. 168.
189 *Eilmansberger/Bien,* in: MünchKomm, Art. 102 AEUV, Rn. 168.
190 *Eilmansberger/Bien,* in: MünchKomm, Art. 102 AEUV, Rn. 168.
191 EuGH, Entsch. v. 14.2.1978, Rs. 27/76, Slg. 1978, 207, Rn. 299/301 Rn. 148 – *United Brands.*

Marktstellung mit anderen Mitteln und eine daraus resultierende Zurückdrängung von Mitunternehmern abzielen."[192] Der Finalität eines Geschäftsverhaltens und damit auch der unternehmerischen Absicht kommt – wie weiter unten noch zu zeigen wird – insbesondere bei Preismissbräuchen eine maßgebliche Rolle zu. Es mag zwar durchaus Verhaltensweisen geben, die unabhägnig von dem Vorliegen einer Verdrängungsabsicht bereits zu einer hinreichenden Gefährdung des Wettbewerbs führen und damit ein Eingreifen der Missbrauchskontrolle rechtfertigen. Im Rahmen der Preismissbräuche gibt die Verdrängungsabsicht allerdings regelmäßig den entscheidenden Ausschlag für die Identifizierung eines leistungsfremden Wettbewerbsverhaltens und damit eines Missbrauchsfalles.

192 *Eilmansberger/Bien*, in: MünchKomm, Art. 102 AEUV, Rn. 171.

C. Die Verdrängungsabsicht als Kriterium der Missbrauchsfeststellung in Behörden- und Gerichtspraxis

I. Die Verdrängungsabsicht als Differenzierungsmerkmal zwischen wettbewerbswidrigem und legitimem Preiswettbewerb?

> *"I do not know how the courts can make such distinctions without delving deeply into the monopolist's evident intent."*[193]

Preisstrategien befinden sich grundsätzlich im Spannungsfeld von wirksamem Preiswettbewerb einerseits und rechtswidriger Konkurrentenverdrängung andererseits.[194] Ihre wettbewerbsrechtliche Erfassung und Einordnung als eine gegen Art. 102 AEUV verstoßende Verhaltensform ist daher besonders schwierig.[195] Ein klassischer und von Literatur und Rechtsprechung anerkannter Fall des Behinderungsmissbrauchs ist die *gezielte Kampfpreisunterbietung* ("predatory pricing").[196] Ein marktbeherrschendes Unternehmen unterbietet die Preise eines Konkurrenzunternehmens mit dem *Ziel*, dieses aus dem Markt zu drängen oder dessen Marktzutritt zu verhindern, um anschließend unter Ausnutzung der erstarkten Marktmacht die Preise ungehindert über das wettbewerbliche Niveau anheben zu können.[197] Das marktbeherrschende Unternehmen verzichtet damit

---

193 *Scherer*, Harv. L. Rev. 89 (1976), 868, 875.

194 *Mestmäcker* beschreibt Preisunterbietungen daher treffend als eine „Erscheinungsform des Wettbewerbs", die aber zugleich als „Mittel zur rechtswidrigen Schädigung von Wettbewerbern" eingesetzt werden können; Der verwaltete Wettbewerb, 159.

195 *Möschel*, Recht der Wettbewerbsbeschränkungen, Rn. 552.

196 *Möschel*, Recht der Wettbewerbsbeschränkungen, Rn. 552; *Glöckner* bezeichnet diese Kategorie als „Preisunterbietung in Vernichtungsabsicht", Kartellrecht, Rn. 523.

197 *Fuchs/Möschel* in: Immenga/Mestmäcker, Art. 102 AEUV Rn. 232; *Kerber/Schwalbe* in: MünchKommEuWettbR, Einl. Rn. 570; *Glöckner*, Kartellrecht, Rn. 523; *Joskow/Klevorick*, Yale L. J. 89 (1979) 213, 219 f.; *Lange*, ZHR 169 (2005), 495. *Crane* stellt die verschiedenen Phasen der Kampfpreisunterbietung in den Vordergrund und formuliert: "*Predatory pricing* involves a tale of two times. In time 1, a dominant firm prices below cost. Smaller rivals are driven out of the market or so marginalized that they

auf kurzfristige Gewinne, um auf längere Sicht den Gesamtgewinn zu maximieren.[198] Auch die bloße Disziplinierung aggressiver Wettbewerber kann das Ziel einer solchen Kampfpreisunterbietung sein.[199] Die Kampfpreisunterbietung führt somit zu einer erheblichen Behinderung, wenn nicht gar Verdrängung von Wettbewerbern, da diese mangels Marktmacht und Finanzkraft nicht in der Lage sind, diesem für sie ruinösen Preiswettbewerb auf Dauer standzuhalten. Auch potenzielle Wettbewerber sind betroffen, indem sie infolge des niedrigen Preisniveaus und der damit einhergehenden geringen Gewinnaussicht abgehalten werden, die für einen Marktzutritt notwendigen Investitionen zu tätigen.[200]

Allerdings ist die Kampfpreisunterbietung nach Außen hin zunächst nichts anderes als eine bloße Preisunterbietung, die es für sich nicht zu sanktionieren gilt. Denn Preisunterbietungen können Ausdruck eines funktionsfähigen und fairen Leistungswettbewerbs sowie effizienter Wirtschaftstätigkeit seitens der Unternehmen sein.[201] Generalanwalt *Fennelly* hat dies in seinen Schlussanträgen zu der Rechtssache *Compagnie Maritime Belge Transports* mit folgenden Worten treffend auf den Punkt gebracht: „Preiswettbewerb ist der Kern eines freien und offenen Wettbewerbs, dessen Verwirklichung auf dem Binnenmarkt das Ziel der Gemeinschaftspolitik ist. Er fördert schlagkräftigere Unternehmen und nutzt kurz- wie langfristig dem Verbraucher. Beherrschende Unternehmen haben nicht nur das Recht, sondern sollten auch ermutigt werden, Preiswettbewerb zu treiben."[202] Mit letztem Satz stellt *Fennelly* klar, dass auch Marktbeherrscher mit aggressiven Niedrigpreisen um die Gunst der Kunden buhlen dürfen und sollen.[203]

Niedrigpreise sind ein klassisches Instrument der Kundengewinnung und Kundenbindung und führen zumindest über kurze Sicht zu einer Steigerung der

---

are no longer effective competitors. In time 2, the dominant firm enjoys monopoly power and raises its prices above competitive levels. So predatory pricing is a story that involves both prices that are too low and prices that are too high.", Antitrust, 109.

198 *Rousseva*, Rethinking Exclusionary Abuses, 133; *Glöckner*, Kartellrecht, Rn. 523.

199 *Fuchs/Möschel*, in: Immenga/Mestmäcker, Art. 102 AEUV Rn. 233; der von *Glöckner*, Kartellrecht, Rn. 523, gewählte Terminus der „Preisunterbietung in Vernichtungsabsicht" erscheint vor diesem Hintergrund zu eng.

200 *Lange*, ZHR 169 (2005), 495.

201 *Mestmäcker*, Der verwaltete Wettbewerb, 159; *Fuchs/Möschel* in: Immenga/Mestmäcker, Art. 102 AEUV Rn. 232.

202 GA *Fennelly*, Schlussanträge zur verb. Rs. C-395/96 P u. C-396/96 P, Slg. 2000, I-1365, Rn. 117 – *Compagnie Maritime Belge Transports*.

203 Ebenso *Wurmnest*, Marktmacht und Verdrängungsmissbrauch, 375.

Konsumentenrente ("consumer surplus" bzw. "consumer welfare").[204] Der einer Preisunterbietung regelmäßig immanente Verdrängungseffekt ist dabei wettbewerbspolitisch erwünscht und Teil des normalen Wettbewerbsprozesses.[205] Diese „kartellrechtliche Ambivalenz"[206] von Niedrigpreisen führt den Kartellrechtler in ein Dilemma: Einerseits müssen marktbeherrschende Unternehmen den Kampf um Kunden mit günstigen Preisangeboten austragen und letztlich auch gewinnen dürfen. Andererseits kann ein zu niedriger Preis auch zu einer unerwünschten wettbewerbsschädlichen Verdrängungswirkung führen.[207] Für die Anwendung des Missbrauchsverbots nach Art. 102 AEUV gilt es daher genau auszuloten, an welchem Punkt ein wettbewerbspolitisch erwünschter Preiswettbewerb, der auf der Effizienz der Unternehmen aufbaut, in einen unzulässigen Verdrängungswettbewerb umschlägt.[208] Wie dieser Punkt allerdings genau zu bestimmen ist, gehört zu den wohl umstrittensten Fragen im Rahmen des Verdrängungsmissbrauchs.[209] Das Kriterium der Verdrängungsabsicht nimmt in diesem Zusammenhang eine zentrale Rolle ein. Um die spezifische Funktionsweise und Relevanz der Verdrängungsabsicht im Rahmen der europäischen Kampfpreisanalyse aufzuzeigen, werden zunächst die grundlegenden Entwicklungen des Kampfpreisverbots nach Art. 102 AEUV skizziert und die Relevanz subjektiver Elemente im Rahmen der dortigen Missbrauchsanalyse herausgearbeitet. Im Anschluss daran wird die Notwendigkeit eines solchen Kriteriums analysiert.

1. Die Verdrängungsabsicht als (bisher) gefestigtes Kriterium der europäischen Kampfpreisanalyse

Die Kommission sowie die europäischen Gerichte hatten bereits mehrfach Gelegenheit, sich mit dieser Abgrenzungsfrage zu befassen und einen justiziablen Prüfungsmaßstab zu entwickeln. Die nachfolgende Darstellung der wesentlichen europäischen Entscheidungs- und Rechtssprechungspraxis wird aufzeigen, inwieweit die Verdrängungsabsicht Eingang in die Missbrauchsanalyse gefunden hat und dort zu einem (bisher) gefestigten Analysekriterium geworden ist.

---

204 *Motta,* Competition Policy, 412; *Lange,* ZHR 169 (2005), 495.

205 *Fuchs/Möschel* in: Immenga/Mestmäcker, Art. 102 AEUV Rn. 232; *Lange,* ZHR 169 (2005), 495.

206 *Fuchs/Möschel* in: Immenga/Mestmäcker, Art. 102 AEUV Rn. 232.

207 *Pries,* Kampfpreismissbrauch, 11.

208 Vgl. *Glöckner,* Kartellrecht, Rn. 526.

209 So auch *Wurmnest,* Marktmacht und Verdrängungsabsicht, 377.

a) AKZO *und die Verdrängungsabsicht als eigenständiges Analysekriterium*

Das Verfahren AKZO markiert den Grundstein für die EU-kartellrechtliche Erfassung und Beurteilung von Kampfpreisstrategien. Erstmals bot sich der Kommission und dem EuGH die Gelegenheit, einen Test für die Beurteilung von Niedrigpreisstrategien gem. Art. 86 EWG (nunmehr Art. 102 AEUV) zu entwickeln und zu den Abgrenzungsschwierigkeiten zwischen wettbewerbsbedingtem und wettbewerbsfremdem Preiskampf Stellung zu beziehen. Im Mittelpunkt der Entscheidung stand die Preispolitik des AKZO-Konzerns. Dessen Chemie-Sparte hatte nach den Feststellungen der Kommission versucht, ECS, einen kleinen aber unliebsamen Wettbewerber, im Wege eines gezielten Preiskrieges aus dem von AKZO beherrschten Markt für organische Peroxide zu drängen.

Sowohl die Kommission[210] als auch anschließend der EuGH[211] bewerteten das von AKZO an den Tag gelegte Preisverhalten als Kampfpreismissbrauch eines marktbeherrschenden Unternehmens und stellten damit – zumindest im Ergebnis übereinstimmend – einen Verstoß gegen Art. 102 AEUV fest. Bei den für die kartellrechtliche Feststellung von Kampfpreisen zu formulierenden Kriterien wichen Kommission und EuGH jedoch inhaltlich voneinander ab. Dabei maßen sie insbesondere der der Preispolitik zugrunde liegenden Unternehmensintention unterschiedliche Bedeutung für die Differenzierung von wettbewerbsbedingtem und wettbewerbsfremdem Preisverhalten zu.

(1) Der strategieorientierte Ansatz der Kommission

Die Kommission stellte zur Differenzierung zwischen zulässigem und kartellrechtswidrigem Preisverhalten auf die Verdrängungsabsicht ab und rückte damit das strategische Moment von Preissetzungsentscheidungen in den Vordergrund ihrer Untersuchung.[212] Die Verdrängungsabsicht sei dabei grundsätzlich nachzuweisen und könne nicht aus der bloßen Preisunterbietung gefolgert werden. Nur in bestimmten Fällen, in denen der Verdrängungseffekt einer Preisunterbietung offensichtlich ist, bedürfe es keines weiteren Nachweises.[213] Für die Beweisführung seien in erster Linie *direkte* schriftliche Beweismittel wie etwa interne Unternehmensdokumente zu berücksichtigen, aus denen sich eine solche Absicht ableiten lasse. Sind solche Beweismittel nicht auffindbar, sei auch

---

210 Kommission, Entsch. v. 14.12.1985, ABl. 1985 L 374/1 – *ECS/AKZO.*

211 EuGH, Urt. v. 3.7.1991, Rs. C-62/86, Slg. 1991, I-3359 – *AKZO.*

212 Kommission, Entsch. v. 14.12.1985, ABl. 1985 L 374/1, Rn. 77 ff. – *ECS/AKZO.*

213 Kommission, Entsch. v. 14.12.1985, ABl. 1985 L 374/1, Rn. 80 – *ECS/AKZO.*

ein Rückgriff auf die konkreten Umstände des Falles möglich.[214] Dabei seien ggf. auch die Kosten des marktbeherrschenden Unternehmens zu berücksichtigen, da sie für die Feststellung, ob ein Preisverhalten sowie dessen Ziel- und Zweckrichtung unangemessen sind, von erheblicher Bedeutung sein können.[215]

Die Kommissionsentscheidung in Sachen *AKZO* kann für die europäische Kartellrechtspraxis daher als Geburtsstunde des Kriteriums der Verdrängungsabsicht in der Missbrauchskontrolle gewertet werden. Erstmals führte die Kommission einen Missbrauchsmaßstab ein, der maßgeblich und ausdrücklich auf das Vorliegen eines subjektiven Elements im Sinne eines direkten Vorsatzes abstellt. Zwar ging die Kommission in ihren Ausführungen von dem herkömmlichen objektiven Begriffsverständnis der *Hoffmann-la Roche*-Rechtsprechung[216] aus, rückte dann aber die Intention des marktbeherrschenden Unternehmens in den Vordergrund ihrer Beurteilung. Bereits zu Anfang ihrer Ausführungen formulierte die Kommission ganz allgemein, dass eine „unbillige Geschäftsmethode eines beherrschenden Unternehmens *zur* [Hervorhebung durch Verf.] Verdrängung, „Bestrafung" oder Abschreckung kleinerer Wettbewerber" von Art. 102 AEUV erfasst werden könne.[217] In den weiteren Ausführungen richtete die Kommission ihr Augenmerk ausschließlich auf die Verdrängungsintention und führte den Begriff der Verdrängungsabsicht ("exclusionary intention") ein.[218]

Der von der Kommission formulierte Prüfungsmaßstab misst der Verdrängungsabsicht - zumindest in konzeptioneller Hinsicht - missbrauchsbegründende Bedeutung bei. Die Verdrängungsabsicht ist das zentrale Tatbestandsmerkmal des formulierten Kampfpreistests und bedarf, abgesehen von dem Fall einer evident bestehenden Verdrängungswirkung, des Nachweises. Ist der Nachweis erbracht, so bedarf es neben einer tatsächlichen Preissenkung, keiner zusätzlichen Voraussetzungen mehr, um einen Verstoß gegen Art. 102 AEUV zu bejahen. Insofern begründet die Niedrigpreispolitik eines beherrschenden Unternehmens mit nachgewiesener Verdrängungsabsicht per se, d. h. ohne weitergehende Wirkungsanalyse, einen Verstoß gegen Art. 102 AEUV.[219]

---

214 Kommission, Entsch. v. 14.12.1985, ABl. 1985 L 374/1, Rn. 80 - *ECS/AKZO*.

215 Kommission, Entsch. v. 14.12.1985, ABl. 1985 L 374/1, Rn. 80 - *ECS/AKZO*.

216 EuGH, Urt. v. 13.2.1979, Rs. C-85/76, Slg. 1979, 461, Rn. 91 - *Hoffmann-La Roche*.

217 In der englischen Sprachfassung wird die Relevanz der Intention noch deutlicher. Dort heißt es: "Any unfair commercial practices on the part of a dominant undertaking *intended to* [Hervorhebung durch Verf.] eliminate [...]", vgl. Kommission, Entsch. v. 14.12.1985, ABl. 1985 L 374/1, Rn. 74 aE - *ECS/AKZO*.

218 Vgl. Kommission, Entsch. v. 14.12.1985, ABl. 1985 L 374/1, Rn. 80 - *ECS/AKZO*.

219 *Möschel*, RIW 1988, 501, 505.

Rechtspraktisch darf die Verdrängungsabsicht als subjektives Element aber nicht überschätzt werden. Ist der Verdrängungseffekt einer Preisunterbietung offensichtlich, so ist der Nachweis der Verdrängungsabsicht bereits entbehrlich. Im Regelfall, in dem eine solch evidente Wirkung nicht besteht und es verschiedene Gründe für die Preissenkung geben kann, ist primär auf direkte Beweise, z. B. interne Unternehmensunterlagen, sowie sekundär auf objektive Indizien zurückzugreifen.[220] Gelingt der Nachweis nicht auf direktem Wege, ist – gegebenenfalls sogar ausschließlich – auf die objektiven Umstände des Falles zu rekurrieren, wodurch der subjektive Maßstab der Verdrängungsabsicht einer „objektiven Betrachtungsweise" sehr nahe kommt.[221]

Im umgekehrten Fall, in dem die Kommission hinreichend auf *direkte* Beweismittel zurückgreifen kann, kann das subjektive Kriterium zu einer erheblichen Erleichterung der Missbrauchsfeststellung führen. Dies verdeutlichte auch der Fall *AKZO*. Das Verwaltungsverfahren war vor allem dadurch geprägt, dass die Kommission im Wege ihrer Durchsuchungsbefugnisse nach Art. 14 VO 17/62 (nunmehr Art. 20 ff. VO 1/2003) eine Vielzahl inkriminierender Unternehmensdokumente erlangt hatte, aus denen sich – zumindest nach Ansicht der Kommission – eindeutig eine Absicht zur Verdrängung von ECS belegen ließ.[222] Die Durchführung eines möglicherweise mühsamen Kosten-Preis-Vergleichs – so

220 Die Kommission gibt der direkten Nachweisform damit den Vorzug. Dies hält sie jedoch nicht davon ab, selbst bei Vorliegen „überzeugenden schriftlichen Beweismaterials" weitere Faktoren zur Stützung ihrer Missbrauchsfeststellung heranzuziehen, vgl. Kommission, Entsch. v. 14.12.1985, ABl. 1985 L 374/1 Rn. 81 – *ECS/AKZO*.

221 *Möschel*, RIW 1988, 501, 505 Fn. 47 aE.

222 Diese enthielten unter anderem einen als „privat und vertraulich" gekennzeichneten Vermerk eines leitenden AKZO-Mitarbeiters, aus dem deutlich hervorging, dass AKZO mit aggressiven geschäftlichen Maßnahmen gedroht hatte, falls ECS seine Geschäftstätigkeit im Kunststoffbereich nicht einstellen würde. Der Vermerk enthielt überdies einen detaillierten und bezifferten Maßnahmeplan, der zur Ausführung kommen sollte, sofern ECS nicht darauf verzichten würde, seine Produkte an die Kunststoffindustrie zu liefern. In ihm wurde in aller Ausführlichkeit dargelegt, wie AKZO versuchen würde, jeden einzelnen Mühlenkunden von ECS abzuwerben. Dazu sollten Kunden gezielt Niedrigpreise angeboten werden, die weit unter dem damaligen Preisniveau lagen und mit hohen Verlusten verbunden waren. Vgl. EuGH, Urt. v. 3.7.1991, Rs. C-62/86, Slg. 1991, I-3359, Rn. 81 – *AKZO;* Kommission, Entsch. v. 14.12.1985, ABl. 1985 L 374/1, Rn. 33 ff. und 81 f.; *Möschel* spricht in diesem Zusammenhang bildhaft von einer "smoking gun", die die Kommission meinte, gefunden zu haben, vgl. RIW 1988, 501, 505.

wie es AKZO im Verfahren gefordert hatte – konnte daher nach dem von der Kommission gewählten Ansatz unterbleiben.

Letztlich ließ die Kommission auch erkennen, dass sie subjektiven Kriterien nicht nur im Rahmen von Preisunterbietungen Bedeutung zukommen lassen will. So stellte sie klar, dass jede aktiv betriebene *Strategie* zur Verdrängung tatsächlicher oder potenzieller Mitbewerber unabhängig von der konkreten Wahl der Mittel grundsätzlich einen Missbrauchsfall begründen könne und nennt Alleinbezugsverträge und Treuerabatte als Beispiel. Erforderlich sei dabei nur, dass die gewählten Mittel von einem normalen Wettbewerbsverhalten abweichen.[223]

(2) Der „Mittelweg" des EuGH

Anders als die Kommission lehnte der EuGH einen rein strategieorientierten Maßstab zur Differenzierung zwischen leistungskonformem und leistungsfremdem Preiswettbewerb ab. Stattdessen führte er einen Test ein, der zuallererst auf das Preis-Kosten-Verhältnis innerhalb des marktbeherrschenden Unternehmens abstellt.[224] Ausgehend davon unterschied der EuGH zwischen zwei Fallgruppen. Die erste Fallgruppe erfasst Sachverhalte, in der das beherrschende Unternehmen Preise verlangt, die unterhalb der durchschnittlichen variablen Kosten (d. h. der Kosten, die je nach Anzahl der produzierten Einheiten variieren) liegen. Nach Ansicht des EuGH ist eine solche Preissetzung stets missbräuchlich.[225] Die Anwendung solcher Preise bedeute für das marktbeherrschende Unternehmen bei jedem Verkauf einen Verlust in Höhe seiner gesamten Fixkosten sowie eines Teils seiner variablen Kosten. Ein Unternehmen könne – so der EuGH – daher nur dann ein Interesse an solchen Preisen haben, wenn es beabsichtigt, seine Wettbewerber auszuschalten, um danach unter Ausnutzung der Monopolstellung die Preise wieder zu erhöhen.[226] Die zweite Fallgruppe betrifft Sachverhalte, in denen das marktbeherrschende Unternehmen mit seinen Preisen

---

223 Kommission, Entsch. v. 14.12.1985, ABl. 1985 L 374/1 Rn. 80 – *ECS/AKZO*.

224 *Bulst*, in: Langen/Bunte, Art. 102 AEUV Rn. 311; *Busche*, in: KK-KartR, Art. 102 AUEV Rn. 143; Fuchs/*Möschel*, in: Immenga/Mestmäcker, Art. 102 AEUV Rn. 235. Der EuGH lehnte damit indirekt auch den Ansatz des U.S. Supreme Courts ab, der nur fünf Jahre zuvor in seiner *Matsushita*-Entscheidung der skeptischen Haltung der Chicago School gefolgt war und Kampfpreise für generell unwahrscheinlich hielt; *Matsushita Electric Industrial Co., Ltd. v. Zenith Radio Corporation*, 475 U.S. 574, 588 ff. (1986).

225 EuGH, Urt. v. 3.7.1991, Rs. C-62/86, Slg. 1991, I-3359, Rn. 71 – *AKZO*.

226 EuGH, Urt. v. 3.7.1991, Rs. C-62/86, Slg. 1991, I-3359, Rn. 71 – *AKZO*.

zwar die durchschnittlichen variablen Kosten, aber nicht die durchschnittlichen Gesamtkosten, d. h. Fixkosten plus variable Kosten, deckt. Solche Preise sind nach Ansicht des EuGH nur dann als missbräuchlich zu bewerten, wenn sie „im Rahmen eines Plans“ erfolgen, der die „Ausschaltung eines Konkurrenten zum Ziel hat“.[227] Ein Preisniveau unterhalb der durchschnittlichen Gesamtkosten könne nämlich Unternehmen aus dem Markt verdrängen, die zwar ebenso effizient wie das beherrschende Unternehmen sind, aber wegen ihrer geringen Finanzkraft nicht in gleichem Maße dem auf sie ausgeübten Wettbewerbsdruck standhalten können.[228]

(3) Zwischenwürdigung

Der EuGH hat in *AKZO* die bis heute tragenden Grundsätze zur kartellrechtlichen Beurteilung von gezielten Preisunterbietungen entwickelt. Konzeptionell schlug er dabei einen Mittelweg ein. Einerseits lehnt er den von der Kommission gewählten Strategie-orientierten Ansatz ab, der maßgeblich auf die Intention des beherrschenden Unternehmens abstellt und sich auf die Feststellung einer Verdrängungsabsicht konzentriert. Andererseits lehnte er ebenso die von AKZO vorgetragene rein kostenbezogene Abgrenzung ab, die die wettbewerbsrechtliche Zulässigkeit der Preissenkung allein von dem Unterschreiten der durchschnittlichen variablen Kosten abhängig macht. Stattdessen wählte der EuGH ein Kriterium, das sowohl auf die Kosten als auch die Strategie des marktbeherrschenden Unternehmens abstellt.[229] Die von ihm formulierte erste Fallgruppe (Preise unterhalb der durchschnittlichen variablen Kosten) lehnt sich dabei ersichtlich an die Erkenntnisse der amerikanischen Professoren *Areeda* und *Turner* an, die in einem viel beachteten Beitrag in der Harvard Law Review im Jahr 1975 die durchschnittlichen variablen Kosten als Zulässigkeitsgrenze für die Preissetzung vorgeschlagen hatten.[230] In rechtspraktischer Hinsicht gelangt daher in der ersten Fallgruppe ein rein kostenbezogener und damit objektiver

---

227 EuGH, Urt. v. 3.7.1991, Rs. C-62/86, Slg. 1991, I-3359, Rn. 72 – *AKZO*.

228 EuGH, Urt. v. 3.7.1991, Rs. C-62/86, Slg. 1991, I-3359, Rn. 72 – *AKZO*.

229 Vgl. auch *Rousseva*, Rethinking Exclusionary Abuses in EU Competition Law, 148 Fn. 85: “the test adopted by the Court is more balanced between the cost and the strategic elements.”

230 *Areeda/Turner*, 88 Harv. L. Rev. 697 (1975). Streng genommen, erachteten *Areeda* und *Turner* die Grenzkosten des marktbeherrschenden Unternehmens als entscheidende Zulässigkeitsgrenze. Da diese jedoch nur mit erheblichen Schwierigkeiten festzustellen seien, sei zur administrativen Vereinfachung auf die variablen Kosten abzustellen, 716.

Test zur Anwendung. Eine Verdrängungsabsicht wird durch das Unterschreiten der durchschnittlich variablen Kosten vermutet und muss nicht gesondert nachgewiesen werden.[231] Im Ergebnis kommt dies auch dem Ansatz der Kommission sehr nahe. Denn bei Preisen unterhalb der durchschnittlich variablen Kosten erscheint es naheliegend, von einem offensichtlichen Verdrängungseffekt auszugehen, der auch nach dem Ansatz der Kommission einen gesonderten Nachweise der Verdrängungsabsicht entbehrlich macht.[232] Fraglich bleibt allerdings, ob die vom EuGH entwickelte Vermutung widerlegbar ist oder ob es sich dabei um eine strikte Per-se-Regel handelt.[233] Letzteres würde dazu führen, dass nicht kostendeckende Preise auch im Rahmen von Produkteinführungen oder beim Abbau von Überkapazitäten und dem damit verbundenen Preisverfall einen Verstoß gegen Art. 102 AEUV darstellen könnten.[234]

In der zweiten Fallgruppe des EuGH kommt dem strategischen Moment – ähnlich dem Kommissionsansatz – gesteigerte Bedeutung zu. Der Nachweis der Verdrängungsabsicht hat für die Missbrauchsfeststellung bei Preisen oberhalb der durchschnittlichen variablen und unterhalb der durchschnittlichen Gesamtkosten („Graubereich") konstitutive Bedeutung. Insbesondere ist ein entsprechender Nachweis zu erbringen; die Verdrängungsabsicht wird nicht vermutet.[235] Die Beweislast liegt in diesem Fall entweder bei der Kommission oder im Rahmen eines zivilrechtlichen Verfahrens auf Seiten derjenigen Partei, die den Verstoß gegen Art. 102 AEUV geltend macht.[236] Der gewählte Ansatz des EuGH ist damit strenger als der von *Areeda* und *Turner* vorgeschlagene strikte Preis-Kosten-Test, da er auch Preise oberhalb der durchschnittlich variablen Kosten (und unterhalb der durchschnittlichen Gesamtkosten) als missbräuchlich einstufen kann. Die Verdrängungsabsicht dient hier jedoch als einschränkendes Korrektiv.

Hinsichtlich der Definition der Verdrängungsabsicht ist der EuGH strenger als die Kommission. So verlangt er nicht nur das Vorliegen einer Verdrängungs*absicht*, sondern vielmehr eines Verdrängungs*plans*. Dieser muss überdies auf

231 Vgl. auch GA *Colomer,* Schlussanträge zur Rs. C-333/94 P, Slg. 1996, I- 5954, Rn. 74 – *Tetra Pak/Kommission*; *Akman,* E.L. Rev. 2014, 316, 321.

232 Vgl. Kommission, Entsch. v. 14.12.1985, ABl. 1985 L 374/1 Rn. 80 – *ECS/AKZO.*

233 Mangels ausdrücklicher Klarstellung des EuGH geht *Whish* von einer widerleglichen Vermutung aus, Competition Law, 732 f. Ebenso Moritz, in: FIW, Schwerpunkte des Kartellrechts 1993/1994, 71, 75; a. A. *Gruber,* MR-Int. 2006, 167.

234 Vgl. auch *Whish,* Competition Law (6th Edition), 732 f.

235 A. A. *Moritz,* in: FIW, Schwerpunkte des Kartellrechts 1993/1994, 71, 75.

236 *Jones/Sufrin,* EU Competition Law, 397.

die Ausschaltung eines Wettbewerbers gerichtet sein.[237] Das bloße Ziel einer nicht weiter individualisierten Wettbewerbsbeschränkung scheint davon hingegen nicht erfasst zu sein. Dies deutet zugleich auf eine Anhebung des Nachweiserfordernisses hin.[238]

Der entscheidende Unterschied zum Ansatz der Kommission liegt aber in der praktischen Umsetzung des vom Gerichtshof entwickelten Prüfungsmaßstabs. Nach den Vorgaben des Gerichtshofs ist bei der Beurteilung von Preisunterbietungen stets ein Preis-Kosten-Vergleich auf Grundlage der Daten des marktbeherrschenden Unternehmens durchzuführen. Erst in einem zweiten Schritt wird die Verdrängungsabsicht berücksichtigt. Dies bedeutet zugleich, dass sich die Prüfung von Kampfpreisen nicht auf einen Nachweis einer in den unternehmensinternen Dokumenten befindlichen "smoking gun" beschränken darf. Insofern werden die Anforderungen an den Nachweis einer missbräuchlichen Preisunterbietung angehoben.

Ob letztlich auch Preise oberhalb der Gesamtkosten als missbräuchlich angesehen werden können, beantwortete der Gerichtshof in seiner Entscheidung nicht. Die Beschränkung seiner Ausführungen auf Preise unterhalb der Gesamtkosten lässt aber vermuten, dass er diese als Zulässigkeitsgrenze betrachtet, oberhalb derer ein Preisverhalten zumindest grundsätzlich, d. h. unter normalen Marktgegebenheiten, kartellrechtsgemäß ist. Dass der Gerichtshof in Ausnahmefällen aber auch bereit ist, Preise oberhalb der durchschnittlichen Gesamtkosten als missbräuchlich einzustufen, zeigt insbesondere die spätere Rechtssache *Compagnie Maritime Belge* (vgl. dazu C.I.3.b)).[239]

---

237 Vgl. EuGH, Urt. v. 3.7.1991, Rs. C-62/86, Slg. 1991, I-3359, Rn. 72 – *AKZO*: „im Rahmen eines Plans […], der die Ausschaltung eines Konkurrenten zum Ziel hat."

238 So auch *Levy*, CML Rev. 29 (1992), 415, 426.

239 EuGH, Urt. v. 16.3.2000, verb. Rs. C-395/96 P u. C-396/96 P, Slg. 2000, I-1365, Rn. 117 ff. – *Compagnie Maritime Belge Transports SA u. a./Kommission*; der EuGH weist im Rahmen seiner Missbrauchsprüfung ausdrücklich auf die besonderen Umstände des Falles (u. a. hielt die betroffene Linienkonferenz einen nahezu monopolistischen Marktanteil von 90%) hin und bejaht damit einen Verstoß gegen Art. 102 AEUV, ohne näher auf das Kosten/Preis-Verhältnis einzugehen. Vgl. auch *Fuchs/Möschel* in: Immenga/Mestmäcker, Art. 102 AEUV Rn. 234, nach denen die Äußerung des EuGH in *AKZO*, dass nicht jeder Preiswettbewerb als zulässig angesehen werden kann, darauf schließen lasse, dass auch bei einem Preis oberhalb der Gesamtkosten ein missbräuchliches Verhalten zumindest nicht ausgeschlossen sei.

b) *Festigung der AKZO-Kriterien: Tetra Pak II und France Télécom*

(1) *Tetra Pak II*

Das Verfahren *Tetra Pak II* gab der Kommission erneut Gelegenheit, sich mit der Missbräuchlichkeit von Kampfpreisen zu befassen und ihren intentionsorientierten Ansatz entsprechend der EuGH-Kriterien zu korrigieren. Verfahrensgegenstand war neben anderen missbräuchlichen Geschäftspraktiken die Preispolitik von Tetra Pak, dem führenden Hersteller von Kartonverpackungen und Abfüllmaschinen für flüssige Nahrungsmittel (z. B. Milch, Fruchtsäfte oder Wein).[240] Die Ermittlungen der Kommission ergaben, dass Tetra Pak unter anderem durch eine gezielte Kampfpreisstrategie versucht hatte, ihre Wettbewerber aus verschiedenen nationalen Märkten zu verdrängen.[241] Das EuG und der EuGH bestätigten diese Vorwürfe in dem anschließenden Rechtsmittelverfahren.[242]

Wie bereits zuvor ging die Kommission zunächst von einem strategieorientierten Ansatz aus und konstatierte, dass eine Preisunterbietung dann als missbräuchlich einzustufen sei, wenn ihr eine auf die gezielte Ausschaltung von Wettbewerbern gerichtete Politik zugrunde liege.[243] Ohne jedoch zunächst – wie zuvor in *AKZO* – auf etwaige direkte Beweise einer Verdrängungspolitik einzugehen, stützte die Kommission ihr Missbrauchsverdikt vorrangig auf eine Rentabilitätsanalyse der betroffenen Produkte und näherte sich damit – in der Sache – der *AKZO*-Rechtsprechung an. Bereits die Tatsache, dass Tetra Pak seine

---

240 Tetra Pak ist sowohl auf dem Gebiet der aseptischen Abfüllung von lange haltbaren Getränken als auch der nicht-aseptischen Abfüllung von frischen Getränken tätig. 1983 legte die italienische Tochtergesellschaft des norwegischen Unternehmens Elopak, das mit Tetra Pak auf dem nicht-aseptischen Markt in Wettbewerb stand, bei der Kommission Beschwerde ein und warf Tetra Pak vor, auf dem italienischen Markt eine gegen Elopak gerichtete Verdrängungspolitik zu praktizieren. Vgl. Kommission, Entsch. v. 24.7.1991, ABl. 1992 L 72/1, Rn. 5 – *Tetra Pak II.*

241 Kommission, Entsch. v. 24.7.1991, ABl. 1992 L 72/1, Rn. 147 ff. – *Tetra Pak II.*

242 EuGH, Urt. v. 14.11.1996, Rs. C-333/94 P, Slg. 1996, I-5951, Rn. 39 ff. – *Tetra Pak/Kommission*; EuG, Urt. v. 6.10.1994, Rs. T-83/91, Slg. 1994, II-755, Rn. 152, 192, 203 – *Tetra Pak/Kommission.*

243 Kommission, Entsch. v. 24.7.1991, ABl. 1992 L 72/1, Rn. 147 – *Tetra Pak II.* Die Kommission orientierte sich somit nicht ausschließlich an dem vom EuGH vorgegebenen Maßstab (ebenso *Whish*, Competition Law, 733). Dies dürfte allerdings auch rein praktische Gründe gehabt haben: Zwischen dem Verkündungsdatum des Urteils in Sachen *AKZO* (3. Juli 1991) und dem Verkündungsdatum in Sachen *Tetra Pak II* lagen nur 21 Tage. Die Kommission bemühte sich allerdings, das Urteil zumindest in einigen Fußnoten zu berücksichtigen. Vgl. insbes. Rn. 149 Fn. 2.

sog. Rex-Kartons in Italien „*weit* unter den „Gestehungskosten (-10 bis -34%)“[244] verkaufte und dies über einen Zeitraum von sieben Jahren hinweg, schien der Kommission als (allerdings widerlegbarer) Nachweis einer Verdrängungsabsicht auszureichen.[245] Ähnlich verhielt es sich im Anlagengeschäft.[246] Die darauf folgende Konkretisierung der jeweils unterschrittenen Kostengrenzen schien die Kommission damit nicht als notwendige Voraussetzung für, sondern lediglich als „Bestätigung“ der bereits erfolgten Missbrauchsfeststellung anzusehen.[247] Indem die Kommission aber dennoch das Unterschreiten der durchschnittlichen variablen Kosten feststellte, lag sie im Ergebnis auf einer Linie mit der *AKZO*-Rechtsprechung, nach der ein weiterer Nachweis der Verdrängungsabsicht in diesem Fall nicht erforderlich ist. Lediglich für das Jahr 1982, in dem die Preise im „Graubereich“ zwischen durchschnittlichen variablen Kosten und durchschnittlichen Gesamtkosten lagen, galt es nachzuweisen, dass Tetra Pak die Absicht hatte, Elopak zu verdrängen.[248] Auch die Kommission versuchte über weitere Indizien, die Verdrängungsabsicht zu belegen. Sie stellte jedoch keine ausdrückliche Verbindung zu den Preisen im Jahr 1982 her, sodass letztlich unklar blieb, worin sie die Notwendigkeit des Nachweises sah.[249]

---

244 Kommission, Entsch. v. 24.7.1991, ABl. 1992 L 72/1, Rn. 147 – *Tetra Pak II*. Die Gestehungskosten setzen sich aus den fixen und variablen Kosten zusammen.

245 Vgl. Kommission, Entsch. v. 24.7.1991, ABl. 1992 L 72/1, Rn. 148 – *Tetra Pak II*: Die Kommission hielt es für schwer vorstellbar, das ein solches Preisverhalten, dass gegen jegliche wirtschaftliche Vernunft verstößt, auf einem bloßen Versehen beruhe. Sie gab damit zu verstehen, dass sie eine solche Preissetzung grundsätzlich als Teil einer Verdrängungspolitik erachtete. Nur bei Vorliegen außerordentlicher Umstände (z. B. Produkteinführung oder Konkurrenzdruck) schien sie eine Ausnahme machen zu wollen. Die Kommission stellte dadurch aber zugleich klar, dass die Tatsache einer weiten Unterschreitung der Gestehungskosten nicht genüge, um die unwiderlegbare Vermutung eines missbräuchlichen Preisverhaltens zu begründen.

246 Kommission, Entsch. v. 24.7.1991, ABl. 1992 L 72/1, Rn. 157 – *Tetra Pak II*.

247 Kommission, Entsch. v. 24.7.1991, ABl. 1992 L 72/1, Rn. 149 – *Tetra Pak II*: „Die Untersuchungen ergaben, dass Tetra Pak während des gesamten Untersuchungszeitraums in Italien seine Rex-Kartons nicht nur unter den Selbstkosten – Durchschnittsgesamtkosten – sondern auch unter den durchschnittlichen variablen Kosten verkauft hat […]. Dies *bestätigt noch einmal* [Hervorhebung d. Verf.], dass Tetra Pak sich in einer Weise verhielt, die jeder wirtschaftlichen Vernunft widerspricht, es sei denn, die Konkurrenz solle um jeden Preis ausgeschaltet werden.“

248 EuGH, Urt. v. 14.11.1996, Rs. C-333/94 P, Slg. 1996, I-5951, Rn. 42 – *Tetra Pak/Kommission*; EuG, Urt. v. 6.10.1994, Rs. T-83/91, Slg. 1994, II-755, Rn. 151 – *Tetra Pak/Kommission*.

249 Kommission, Entsch. v. 24.7.1991, ABl. 1992 L 72/1, Rn. 147 ff. – *Tetra Pak II*.

EuG und EuGH schlossen sich der Kommission an, hielten sich aber konzeptionell streng an das Vorgehen der *AKZO*-Rechtsprechung.[250] Mit Blick auf die zweite Fallgruppe („Graubereich") setzten sie die Verdrängungsabsicht zwar mit dem in *AKZO* formulierten Erfordernis des Verdrängungsplans[251] gleich.[252] Auswirkungen auf das Nachweiserfordernis hatte dies jedoch nicht, da EuG und EuGH auf die Feststellungen der Kommission rekurrierten, in der die Kommission die von Tetra Pak praktizierte Politik der Konkurrentenverdrängung nachgewiesen hatte. Der EuGH präzisierte jedoch die Fallgruppen der *AKZO*-Rechtsprechung, indem er konstatierte, dass einerseits Preise unterhalb der durchschnittlichen variablen Kosten *stets* als missbräuchlich, und andererseits Preise im „Graubereich" *nur* bei Vorliegen einer Verdrängungsabsicht als missbräuchlich anzusehen seien.[253] Ersteres deutet darauf hin, dass der EuGH entweder von einer unwiderlegbaren Vermutung der Verdrängungsabsicht ausging oder aber die Voraussetzungen einer Widerlegung erheblich anheben wollte.[254] Letzteres hingegen stellt noch einmal ausdrücklich die konstitutive Wirkung der Verdrängungsabsicht für die Missbrauchsfeststellung klar. *Tetra Pak II* führte somit grundsätzlich zur Präzisierung und Festigung der *AKZO*-Rechtsprechung und bestätigte gleichzeitig die Relevanz der Verdrängungsabsicht bei der Feststellung missbräuchlicher Preisunterbietungen.

(2) France Télécom und die „Vereinnahmungsabsicht"

Der letzte und aktuellste Fall, in dem sich die europäische Kommission und die Unionsgerichte mit dem Problem der Kampfpreisbestimmung

---

250 Sowohl EuG als auch EuGH präzisierten die festgestellten Handelsspannen anhand der seit dem AKZO-Urteil bekannten Kostenkriterien.

251 „Plan […]der die Ausschaltung eines Konkurrenten zum Ziel hat", vgl. EuGH, Urt. v. 3.7.1991, Rs. C-62/86, Slg. 1991, I-3359, Rn. 72 – *AKZO.*

252 EuGH, Urt. v. 14.11.1996, Rs. C-333/94 P, Slg. 1996, I-5951, Rn. 41 f. – *Tetra Pak/Kommission*; EuG, Urt. v. 6.10.1994, Rs. T-83/91, Slg. 1994, II-755, Rn. 149 u. 151 – *Tetra Pak/Kommission*; dazu auch *Rousseva,* Rethinking Exclusionary Abuses in EU Competition Law, 150.

253 EuGH, Urt. v. 14.11.1996, Rs. C-333/94 P, Slg. 1996, I-5951, Rn. 41 – *Tetra Pak/Kommission.*

254 Vgl. *Whish,* der darauf hinweist, dass das britische Competition Appeal Tribunal in dem Verfahren *Aberdeen Journals* (Case No. 1009/1/1/02 [2003] CAT 11, Rn. 357 – *Aberdeen Journals Ltd. v Office of Fair Trading*) der Ansicht war, dass die Ausführungen des EuGH in *Tetra Pak II* einer Widerlegung der Vermutung unter besonderen Umständen nicht entgegenstehen, vgl. Competition Law (Sixth Edition), 731 f. Fn. 206.

auseinanderzusetzen hatten, war das Verfahren *Wanadoo Interactive* bzw. *France Télécom*.[255]

Ausgangspunkt war eine durch die Kommission im Jahr 1999 eingeleitete Untersuchung des europäischen Telekommunikationssektors. Dabei gelangte die Kommission an Informationen, die auf eine wettbewerbswidrige Tarifgestaltung durch Wanadoo Interactive („Wanadoo") hindeuteten.[256] Infolge des belastenden Beweismaterials leitete die Kommission im Jahr 2001 ein förmliches Verfahren gegen Wanadoo ein.[257] Wanadoo war zur damaligen Zeit eine rechtlich selbstständige Tochtergesellschaft der France Télécom und war insbesondere für den Vertrieb und die Bereitstellung von Breitband-Internetzugängen über ADSL an Privatkunden in Frankreich zuständig.[258] Der französische Markt für Breitband-Internetzugänge zeichnete sich durch einen noch geringen Reifegrad aus und stand am Anfang einer dynamischen Wachstumsphase. In den kommenden Jahren führte seine Entwicklung zu einer rasanten kommerziellen Verbreitung von Breitbandtechnologien.[259] Die Kommission stellte fest, dass Wanadoo als marktbeherrschendes[260] Unternehmen eine Niedrigpreispolitik zur Vereinnahmung des französischen Marktes für Breitband-Internetzugänge praktiziert hatte. Sie und ihr folgend die Unionsgerichte sahen darin einen Verstoß gegen Art. 102 AEUV.

Die Entscheidungen der Kommission und der Unionsgerichte im Verfahren *France Télécom* setzten die Rechtssprechung auf dem Gebiet der Kampfpreise im Wesentlichen fort. Insbesondere wurde im Rahmen der Missbrauchsanalyse erneut auf die in *AKZO* formulierte „Zweistufenprüfung" zurückgegriffen und festgestellt, dass Wanadoo zwischen August 2001 und Oktober 2002 zwar die

---

255 France Télécom fusionierte vor Abschluss des Rechtsmittelverfahrens mit Wanadoo Interactive und wurde deren Rechtsnachfolgerin. Im Folgenden wird die Rechtssache einheitlich als „France Télécom" bezeichnet.

256 Kommission, Entscheidung v. 16.7.2003, COMP/38.233, Rn. 3 – *Wanadoo Interactive.*

257 Kommission, Entscheidung v. 16.7.2003, COMP/38.233, Rn. 3 – *Wanadoo Interactive.*

258 Kommission, Entscheidung v. 16.7.2003, COMP/38.233, Rn. 6 – *Wanadoo Interactive.*

259 Kommission, Entscheidung v. 16.7.2003, COMP/38.233, Rn. 1 – *Wanadoo Interactive.*

260 Die beherrschende Stellung auf dem französischen Markt der Breitband-Internetzugänge für Privatkunden ergab sich aus mehreren Faktoren, wie z. B. der Zugehörigkeit von Wanadoo zum France Télécom Konzern, die Wanadoo besondere technische, kommerzielle und finanzielle Entfaltungsmöglichkeiten bot. Besondere Bedeutung kam dabei auch der Marktanteilsentwicklung zu: So hatte Wanadoo während des gesamten Untersuchungszeitraums stets einen Marktanteil von über 50 %, zu Ende betrug er sogar 70–80 %; vgl. Kommission, Entscheidung v. 16.7.2003, COMP/38.233, Rn. 211 ff. – *Wanadoo Interactive.*

durchschnittlichen Gesamtkosten, nicht jedoch die durchschnittlichen variablen Kosten ihrer Zugangsprodukte decken konnte.[261] Die Feststellung einer missbräuchlichen Verdrängungspreisstrategie bedurfte daher des Nachweises einer bei Wanadoo bestehenden Verdrängungsabsicht. Anders als bei *AKZO* und *Tetra Pak II* ließ sich jedoch zunächst keine Verdrängungsabsicht zumindest in der bisherigen Auslegung feststellen. Denn Wanadoo ging es nicht um die Verdrängung eines oder mehrerer bestimmter Wettbewerber, sondern um die Vereinnahmung des noch in der Anfangsphase befindlichen Wachstumsmarktes für Breitband-Internetzugänge. Im Gegensatz zu *AKZO* und *Tetra Pak* fehlte es der Absicht von Wanadoo an einem konkret individualisierten Verdrängungsziel. Sie richtete sich ganz allgemein gegen alle tatsächlichen und potenziellen Wettbewerber auf dem französischen Markt für Breitband-Internetzugänge.[262] Infolge des noch geringen Reifegrades des betroffenen Marktes rückte dabei insbesondere die Abschreckung potenzieller Wettbewerber in den Vordergrund.

Es ist durchaus folgerichtig, dass die Kommission die „Vereinnahmungsabsicht“[263] mit der für den Kampfpreistest erforderlichen Verdrängungsabsicht gleichstellte.[264] Bereits in *AKZO* wird die Verdrängungsabsicht u. a. als eine „Absicht, […] den Wettbewerb zu beschränken“ umschrieben.[265] Dies entspricht auch dem Begriffsverständnis der Verdrängung. Denn die Verdrängung kann „verschiedene Formen der radikalen Beseitigung und systematischen Eliminierung von Wettbewerbern“ annehmen.[266] Auch die Disziplinierung bestehender oder die Einschüchterung potenzieller Wettbewerber stellt eine Verdrängung dar, da sie ein expansives Wettbewerbsverhalten unterbindet sowie den Markteintritt neuer Wettbewerber verhindert.[267] Ferner kann es keinen Unterschied machen, ob das Verhalten eines marktbeherrschenden Unternehmens auf die

---

261 Kommission, Entscheidung v. 16.7.2003, COMP/38.233, Rn. 257 – *Wanadoo Interactive.*

262 Kommission, Entscheidung v. 16.7.2003, COMP/38.233, Rn. 110 ff. und 272 f.– *Wanadoo Interactive.*

263 Den Begriff der Vereinnahmungsabsicht verwendet auch das EuG, Urt. v. 30.1.2007, Rs. T-340/03, Slg. 2007, II-107, Rn. 207.

264 *Schuhmacher,* ZWeR 2007, 352, 358.

265 Kommission, Entsch. v. 14.12.1985, ABl. 1985 L 374/1, Rn. 80 – *ECS/AKZO.*

266 Kommission, Entscheidung v. 16.7.2003, COMP/38.233, Rn. 266 – *Wanadoo Interactive.*

267 *Bolton/Brodley/Riordan,* Geo. L. J. 88 (2000), 1, 36; siehe auch Kommission, Entscheidung v. 16.7.2003, COMP/38.233, Rn. 266, Fn. 303 – *Wanadoo Interactive,* die ebenfalls den vorgenannten Beitrag zitiert.

Verdrängung einzelner oder aller bzw. tatsächlicher oder potenzieller Wettbewerber ausgerichtet ist.[268]

(3) Zwischenwürdigung

Die Entscheidungs- und Rechtsprechungspraxis der Kommission und der Unionsgerichte zum Kampfpreismissbrauch verdeutlicht auf eindrucksvolle Weise die zentrale Rolle, die die Verdrängungsabsicht im Rahmen der europäischen Missbrauchskontrolle für die Erfassung von Kampfpreisstrategien einnimmt. Vor dem Hintergrund der teilweise heftigen Kritik an der Einbeziehung subjektiver Kriterien in die Missbrauchsanalyse und den jüngsten Entwicklungen im US-Kartellrecht (dazu ausführlich D.I.) ist dies nicht selbstverständlich. Es verdeutlicht allerdings, dass nach Ansicht der Kommission und der Unionsgerichte bisher keine anderen Kriterien gefunden wurden, die eine Berücksichtigung der Verdrängungsabsicht obsolet machen.

Die Entwicklung der Kommissionspraxis zeigt zudem, wie die Kommission ihren anfänglich rein strategieorientierten Ansatz infolge des AKZO-Urteils an Kostenkriterien zu koppeln begann. Beides zusammen bietet nun ein solides Fundament für die Feststellung missbräuchlicher Niedrigpreise. Festzuhalten bleibt daher, dass bei Unterschreiten der durchschnittlich variablen Kosten grundsätzlich von einem Kampfpreismissbrauch auszugehen ist. Die Verdrängungsabsicht wird in diesem Fall vermutet. Liegen die Preise zwischen den durchschnittlichen variablen Kosten, aber unter den durchschnittlichen Gesamtkosten, muss die Verdrängungsabsicht eigenständig nachgewiesen werden.

c) Neuere Entwicklungen

(1) Kampfpreise im Lichte der Prioritätenmitteilung der Kommission (2009)

Die zukünftige Vorgehensweise der Kommission in Fällen des Behinderungsmissbrauchs wird sich an der Prioritätenmitteilung zu (nunmehr) Art. 102 AEUV orientieren, welche Anfang 2009 im Amtsblatt der Europäischen Union veröffentlicht wurde.[269] Um eine effektive Durchsetzung des Missbrauchsverbots

---

268 *Schuhmacher,* Zwer 2007, 352, 358.

269 Mitteilung der Kommission, Erläuterungen zu den Prioritäten der Kommission bei der Anwendung von Artikel 82 des EG-Vertrags auf Fälle von Behinderungsmissbrauch durch marktbeherrschende Unternehmen, ABl. EU 2009 C 45/7 (nachfolgend: Prioritätenmitteilung der Kommission). Die Prioritätenmitteilung führt zu einer Selbstbindung der Kommission, sie ist jedoch weder für die Unionsgerichte noch die nationalen Wettbewerbsbehörden und nationalen Gerichte verbindlich. Vgl. dazu näher *Bulst,* in: Langen/Bunte, Art. 102 AEUV, Rn. 26 ff.

zu gewährleisten, will die Kommission im Rahmen ihres Aufgreifermessens vorrangig solche Fälle verfolgen, die „aller Wahrscheinlichkeit nach zu einer wettbewerbswidrigen Marktverschließung“ führen.[270] Grundlage für diese Beurteilung sollen „stichhaltige und überzeugende Beweise“ sein.[271]

Vor dem Hintergrund der vermehrten Kritik, die Kommission praktiziere eine zu juristisch geprägte bzw. zu formbasierte (“form-based”) und zu wenig wirkungsorientierte (“effect-based”) Rechtsanwendung, entwickelte die Kommission zudem neue Prüfungskriterien, die auf aktuelleren industrieökonomischen Erkenntnissen aufbauen. Damit führt sie ihre bereits seit Ende der 1990er Jahre bestehenden Bemühungen um eine verstärkt wirtschaftliche Betrachtungsweise bei der Auslegung und Anwendung der europäischen Wettbewerbsregeln fort (sog. “more economic approach”).[272] Die stärkere Ausrichtung an den konkreten wettbewerbswidrigen Auswirkungen einer zu prüfenden Verhaltensweise führt nach der Prioritätenmitteilung jedoch nicht zur gänzlichen Außerachtlassung subjektiver bzw. intentionsbezogener Kriterien. Ganz im Gegenteil, die Kommission beabsichtigt im Rahmen ihrer Prüfung, ob der Missbrauch wahrscheinlich zu einer wettbewerbswidrigen Marktverschließung führt, „unmittelbare Beweise einer Behinderungsstrategie“ zu berücksichtigen.[273] Solche Beweise sieht die Kommission unter anderem in internen Unterlagen, „die direkt Hinweise auf eine Strategie zur Ausschließung von Wettbewerbern enthalten (zum Beispiel genaue Pläne für bestimmte Vorgehensweisen, um Konkurrenten auszuschließen, den Markteintritt eines Wettbewerbs zu verhindern oder das Entstehen eines Marktes zu verhindern)“.[274] Die Beispielsliste erinnert dabei an die Kommissionspraxis zu Kampfpreisen. Auch direkte Beweise, die eine konkrete Androhung von Kampfpreisen belegen, werden von der Kommission

270 Prioritätenmitteilung der Kommission, Rn. 20. Die Prioritätenmitteilung erläutert in Rn. 19 den Begriff der „wettbewerbswidrigen Marktverschließung“. Darunter sollen Sachverhalte zu verstehen sein, in denen der Marktbeherrscher durch sein Verhalten vorhandenen oder potenziellen Konkurrenten „den Zugang zu Lieferquellen oder Märkten erschwert oder unmöglich macht“ und dadurch wahrscheinlich in der Lage ist, „die Preise zum Nachteil der Verbraucher gewinnbringend zu erhöhen“. Nach Rn. 11 ist die Formulierung „Preise erhöhen“ nur als Beispiel bzw. als Oberbegriff gedacht. So soll dieser auch die Fähigkeit der Marktbeherrschers umfassen, auf andere Wettbewerbsparameter (Output, Innovation, Qualität) zu seinen Gunsten und zum Schaden der Verbraucher Einfluss zu nehmen.

271 Prioritätenmitteilung der Kommission, Rn. 20.

272 Vgl. zum “more economic approach” der Kommission *Möschel*, JZ 2009, 1040.

273 Prioritätenmitteilung der Kommission, Rn. 20 (letzter Spiegelstrich).

274 Prioritätenmitteilung der Kommission, Rn. 20. (letzter Spiegelstrich).

berücksichtigt. Die Kommission stellt zudem ausdrücklich klar, dass sie die subjektive Unternehmensstrategie in jedem Fall des Behinderungsmissbrauchs berücksichtigen wird.[275] Beachtenswert ist, dass die Kommission im Rahmen des vorbereitenden Diskussionspapiers von 2008 noch eine „objektivere" Linie verfolgt hatte und vornehmlich objektive Nachweiskriterien für die Verdrängungsabsicht im Blick hatte.

Trotz geringfügiger Änderungen der zu berücksichtigenden Kostenbenchmarks bleibt die Verdrängungsabsicht ein zentrales Element des Kampfpreistests der Kommission. Nach dem Prioritätenpapier liegt eine missbräuchliche Preisunterbietung vor, wenn das marktbeherrschende Unternehmen durch seine Preispolitik *bewusst* kurzfristige Verluste oder Gewinneinbußen ("sacrifice") in Kauf nimmt, sodass es zu einer Marktverschließung kommen kann.[276] Dies soll nach Ansicht der Kommission *meistens* der Fall sein, wenn die Preise unterhalb der durchschnittlichen vermeidbaren Kosten ("average avoidable costs" bzw. "AAC") angesetzt werden.[277] Insofern ähnelt dies der ersten Fallgruppe der *AKZO*-Rechtsprechung, wobei sich die Kommission - ganz in Einklang mit dem "more economic approach" - ausdrücklich eine Bewertung im Einzelfall vorbehält. Im Ergebnis wird damit ein missbräuchliches Verhalten vermutet. Es besteht aber die Möglichkeit die Vermutung zu entkräften bzw. zu widerlegen.[278] Bei Preisen oberhalb der durchschnittlichen vermeidbaren Kosten, bedarf es hingegen des Nachweises einer *Kampfpreisstrategie*. Begrifflich weicht die Kommission somit leicht von der üblichen Terminologie (Verdrängungsplan, Verdrängungsabsicht) ab und betont wie bereits in ihrer ersten Kampfpreisentscheidung *AKZO* das strategische Moment der Preisunterbietung. Die Kommission beabsichtigt dabei, sowohl direkte als auch indirekte Beweise zu berücksichtigen. Als Beispiel direkter Nachweise nennt die Kommission einen

---

275 Prioritätenmitteilung der Kommission, Rn. 21: „Für *jeden einzelnen Fall* nimmt die Kommission eine Analyse der in Randnummer 20 genannten allgemeinen Faktoren vor" [Hervorhebung durch Verf.]. Ebenso *O'Grady*, World Competition 37 (2014), 459, 484.

276 Prioritätenmitteilung zu Art. 82 EG, ABl. EU 2009 C 45/7, Rn. 63. Allgemein dazu *Lange/Pries*, EWS 2009, 57 ff.

277 Prioritätenmitteilung zu Art. 82 EG, ABl. EU 2009 C 45/7, Rn. 64. Mit den durchschnittlichen vermeidbaren Kosten führt die Kommission ein neues Kostenkriterium ein, welches maßgeblich auf den amerikanischen Ökonom *Baumol* zurückgeht. Vgl. *Baumol*, J. L. & Econ. 39 (2000), 49.

278 *Keller*, Würzburger Arbeiten zum Wirtschaftsrecht, Band 2, 43; *O'Grady*, World Competition 37 (2014), 459, 484 Fn. 158.

„präzisen Plan, Verluste hinzunehmen, um einen Wettbewerber vom Markt auszuschließen, einen Markteintritt zu verhindern oder dem Entstehen eines Marktes zuvorzukommen" sowie die Drohung[279] mit Kampfpreisen.[280] Auch eine Form des *indirekten Nachweises* nennt die Kommission. Könne nämlich nachgewiesen werden, dass das Preisverhalten des marktbeherrschenden Unternehmens zu einem niedrigeren Nettoertrag geführt habe, als es bei einer wirtschaftlich vernünftigen und praktikablen Handlungsalternative der Fall gewesen wäre, sei von einer Kampfpreisstrategie auszugehen.[281] Allerdings stehe dem Unternehmen durchaus offen, diese Vermutung zu entkräften, indem es nachweist, dass aus ex-ante Perspektive ein Gewinn infolge des Preisverhaltens durchaus realistisch war.[282]

Indirekt deutet die Kommission noch weitere Gesichtpunkte an, die für die Feststellung einer Kampfpreisstrategie relevant werden können. So stellte sie klar, dass bei einer selektiven Preissenkung eine Kampfpreisstrategie möglicherweise näher liegt.[283] Weniger wahrscheinlich ist eine solche Strategie hingegen, wenn eine Preissenkung allgemein über längere Zeit angewandt wird.[284]

Als grundsätzliche Preisobergrenze für die Annahme einer Kampfpreisstrategie legt die Kommission die langfristigen durchschnittlichen inkrementellen Kosten (LRAIC) fest.[285] Denn ebenso effiziente Wettbewerber werden nach Ansicht der Kommission *normalerweise* nur unterhalb der LRAIC vom Markt ausgeschlossen.[286] Die LRAIC scheinen daher die gleiche Rolle wie die durchschnittlichen Gesamtkosten im Sinne der AKZO-Formel einzunehmen. Allerdings scheint sich die Kommission eine Tür für die Ahndung von Kampfpreisen oberhalb der LRAIC offen gelassen zu haben.[287] Dennoch, die Möglichkeit, dass

---

279 Der Wortlaut der Mitteilung ist hier missverständlich, da von konkreten Beweisen „für drohende Kampfpreishandlungen" die Rede ist. Mit Blick auf die in der Fn. 5 angeführte *AKZO*-Rechtsprechung und die englische ("threats of") und französische („de menaces concrètes") Fassung der Mitteilung, kann nur die „Drohung mit Kampfpreisen" gemeint sein, vgl. *Bulst,* in Langen/Bunte, Art. 102 Rn. 323.

280 Prioritätenmitteilung zu Art. 82 EG, ABl. EU 2009 C 45/7, Rn. 20, 66; vgl. auch das Diskussionspapier zu Art. 82 EG, Rn. 113.

281 Prioritätenmitteilung zu Art. 82 EG, ABl. EU 2009 C 45/7, Rn. 65.

282 Prioritätenmitteilung zu Art. 82 EG, ABl. EU 2009 C 45/7, Rn. 65 Fn. 3.

283 Prioritätenmitteilung zu Art. 82 EG, ABl. EU 2009 C 45/7, Rn. 72.

284 Prioritätenmitteilung zu Art. 82 EG, ABl. EU 2009 C 45/7, Rn. 73.

285 Prioritätenmitteilung zu Art. 82 EG, ABl. EU 2009 C 45/7, Rn. 26 und 67.

286 Prioritätenmitteilung zu Art. 82 EG, ABl. EU 2009 C 45/7, Rn. 67.

287 Dies ergibt sich aus der Formulierung „normalerweise", vgl. Prioritätenmitteilung zu Art. 82 EG, ABl. EU 2009 C 45/7, Rn. 67. Die Kommission äußerte bereits im

ein solches Preisverhalten einen Missbrauch darstellt, dürfte nach der Vorabentscheidung des Gerichtshof in der sogleich noch zu behandelnden Rechtssache *Post Danmark* eher eingeschränkt sein.[288]

Die Prioritätenmitteilung verdeutlicht, dass selbst bei einem stärker von wirtschaftlichen Bedingungen geprägten und wirkungsorientierten Aufgreifermessen der Kommission, intentionsbezogene Kriterien weiterhin von Relevanz sind und eine entscheidende Rolle in der Durchsetzung von Art. 102 AEUV einnehmen können.

(2) Post Danmark: Kampfpreisunterbietung ohne Verdrängungsabsicht?

Eine vollkommen neue Entwicklung hin zu einer „Kampfpreisunterbietung ohne Verdrängungsabsicht" wurde seitens des Gerichtshofs in dem Verfahren *Post Danmark* angedeutet. Ausgangspunkt war ein Rechtsstreit zwischen Post Danmark und dem dänischen Wettbewerbsrat (Konkurrencerådet), der das Preissetzungsverhalten von Post Danmark auf dem dänischen Markt für die Zustellung von Postwurfsendungen[289] betraf. Post Danmark hatte den drei Supermarktketten SuperBest, Spar und Coop für die Zustellung ihrer Werbebroschüren niedrigere Preise als seinen eigenen Stammkunden angeboten und sie damit erfolgreich seinem Hauptkonkurrenten Forbruger-Kontakt abgeworben. Während die Preisangebote an SuperBest und Spar noch die durchschnittlichen Gesamtkosten deckten, deckte das Preisangebot an Coop lediglich die durchschnittlichen inkrementellen Kosten von Post Danmark.[290] Forbruger-Kontakt beschwerte sich daraufhin bei der dänischen Wettbewerbsbehörde und warf Post Danmark vor, durch die gezielte und diskriminierende Preissenkung gegen Art. 102 AEUV verstoßen zu haben.[291] Der Wettbewerbsrat verneinte

---

Diskussionspapier, dass sie der Meinung sei, dass unter gewissen Umständen auch Preise oberhalb der durchschnittlichen Gesamtkosten missbräuchlich sein können, vgl. *DG Competition,* Discussion paper on the application of Article 82 of the Treaty to exclusionary abuses (nachfolgend: Diskussionspapier zu Art. 82 EG), Rn. 127 ff. Dem generell zustimmend *Edlin,* Yale L.J. 111 (2002), 94.

288 In Fällen „bedeutender Gemeinkosten" bei einem Mehrproduktunternehmen scheint die Kommission eine Ausnahme zuzulassen, vgl. Prioritätenmitteilung zu Art. 82 EG, ABl. EU 2009 C 45/7, Rn. 26 Fn. 2.

289 Unter dem Begriff Postwurfsendungen sind bspw. unadressierte Werbedrucksachen, Telefonbücher oder Lokal- und Regionalzeitungen zu verstehen.

290 EuGH, Urt. v. 27.3.2012, Rs. C-209/10, Rn. 9 und Rn. 36 – *Post Danmark.*

291 Vgl. zu den einzelnen Vorwürfen GA *Mengozzi,* Schlussanträge zu Rs. C-209/10, Rn. 12 f. Siehe auch die Pressemitteilung des Wettbewerbsrates zur Rechtssache *Forbruger-Kontakts klage over Post Danmarks misbrug af dominerende stilling (predatory*

zwar mangels Nachweisbarkeit einer Verdrängungsabsicht das Vorliegen einer Kampfpreisunterbietung. Er war jedoch der Ansicht, dass Post Danmark durch die selektiv niedrigen Preise gegenüber den Kunden ihres wichtigsten Konkurrenten eine Hauptdiskriminierung ("primary-line discrimination") über den Preis vorgenommen und dadurch unabhängig von dem Vorliegen einer Verdrängungsabsicht gegen Art. 102 AEUV verstoßen habe.[292] Im Wege des Rechtsmittelverfahrens fand die Rechtssache schließlich ihren Weg zum obersten dänischen Gericht (Højesteret). Dieses sah sich veranlasst, dem EuGH zwei Vorlagefragen zur Vorabentscheidung nach Art. 267 AEUV vorzulegen.

Es wollte wissen, unter welchen Umständen die selektive Niedrigpreispolitik eines beherrschenden Unternehmens, das nachweislich ohne Verdrängungsabsicht agiert, eine Art. 102 AEUV zuwiderlaufende missbräuchliche Verdrängungspraxis darstellt, und ob die Missbräuchlichkeit „allein auf dem Umstand beruhen kann, dass der von dem Unternehmen in beherrschender Stellung bei einem einzigen Kunden angewandte Preis unter den durchschnittlichen Gesamtkosten der fraglichen Tätigkeit, jedoch über deren durchschnittlichen inkrementellen Kosten liegt."[293]

Der Gerichtshof stellte zunächst unter Heranziehung der *AKZO*-Kriterien klar, dass das Preisverhalten von Post Danmark mangels Nachweises einer Verdrängungsstrategie nicht als Kampfpreisunterbietung qualifiziert werden könne.[294] Ferner rechtfertige auch die Selektivität, d. h. die Anwendung verschiedener Preise auf verschiedene Kunden für Waren oder Dienstleistungen, deren Kosten dieselben sind, *allein* nicht den Schluss auf das Vorliegen einer missbräuchlichen Verdrängungspraxis.[295] Liegen die selektiven Preissenkungen auf einem Niveau oberhalb der durchschnittlichen Gesamtkosten, so können solche Preise keine wettbewerbswidrigen Auswirkungen haben.[296] Gleiches gelte *grundsätzlich* auch

---

pricing) vom 24. November 2004. Die englische Fassung ist abrufbar unter https://www.en.kfst.dk/nyheder/kfst/english/decisions/20041124-post-danmark-did-not-abuse-a-dominant-position-by-predatory-pricing/ (zuletzt besucht am 16. März 2019).

292 Der Wettbewerbsrat sah in dem Preisverhalten von Post Danmark zudem eine sog. Nebendiskriminierung ("secondary-line discrimination) im Sinne von Art. 102 Abs. 2 lit. c AEUV. Vgl. EuGH, Urt. v. 27.3.2012, Rs. C-209/10, Rn. 8 – *Post Danmark*; GA *Mengozzi*, Schlussanträge zu Rs. C-209/10, Rn. 13.

293 EuGH, Urt. v. 27.3.2012, Rs. C-209/10, Rn. 18 f. – *Post Danmark.*

294 EuGH, Urt. v. 27.3.2012, Rs. C-209/10, Rn. 28 f. – *Post Danmark.*

295 EuGH, Urt. v. 27.3.2012, Rs. C-209/10, Rn. 30 – *Post Danmark.* Entsprechendes gilt auch für den Fall der Anwendung einheitlicher Preise auf Kunden, bei denen die Angebotskosten variieren.

296 EuGH, Urt. v. 27.3.2012, Rs. C-209/10, Rn. 36 – *Post Danmark.*

für Preise, die zwar unterhalb der durchschnittlichen Gesamtkosten liegen, aber immerhin noch zur vollen Deckung der durchschnittlichen inkrementellen Kosten beitragen.[297] Nur falls nach den Umständen des Einzelfalles die Selektivität des Preisverhaltens dennoch zu wettbewerbswidrigen Auswirkungen führe, könne eine missbräuchliche Verdrängungspraxis begründet werden.[298]

Auch wenn es das Urteil des EuGH auf den ersten Blick nicht vermuten lässt, so hat die Verdrängungsabsicht eine prominente Rolle in dem zugrunde liegenden Rechtsstreit eingenommen. Denn die zentrale Verteidigungsstrategie von Post Danmark basierte auf dem Argument, dass ihr Preisverhalten nur dann als missbräuchlich eingestuft werden könne, wenn ihr nachgewiesen werde, dass sie in Verdrängungsabsicht gehandelt habe. Anders als beispielsweise im Verfahren *AKZO*, in dem die Kommission in dem direkten Nachweis der Verdrängungsabsicht das entscheidende Element zur Begründung des Missbrauchsvorwurf erblickte, fungiert das Fehlen der Verdrängungsabsicht in dem *Post Danmark* zugrunde liegenden Rechtsstreit als Verteidigungsargument gegen den Missbrauchsvorwurf.

Da das vorlegende Gericht bereits festgestellt hatte, dass die dänischen Wettbewerbsbehörden das Bestehen einer Verdrängungsabsicht nicht nachweisen konnten, befasste sich der Gerichtshof nicht weiter mit dieser Frage. Dieses Vorgehen war keinesfalls zwingend. Der Gerichtshof hätte die Vorlage auch so interpretieren können, dass lediglich der direkte Nachweis einer Verdrängungsabsicht, also in Form interner Dokumente oder Drohungen, nicht gelungen ist. Der Nachweis durch objektive Anhaltspunkte wie etwa der Dauer, Intensität oder Selektivität der Preissenkung stünde dann weiterhin offen.[299]

Die Besonderheit des Urteils liegt darin, dass der Gerichtshof die Annahme eines Verdrängungsmissbrauchs bei Preisen im Graubereich zwischen durchschnittlich variablen bzw. inkrementellen Kosten und durchschnittlichen Gesamtkosten auch bei fehlender Nachweisbarkeit einer Verdrängungsabsicht für zumindest möglich erachtet, sofern wettbewerbswidrige Auswirkungen gegeben sind.[300] Zwar betrifft diese Erwägung den Sachverhalt einer selektiven Preissenkung. Sie muss aber erst recht auch für den Fall einer flächendeckenden Kostensenkung gelten. Denn in diesem Fall bleibt dem Wettbewerber nicht die

297 EuGH, Urt. v. 27.3.2012, Rs. C-209/10, Rn. 37 f. – *Post Danmark*.
298 EuGH, Urt. v. 27.3.2012, Rs. C-209/10, Rn. 39 ff. – *Post Danmark*.
299 So mit Bezug auf die in der Rechtssache ergangenen Schlussanträge des GA *Mengozzi*, *Krah*, EuZW 2012, 207 f.
300 EuGH, Urt. v. 27.3.2012, Rs. C-209/10, Rn. 37 ff. – *Post Danmark*.

Möglichkeit auf die bisher (preislich) diskriminierten bzw. benachteiligten Kunden des Marktbeherrschers auszuweichen. Die vom EuGH getroffenen Äußerungen haben damit auch Auswirkungen auf das bisher gängige Prüfungsprogramm bei der Ermittlung von Kampfpreisen. Denn der in *Tetra Pak II* und *France Télécom* aufgestellte Grundsatz, dass Preise, die zwischen den beiden genannten Kostenmarken liegen, *nur dann* missbräuchlich seien, wenn eine Verdrängungsabsicht nachgewiesen werde, kann somit nicht uneingeschränkt aufrecht erhalten werden. Denn selbst bei fehlender Verdrängungsabsicht kann ein missbräuchliches Preisverhalten mit dem Nachweis tatsächlicher oder potenzieller wettbewerbswidriger Auswirkungen begründet werden. Es ist daher durchaus nachvollziehbar, wenn in der Literatur bereits vereinzelt von einer „Kampfpreisunterbietung ohne Verdrängungsabsicht" die Rede ist und dem zweistufigen Kampfpreistest eine dritte Stufe, nämlich die Prüfung wettbewerbswidriger Auswirkungen, hinzugefügt wird.[301] Welche konkreten Gesichtspunkte bei der Analyse der Verdrängungswirkung jedoch berücksichtigt werden müssen, ließ der Gerichtshof bisher offen.

Der Ansatz des EuGH wäre folgerichtig, wenn man der Verdrängungsabsicht lediglich die Funktion eines Wirkungsindikators[302] zukommen ließe. Bei Feststellung tatsächlicher wettbewerbswidriger Auswirkungen einer Preismaßnahme würde der Verdrängungsabsicht keine eigenständige Funktion mehr zukommen und damit entbehrlich werden. Gerade im Rahmen von Preismaßnahmen ist dies aber zweifelhaft. Das maßgebliche Wirkungs- und Gefahrenpotenzial einer Preissenkung folgt objektiv nämlich aus der Preissenkung selbst. Die Verdrängungsabsicht hat bei Preissenkungen insofern nur einen geringen Aussagewert als Wirkungsindikator. Im Vordergrund steht bei Preissenkungen vielmehr, den entscheidenden Ausschlag zu geben, ob eine Preissenkung als Mittel des Leistungswettbewerbs oder als wettbewerbswidrige Maßnahme einzustufen ist.

Allerdings erhöht sich die Interventionsmöglichkeit der Wettbewerbsbehörden nach diesem Urteil des Gerichtshofs wohl nur theoretisch. Die Faktoren, die in den Nachweis einer Verdrängungsabsicht einfließen, können nämlich ebenso eine entscheidende Rolle bei der Begründung wettbewerbswidriger Wirkungen einnehmen. So deuten beispielsweise Faktoren wie die Dauerhaftigkeit, die

---

301 Vgl. *Fritzsche/Marquier*, EuZW 2012, 536 und 537. Auch *Rousseva* und *Marquis* gehen davon aus, dass in Zukunft der Nachweis wettbewerbswidriger Wirkungen eine Alternative zum Nachweis der Verdrängungsabsicht darstellt, wenn die Preise zwischen den durchschnittlichen variablen Kosten und den durchschnittliche Gesamtkosten liegen, JECLP 2013, 32, 36.

302 Vgl. dazu B.V.2.b).

Intensität, die selektive Auswahl besonders wichtiger Kunden der Konkurrenz, sowohl auf eine Verdrängungsabsicht hin, können gleichzeitig aber auch zur Feststellung wettbewerbswidriger Wirkungen herangezogen werden.[303]

Ferner distanziert sich der Gerichtshof von der noch in *AKZO* vertretenen Annahme, dass die Selektivität einer Preissenkung unterhalb der Gesamtkosten allein eine Verdrängungsabsicht indiziert. Indem der Gerichtshof feststellt, dass die bloße Selektivität der Preissenkung in diesem Bereich keinen Missbrauch begründet, gibt er auch zu erkennen, dass er damit keine Missbrauchsabsicht annimmt. Gleichzeitig begründet der Gerichtshof einen (im Regelfall bestehenden) "safe harbour" bei Preisen oberhalb der durchschnittlichen Gesamtkosten. Von diesen, so der Gerichtshof, könne nicht angenommen werden, dass sie wettbewerbswidrige Auswirkungen haben. Die Ausführungen bezogen sich zwar auf selektive Preise, müssen aber erst recht auch für allgemeine Preissenkungen gelten.[304] Eine vollständige Abkehr von der bisherigen Rechtssprechung in den Fällen *Irish Sugar*[305] und *Compagnie Belge*[306], in denen der Gerichtshof einen Verdrängungsmissbrauch auch oberhalb der durchschnittlichen Gesamtkosten annahm, dürfte dies jedoch nicht bedeuten. Generalanwalt *Mengozzi* hatte sich mit diesen Fällen in seinen Schlussanträgen intensiv auseinandergesetzt und dargelegt, dass sie infolge der ihnen zugrunde liegenden besonderen Umstände, nur "von untergeordneter Bedeutung" für den Vorlagefall seien.[307] Der Gerichtshof ist darauf jedoch mit keinem Wort eingegangen. Sein Schweigen lässt vermuten, dass er sich den Rückgriff auf diese Rechtssprechung in extremen Ausnahmefällen weiterhin offenhalten will, grundsätzlich aber von einem "safe harbour" oberhalb der durchschnittlichen Gesamtkosten ausgeht, der auch durch das Vorliegen einer Verdrängungsabsicht nicht beseitigt werden kann.[308] Dafür spricht auch, dass der Gerichtshof im Fall *Compagnie Maritime Belge* den Missbrauchsvorwurf nicht auf etwaige wettbewerbswidrige Auswirkungen stützte (die Marktanteile des Wettbewerbers stiegen trotz der Kampfschiffpraxis), sondern auf das Geschäftsverhalten selbst.[309]

Fraglich bleibt, ob der wirkungsbasierte Ansatz umgekehrt dazu führt, dass sich das marktbeherrschende Unternehmen bei Vorliegen einer

303 *Rousseva/Marquis,* JECLP 2013, 32, 36.
304 *Bien/Krah,* ECLR 2012, 482, 483.
305 Vgl. dazu ausführlich C.I.3.a).
306 Vgl. dazu ausführlich C.I.3.a).
307 GA *Mengozzi*, Schlussanträge zur Rechtssache Post Danmark, Rn. 60 ff.
308 *Lundqvist/Ølykke,* ECLR 34 (2013), 484, 486.
309 *Lundqvist/Ølykke,* ECLR 34 (2013), 484, 486.

Verdrängungsabsicht mit dem Fehlen wettbewerbswidriger Wirkungen verteidigen kann. Es ist jedoch wenig überzeugend, dass sich ein marktbeherrschendes Unternehmen damit verteidigen können sollte, seine Verdrängungsstrategie sei in der Praxis untauglich gewesen.[310] Dies ist jedoch mit Blick auf Art. 102 AEUV als Gefährdungstatbestand zu verneinen. Denn eine Gefährdungslage kann auch ohne das spätere Eintreten negativer Wettbewerbswirkungen bestanden haben. Nur wenn evident von vornherein keine Möglichkeit der Wettbewerbsgefährdung bestand, dürfte ein derartiger Einwand zuzulassen sein.

2. Die Eignung der Verdrängungsabsicht als Analysekriterium zur Erfassung von Preismissbräuchen?

a) Der Areeda-Turner-Test als Absage an die Verdrängungsabsicht

In ihrem wegweisenden Aufsatz in der Harvard Law Review im Jahr 1975 schlugen die Juristen *Phillip Areeda* und *Donald F. Turner* eine kostenbezogene Preisuntergrenze zur Identifizierung von Kampfpreisstrategien vor.[311] Ausgangspunkt ihres Beitrags war die Kritik an Wissenschaft und Rechtsprechung, denen es bis zum damaligen Zeitpunkt nicht gelungen war, klare Abgrenzungskriterien zu entwickeln, und die sich stattdessen auf Leerformeln ("empty formulae") wie Unterkostenverkäufe ("below cost pricing"), ruinösen Wettbewerb („ruinous

---

310 *Fritzsche/Marquier*, EuZW 2012, 536, 538: Es sei „kaum einzusehen, warum sich ein marktbeherrschendes Unternehmen damit verteidigen können sollte, dass sein Verdrängungsplan in der Praxis zur Verdrängung untauglich war." Ebenso *Lundqvist/Ølykke*, ECLR 34 (2013), 484, 487; a. A. *de Bronnet*, in: Wiedemann, § 22 Rn. 47 („[Es] besteht kein Bedürfnis, den untauglichen Versuch zu verbieten, also ein Verhalten eines beherrschenden Unternehmens, das zwar subjektiv aber nicht objektiv einen Missbrauch darstellt.").

311 *Areeda/Turner*, Harv. L. Rev. 88 (1975), 697. Der Beitrag löste in den späten 1970er Jahren vor allem in den führenden US-amerikanischen Law Journals eine intensiv geführte Debatte über den richtigen Missbrauchsmaßstab zur Feststellung von Kampfpreisen aus. Vgl. dazu nur *Scherer*, Harv. L. Rev. 89 (1976), 868; erwidernd *Areeda/Turner*, Harv. L. Rev. 89 (1976), 891; erwidernd *Scherer*, Harv. L. Rev. 89 (1976), 901. 1987 schloss sich auch *Williamson* der Debatte an und unterbreitete einen eigenen Vorschlag, Yale L. J. 87 (1978), 284; erwidernd *Areeda/Turner*, Yale L. J. 87 (1978), 1337; erwidernd *Williamson*, Yale L. J. 88 (1979), 1183. Sieher ferner *Baumol*, Yale L. J. 89 (1979), 1 sowie *Joskow/Klevorick*, Yale L. J. 89 (1979), 213. In den USA hat mittlerweile die weite Mehrheit der Federal Circuit Courts den Ansatz von *Areeda* und *Turner* mit nur geringfügigen Modifikationen übernommen, vgl. zu den Einzelheiten *Hovenkamp*, Federal Antitrust Policy, 373 ff.

competition“) oder die bösartige Schädigungsabsicht (“predatory intent”)[312] beriefen.[313] Auch sahen sie den wissenschaftlichen und rechtspolitischen Diskurs zu sehr durch die übertriebene Angst vor Kampfpreisstrategien großer Firmen geprägt.[314] *Areeda* und *Turner* waren der Ansicht, dass Kampfpreisstrategien nur

---

312 Die gewählte Übersetzung stammt von *Mestmäcker*, Der verwaltete Wettbewerb, 192.

313 *Areeda/Turner*, Harv. L. Rev. 88 (1975), 697, 999. Dass *Areeda* und *Turner* diese Kriterien als “empty formulae” bezeichneten, mag auf den ersten Blick vergleichsweise streng anmuten. Sowohl das Kriterium der bösartigen Schädigungsabsicht als auch der Unterkostenverkäufe gibt auf den ersten Blick klar zu erkennen, worauf die Identifizierung missbräuchlicher Kampfpreisstrategien zu stützen ist. Für die praktische Anwendung dieser Kriterien fehlte es allerdings an der erforderlichen inhaltlichen Konkretisierung. Beispielsweise muss für die Etablierung einer Kostengrenze, deren Unterschreiten einen Missbrauch begründen soll, zunächst der relevante Kostenmaßstab bestimmt werden. Dazu können unter anderem die durchschnittlichen variablen Kosten, die Grenzkosten oder die langfristigen inkrementellen Kosten dienen. Ähnlich ungenau ist auch der Begriff des ruinösen Wettbewerbs. So beschreibt er lediglich einen Wettbewerbszustand, den es zu vermeiden gilt, gibt dem Rechtsanwender aber keine konkreten Instrumente an die Hand, um eine Kampfpreisstrategie identifizieren zu können. Ebenso bedarf es einer weitergehenden Konkretisierung der bösartigen Schädigungsabsicht. Die Absicht, Wettbewerber zu schädigen bzw. zu verdrängen, dürfte (zumindest in bestimmtem Maße) jedem Wettbewerbsverhalten immanent sein.

314 *Areeda/Turner*, Harv. L. Rev. 88 (1975), 697 ff. Die Kritik von *Areeda* und *Turner* leitete eine gewisse Korrektur des tradierten Denkansatzes der *Harvard School* ein, die Großunternehmen grundsätzlich mit Skepsis betrachtet hatte. Die wettbewerbspolitischen Konzeptionen der Harvard School, die Ende der 1930er Jahre ihren Anfang nahmen, waren entscheidend geprägt von den damaligen wirtschaftlichen und politischen Veränderungen. Die in den 1930er Jahren vorherrschende amerikanische Wirtschaftskrise (“Great Depression”) löste eine Phase aus, in denen das US-Antitrustrecht kaum oder nur eingeschränkt durchgesetzt wurde. Es galt Unternehmenswachstum zu ermöglichen, um damit gleichzeitig die Wirtschaftsleistung wieder anzukurbeln. Unter dem Eindruck der wirtschaftlichen Notlage wurden teilweise sogar wettbewerbsbeschränkende Vereinbarungen zugelassen. Die öffentliche und auch politische Meinung wandelte sich jedoch mit der Zeit: die konzentrierte Marktmacht in den Händen weniger Großunternehmen wurde auf einmal für das nur geringe Auftreten neuer Wettbewerber, Produktionsrückgänge, steigende Arbeitslosenzahlen und die vergleichsweise hohen Endpreise verantwortlich gemacht. Auch der damalige amerikanische Präsident Franklin D. Roosevelt sprach sich in einer bundesweit übertragenen Radioansprache entscheidend gegen die zunehmende Wirtschaftskonzentration aus: “Among us today a concentration of private power without equal in history is growing.…Business monopoly in America paralyzes the system of free enterprise on which it is crafted, and is as fatal to those who manipulate it as to the people who

selten von Unternehmen praktiziert würden und es daher wichtig sei, sachgemäße Kriterien zu entwickeln, die marktbeherrschende Unternehmen nicht vor legitimem Preiswettbewerb zurückschrecken lassen.[315]

Als geeigneten Maßstab zur Differenzierung zwischen legitimer Niedrigpreispolitik und rechtswidriger Konkurrentenverdrängung schlugen *Areeda* und *Turner* prinzipiell die kurzfristigen Grenzkosten des marktbeherrschenden

---

suffer beneath its impositions."; zitiert nach *Rowe,* 72 Geo L.J. 1511, 1520. An diese Entwicklungen anknüpfend begann die amerikanische Wirtschaftswissenschaft sich im Rahmen empirischer Studien verstärkt mit der Interaktion zwischen Markt und Unternehmen zu befassen. Ökonomen der Harvard School gelang dabei der Nachweis bestimmter Wechselbeziehungen zwischen Marktstruktur, Marktverhalten und Marktergebnis (sog. "Structure-Conduct-Performance-paradigm"). So nahm man an, dass Industriezweige mit hohem Konzentrationsgrad Unternehmen zu wettbewerbswidrigem Verhalten verleiten würden, was sich wiederum nachteilig auf das Marktergebnis auswirke. Viele Vertreter der Harvard School waren zudem der Meinung, dass Unternehmen prinzipiell auf den Aufbau und die Absicherung von Marktmacht abzielen. Unter dem Einfluss dieser sog. Marktmachtdoktrin wurden deshalb konzentrationserhöhende Fusionen sowie andere Verhaltensweisen marktmächtiger Unternehmen mit großem Misstrauen behandelt. Zu der wettbewerbspolitischen Konzeption der Harvard School siehe allgemein *Kerber/Schwalbe*, in: MünchKommEuWettbR, Einl. Rn. 78 ff. sowie *Rousseva*, Rethinking Exclusionary Abuses, 32 ff.. Für einen Überblick über die wirtschaftlichen und gesellschaftlichen Rahmenbedingungen der in der 1930er Jahren vorherrschenden Wettbewerbspolitik siehe *Fox*/Sullivan, 62 N.Y.U.L. Rev. 936, 941 ff.; *Rowe,* 72 Geo L.J. 1511, 1518 ff.

315 *Areeda/Turner,* Harv. L. Rev. 88 (1975), 697, 699. Sie stützen sich bei ihrer Einschätzung u. a. auf die von *Koller* verfasste empirische Studie "The Myth of Predatory Pricing – An Empirical Study", Antitrust L. & Econ. Rev. 4 (1971), 105, vgl *dies.* aaO Fn. 6. Zu der Einschätzung *Kollers* kritisch *Wurmnest*, Marktmacht und Verdrängungsmissbrauch, 379 f. Noch weiter als *Areeda* und *Turner* ging *McGee,* der Kampfpreisstrategien zuvor als "foolish" bezeichnet und im wahren Wirtschaftsleben als höchst unwahrscheinlich und irrational eingeschätzt hatte. Nach Auffassung *McGee's* stelle der direkte Erwerb des Konkurrenten ("outright purchase is both cheaper and more reliable") die günstigere und sicherere Handlungsoption dar, um einen Wettbewerber zu beseitigen. Zudem war er der Ansicht, dass es infolge der Abgrenzungsschwierigkeiten zwischen wettbewerbswidrigen und wettbewerbsgemäßen Preiskämpfen das Beste wäre, überhaupt nicht intervenierend tätig zu werden. *McGee,* J.L. & Econ. 1 (1958), 137 ff.; *ders.*, J.L. & Econ. 23 (1980), 289 ff. *Telser* machte später noch auf eine weitere Handlungsoption aufmerksam, nämlich die Bildung eines Kartells mit dem Wettbewerber, Law & Contemp. Prob. 30 (1965), 488, 494 ff. *Möschel* bezeichnete die These von *McGee* später auch als „Gespensterthese", vgl. *Möschel,* ORDO 30 (1979), 295, 299; *ders.*, RIW 1988, 501, 504.

Unternehmens vor. Bei Preisen unterhalb der Grenzkosten sei von einer rechtswidrigen Konkurrentenverdrängung auszugehen.[316] Bei Preisen oberhalb oder gleich der Grenzkosten bestehe hingegen kein wettbewerbswidriges Preisverhalten.[317] Hintergrund der Grenzkosten-Regel ist die preistheoretische Einsicht, dass ein betriebswirtschaftlich agierendes Unternehmen unabhängig von der Marktstruktur seine Grenzkosten, d. h. die Kosten für die nächste produzierte Einheit, nicht unterschreiten wird, da es ansonsten einen direkten Verlust ("out of pocket loss") in Kauf nehmen würde.[318] Preise unterhalb der Grenzkosten widersprechen somit einer rationalen und gewinnmaximierenden Unternehmensführung und deuten auf eine gegen lästige Wettbewerber gerichtete Verdrängungspolitik hin.[319] *Areeda* und *Turner* waren sich allerdings bewusst, dass die Grenzkosten als Grundlage für die rechtliche Beurteilung von Preiskämpfen nicht geeignet waren, da sie sich in der Regel nicht anhand der buchhalterisch erfassten Kostendaten ermitteln ließen.[320] Als bestmöglichen Ersatzmaßstab schlugen sie daher die durchschnittlichen variablen Kosten vor.[321] Der Ansatz verurteilt somit Preise unterhalb der durchschnittlichen variablen Kosten als per se wettbewerbswidrig.[322] Ob die Preispolitik dauernd, selektiv oder vorübergehend erfolgt, bleibt irrelevant.[323]

Der rein kostenbasierte Ansatz von *Areeda* und *Turner* ist eine klare und bewusste Absage an die Berücksichtigung intentionsbezogener Verdrängungselemente. Dies ergibt sich nicht nur aus der reinen Kostenorientierung des Tests, sondern auch aus der von *Areeda* und *Turner* eingangs formulierten Kritik, die Verdrängungsabsicht entspräche einer bloßen Leerformel.[324] Der AKZO-Fall verdeutlicht die Bedeutung eines solchen Ansatzes auf eindrucksvolle Weise.

---

316 Eine Ausnahme sei nur dann zuzulassen, wenn die Preise zwar unterhalb der Grenzkosten, aber oberhalb der durchschnittlichen Gesamtkosten liegen. Zu den Einzelheiten *Areeda/Turner,* Harv. L. Rev. 88 (1975) 697, 712 f.

317 *Areeda/Turner,* Harv. L. Rev. 88 (1975), 697, 709 ff.

318 *Areeda/Turner,* Harv. L. Rev. 88 (1975), 697, 712.

319 Vgl. zu den preistheoretischen Grundlagen *Glöckner,* Kartellrecht, 44 ff.; *Hovenkamp,* Federal Antitrust Policy, 2 ff.; *Wurmnest,* Marktmacht und Verdrängungsmissbrauch, 120 ff.

320 *Areeda/Turner,* Harv. L. Rev. 88 (1975), 697, 716; siehe dazu auch *Posner*, Antitrust Law, 218; *Wurmnest,* Marktmacht und Verdrängungsmissbrauch, 390.

321 *Areeda/Turner,* Harv. L. Rev. 88 (1975), 697, 716 ff.

322 *Areeda/Turner,* Harv. L. Rev. 88 (1975), 697, 733.

323 *Mestmäcker,* Der verwaltete Wettbewerb, 193.

324 Vgl. *Areeda/Turner,* Harv. L. Rev. 88 (1975), 697, 699.

Die Kommission hatte im Rahmen einer unangekündigten Durchsuchung[325] der Geschäftsräume von AKZO inkriminierendes Beweismaterial in Form interner Unternehmensdokumente gefunden, die deutlich eine Verdrängungsstrategie belegten. So enthielt etwa ein als „privat und vertraulich" gekennzeichneter Vermerk eines leitenden AKZO-Mitarbeiters einen detaillierten und bezifferten Maßnahmeplan, der sich gezielt gegen den unliebsamen Konkurrenten ECS richtete.[326] In dem Vermerk wurde in aller Ausführlichkeit dargelegt, wie AKZO versuchen würde, jeden einzelnen Mühlenkunden von ECS abzuwerben. Dazu sollten gezielt Niedrigpreise angeboten werden, die weit unter dem damaligen Preisniveau lagen und mit hohen Verlusten verbunden waren. Um sich gegen den Missbrauchsvorwurf der Kommission zu wehren, verwies AKZO – letztlich erfolglos – im Rahmen seiner Verteidigungsstrategie auf den von *Areeda* und *Turner* entwickelten Kostenansatz, der zu diesem Zeitpunkt bereits viel Beachtung in der US-amerikanischen Kartellrechtsprechung und Literatur gefunden hatte. AKZO argumentierte, dass sein Preissetzungsverhalten allein an Kostenmaßstäben gemessen werden müsse und dass auf eine Verdrängungsabsicht hindeutendes schriftliches Beweismaterial irrelevant sei.[327] Preise, die gleich oder oberhalb der durchschnittlichen variablen Kosten lägen,[328] seien als rechtmäßig zu erachten. Die Unrechtmäßigkeit einer Niedrigpreisstrategie folge erst aus einer Unterschreitung der durchschnittlich variablen Kosten. Jede höhere, oberhalb dieser Kosten ansetzende Kostengrenze würde zu einem Schutz weniger effizienter Wettbewerber führen und zugleich auf Grund des höheren Preisniveaus eine geringere Ausbringungsmenge und damit eine Fehlallokation von Ressourcen bewirken.[329]

---

325 Vgl. EuGH, Urt. v. 23.9.1986, Rs. C-5/85, 2585, Rn. 5 – *AKZO Chemie*; Kommission, Entsch. v. 29.7.1983, ABl. 1983 L 252/13, Rn. 7 – *ECS/AKZO*: Einstweilige Anordnung.

326 EuGH, Urt. v. 3.7.1991, Rs. C-62/86, Slg. 1991, I-3359, Rn. 81 – *AKZO*; Kommission, Entsch. v. 14.12.1985, ABl. 1985 L 374/1, Rn. 33 ff. und 81 f. – *ECS/AKZO.*

327 Vgl. Kommission, Entsch. v. 14.12.1985, ABl. 1985 L 374/1, Rn. 75 – *ECS/AKZO.*

328 Die Kommissionsentscheidung enthält den etwas ungenauen Passus „Preise über ihren durchschnittlichen variablen Kosten(Grenzkosten)". Dass damit aber keinesfalls die absolute Gleichsetzung dieser beiden Kostenarten gemeint ist, ergibt sich sowohl aus der englischen als auch verbindlichen niederländischen Sprachfassung: dort ist die Rede von "average variable costs (used as proxy for marginal costs)" bzw. „variabele kosten (die geacht worden de marginale kosten te zijn); vgl. Kommission, Entsch. v. 14.12.1985, ABl. 1985 L 374/1, Rn. 75 (3. Absatz) – *ECS/AKZO.*

329 Kommission, Entsch. v. 14.12.1985, ABl. 1985 L 374/1, Rn. 75 – *ECS/AKZO.*

b) Kritik an dem vollständigen Ausblenden der Verdrängungsabsicht

Das vollständige Ausblenden strategischer Erwägungen im Rahmen der Missbrauchsanalyse ist nur gerechtfertigt, wenn ein rein kostenbezogener Ansatz in administrativer und qualitativer Hinsicht eine sachgemäße Trennungslinie zwischen Wettbewerbs- und Missbrauchsverhalten ziehen kann. Die seit jeher geäußerte Kritik an dem vom *Areeda* und *Turner* entwickelten Kosten-Preis-Test lässt jedoch Zweifel aufkommen.[330] Die Kritik setzt maßgeblich an vier verschiedenen Punkten an: Erstens wird geltend gemacht, dass die durchschnittlichen variablen Kosten keine geeignete Substitutionsgröße für die Grenzkosten darstellen.[331] Zweitens wird darauf hingewiesen, dass ein an den kurzfristigen Grenzkosten bzw. den durchschnittlichen variablen Kosten orientierter Maßstab zu einer ungerechtfertigten Privilegierung von Großunternehmen führt, die mit einem hohen Fixkostenanteil arbeiten.[332] Drittens wird die Bedeutsamkeit der kurzfristigen Kosten für die Feststellung von Kampfpreisstrategien generell bezweifelt, da sie langfristige strategische Erwägung gänzlich außer Acht lassen.[333] Zuletzt wird auch auf die praktischen Schwierigkeiten der Kostenallokation hingewiesen.[334]

(1) AVC als schwache Substitutionsgröße

Zunächst zu Ersterem: Stimmt man *Areedas* und *Turners* preistheoretischen Erwägungen zu der Bedeutung der Grenzkosten zu, so stellen die von den beiden Autoren als Näherungsgröße vorgeschlagenen durchschnittlichen variablen Kosten nur eine bedingt geeignete Näherungsgröße dar. Grenzkosten und variable Stückkosten gleichen sich nur, wenn die Ausbringungsmenge den Punkt erreicht, an dem die variablen Stückkosten minimiert sind.[335] Denn

---

330 Vgl. nur *Baumol*, Yale L. J. 89 (1979), 1 ff.; *Bolton/Brodley/Riordan*, Geo. L. J. 88 (2000), 2239, 2251 f.; *Brodley/Hay*, Cornell. L. Rev. 66 (1980/81), 738, 754 ff.; *Comanor/Frech III.*, Antitrust Bul. 38 (1993), 293 ff.; *Greer*, Antitrust Bull. 24 (1979), 233 ff.; *Hovenkamp*, U. Iowa Legal Studies Research Paper No. 15-06, 1 ff.; *Joskow/Klevorick*, Yale L. J. 89 (1979), 213; *Scherer*, Harv. L. Rev. 89 (1976), 868; *ders.*, Harv. L. Rev. 89 (1976), 901. 1987; *Williamson*, Yale L. J. 87 (1978), 284; *ders.*, Yale L. J. 88 (1979), 1183.

331 *Beck*, Cornell Law Rev. 76 (1991), 1242, 1269; *Hovenkamp*, Federal Antitrust Policy, 373 f.

332 *Hovenkamp*, U. Iowa Legal Studies Research Paper No. 15-06, 5.

333 *Greer*, Antitrust Bull. 24 (1979), 233, 243 ff.; *Hovenkamp*, U. Iowa Legal Studies Research Paper No. 15-06, 8 ff; *Williamson*, Yale L.J. 87 (1977), 284.

334 *Greer*, Antitrust Bull. 24 (1979), 233, 246.

335 Vgl. dazu vertiefend auch *Pindyck/Rubinfeld*, Mikroökonomie, 309 ff.

unter Zugrundelegung eines typischen Kostenverlaufs, sind die Grenzkosten bei geringeren Ausbringungsmengen zunächst niedriger als die durchschnittlichen variablen Kosten, mit der Folge, dass die durchschnittlichen variablen Kosten mit zunehmender Ausbringungsmenge zunächst sinken.

Beispiel: Liegen die durchschnittlichen variablen Kosten bei einer Ausbringungsmenge von 10 Einheiten etwa bei 2 EUR und die Grenzkosten (für die nächste zu produzierende Einheit) bei 1 EUR, so liegen die durchschnittlichen variablen Kosten von 11 Einheiten unterhalb der ursprünglichen 2 EUR. Die durchschnittlichen variablen Kosten fallen also bei einer Outputsteigerung um eine Einheit.

Bei einer erhöhten Ausbringungsmenge hingegen, insbesondere bei Erreichung der maximalen Produktionskapazität, liegen die Grenzkosten typischerweise über den durchschnittlichen variablen Kosten, mit der Folge, dass die durchschnittlichen variablen Kosten ansteigen.

Beispiel: Liegen die durchschnittlichen variablen Kosten bei einer Ausbringungsmenge von 100 Einheiten etwa bei 1 EUR und die Grenzkosten (für die nächste zu produzierende Einheit) bei 2 EUR, so liegen die durchschnittlichen variablen Kosten von 101 Einheiten oberhalb der ursprünglichen 1 EUR. Die durchschnittlichen variablen Kosten steigen in diesem Fall also bei einer Outputsteigerung um eine Einheit.

Die Grenzkosten und die durchschnittlichen variablen Kosten gleichen sich demnach nur, wenn die durchschnittlichen variablen Kosten minimiert sind. In diesem Fall schneidet nämlich die Grenzkostenkurve (von links unten nach rechts oben) die Kurve der durchschnittlichen variablen Kosten.[336]

Dem klassischen Fall der Kampfpreissetzung liegt jedoch häufig eine finanziell nicht dauerhaft tragbare Preisstrategie zugrunde, die während der Verdrängungsphase zu einer erhöhten Ausbringungsmenge führt,[337] die regelmäßig das Minimum der variablen Stückkosten hinter sich lässt und in einem Bereich der steigenden Stück- und Grenzkosten liegt.[338] Die mikroökonomische Theorie geht grundsätzlich davon aus, dass mit zunehmender Ausbringungsmenge die

---

336 Ebenda.

337 Um die aus der Preissenkung resultierende erhöhte Nachfrage nach dem betroffenen Produkt zu bedienen, wird das marktbeherrschende Unternehmen seine Produktion erhöhen.

338 Dies kann im Einzelfall jedoch anders sein, beispielsweise wenn der Marktbeherrscher hohe Überkapazitäten besitzt, die er im Rahmen eines Verdrängungsplans strategisch einsetzen kann. In diesem Fall kann es vorkommen, dass die erhöhte Ausbringungsmenge noch in den Bereich der sinkenden variablen Stückkosten fällt. In diesem Fall liegen die Grenzkosten unterhalb der variablen Stückkosten.

kurzfristigen Grenzkosten ansteigen. So müssen bei Ausdehnung der Produktion beispielsweise Sonderschichten eingeplant werden und die Arbeiter höher entlohnt werden. Hinzu kommt, dass die Arbeitsproduktivität möglicherweise infolge der Überbelastung abnimmt. Dadurch steigen die Grenzkosten. Das Unternehmen wird möglicherweise auch den Maschinenpark exzessiv nutzen, wodurch die Anlagen deutlichf schneller veralten als bei normaler Auslastung. Das sind nur einige Gründe, weshalb die Grenzkostenkurve bei zunehmender Produktion von links unten nach rechts oben verläuft.[339] Da die Grenzkosten stärker ansteigen als die durchschnittlichen Stückkosten, gehen sie in diesem Bereich immer weiter auseinander. Dem marktbeherrschenden Unternehmen eröffnet sich damit ein immer größer werdender strategischer Preissetzungsspielraum unterhalb seiner Grenzkosten.[340] Es kann seine Preise rechtmäßig knapp oberhalb seiner durchschnittlichen variablen Kosten festsetzen und damit gleichzeitig seinen Wettbewerbern erhebliche Verluste aufdrängen.[341] Die alleinige Orientierung an den variablen Stückkosten des Marktbeherrschers ist vor diesem Hintergrund zu nachsichtig und vermag den Wettbewerb vor Kampfpreisstrategien nicht hinreichend zu schützen;[342] oder um es in den Worten von *Greer* zu sagen: "It tends to see innocence where guilt is present […]."[343] Die strikte Orientierung an den durchschnittlichen variablen Kosten kann gleichzeitig auch zum entgegengesetzten Ergebnis führen: Senkt ein marktbeherrschendes Unternehmen seine Preise unter die durchschnittlichen variablen Kosten, beispielsweise um vor Einführung eines neuen Produkts sein Lager zu räumen, so ist dies ein dem legitimen Wettbewerb zuzuordnendes Verhalten.[344] Um es in Anlehnung an die vorherigen Worte von *Greer* zu formulieren: It may see guilt where innocence is present. Die Berücksichtigung interner Unternehmensunterlagen, die auf eine Verdrängungsstrategie bzw. auf objektiv gerechtfertigte

339 Sehr anschaulich dazu *Schäfer/Ott*, Lehrbuch der ökonomischen Analyse des Zivilrechts, 85.

340 Vgl. *Hovenkamp*, U. Iowa Legal Studies Research Paper No. 15–06, 5; Posner/*Easterbrook*, Antitrust: Cases, Economic Notes and Other Materials, 685 f.

341 *Hovenkamp*, Federal Antitrust Policy, 374.

342 *O'Grady*, W. Comp. 37 (2014), 459, 475. *Hovenkamp* bezeichnet den Test im Bereich der steigenden Grenzkosten (m. a. W. bei einer über dem Optimum liegenden Ausbringungsmenge) als "paradise for defendants" und stellt fest, dass in der bisherigen Praxis kaum ein marktbeherrschendes Unternehmen diesen Test verloren habe; *ders.*, Federal Antitrust Policy, 388.

343 *Greer*, Antitrust Bull. 24 (1979), 233, 252.

344 *O'Grady*, W. Comp. 37 (2014), 459, 475 f.

Gründe des marktbeherrschenden Unternehmens hindeuten, kann in solchen Fällen besonders hilfreich sein.[345]

(2) Mangelnde Durchschlagskraft in fixkostenintensiven Branchen

Der zweite Kritikpunkt zielt auf die mangelnde Durchschlagskraft ab, die der Kostenstandard in Industrien hat, die sich durch besonders hohe Fixkosten und sehr geringe variable Kosten auszeichnen.[346] Dies betrifft insbesondere den Technologiesektor. So besteht der größte Kostenanteil für die Erstellung einer Computer-Software in der Programmierung des sog. Quellcodes und dessen Übersetzung in den von einem Computer ausführbaren Maschinencode. Die Programmierleistung wird den fixen Kosten zugeordnet, da sie unabhängig von der konkreten Ausbringungsmenge anfällt. Die Kosten für die Herstellung und den Vertrieb einer weiteren Kopie, zum Beispiel in Form einer CD-Rom oder per download, ist dagegen verschwindend gering.[347] In diesem Fall kann ein marktbeherrschendes Unternehmen Preise festsetzen, die zwar oberhalb der unter Umständen gegen null tendierenden durchschnittlichen variablen Kosten liegen, die aber gleichzeitig infolge der mangelnden Deckung der hohen Fixkosten zu einer Verdrängung ebenso effizienter Wettbewerber führen können.[348] Ähnliche Probleme kann es auch in leitungsgebundenen Industrien (z. B. Strom, Gas- oder Telekommunikation) sowie auf liberalisierten Märkten wie dem Postsektor geben, die oftmals durch ihre hohen Gemein- und Fixkosten ausgezeichnet sind. Ein Prüfungsstandard, der sich allein an den durchschnittlich variablen Kosten orientiert, gewährt daher auch in diesen Fällen keinen hinreichenden Schutz vor wettbewerbsverzerrenden Kampfpreisstrategien.[349]

(3) Mangelnde Berücksichtigung langfristiger strategischer Erwägungen

Ferner wird kritisiert, dass ein Test, der auf die kurzfristigen Kosten abstellt, nicht hinreichend die langfristigen und strategischen Erwägungen eines Marktbeherrschers berücksichtigt. *Greer* macht beispielsweise deutlich, dass bei Zugrundelegung eines langfristigen Betrachtungshorizontes eine Verdrängung

345 *O'Grady,* W. Comp. 37 (2014), 459, 475 f.

346 Vertiefend *Hovenkamp*, U. Iowa Legal Studies Research Paper No. 15-06, 5 f.; *Yu,* ECLR 2012, 413, 421; *Eilmansberger/Bien,* in: MünchKommEuWettbR, Art. 102 Rn. 531.

347 *Wurmnest,* Marktmacht und Verdrängungsmissbrauch, 392 Fn. 73.

348 Vgl. dazu *Yu,* ECLR 2012, 413 ff.

349 *Wurmnest,* Marktmacht und Verdrängungsmissbrauch, 391.

ebenso effizienter Wettbewerber auch bei Preisen, die zwar oberhalb der durchschnittlichen variablen Kosten, aber unterhalb der Gesamtkosten liegen, erfolgen kann.[350] Denn langfristig betrachtet wird ein Unternehmen, das seine durchschnittlichen Gesamtkosten nicht decken kann, aus dem Markt austreten, es sei denn, es ist mit umfangreichen wirtschaftlichen Mitteln ausgestattet oder wird von dritter Seite finanziell unterstützt.[351] Im Ergebnis kann sich damit das Unternehmen durchsetzen, dass nicht am effizientesten wirtschaftet, sondern über die größeren finanziellen Mittel ("deep pockets") verfügt.[352] Dieser Argumentationslinie hatte sich im Übrigen auch die Kommission in der Rechtssache *Akzo* angeschlossen. AKZO hatte sich in dem damaligen Verwaltungsverfahren unter Rückgriff auf die Erkenntnisse von *Areeda* und *Turner* unter anderem damit verteidigt, dass seine Preissenkungen immer noch oberhalb der durchschnittlichen variablen Kosten[353] lägen und die kartellrechtliche Zulässigkeit sich im Rahmen von Art. 102 AEUV nach strikten und ausschließlich auf den Kosten des beherrschenden Unternehmens basierenden Maßstabs ausrichte. Die Kommission lehnte die „mechanische Durchführung" eines solchen strikt kostenorientierten Tests ausdrücklich ab und stellte dabei die strategischen Aspekte einer Niedrigpreispolitik in den Vordergrund.[354] Dabei ging die Kommission in ihrer Argumentation noch einen Schritt weiter als *Greer.* Sie sah durch die Nichtdeckung der Vollkosten eines finanzstarken Unternehmens nicht nur ebenso effiziente, sondern auch effizientere Unternehmen gefährdet.[355] Dies ist überzeugend. Preise oberhalb der durchschnittlichen variablen Kosten, aber unterhalb der durchschnittlichen Gesamtkosten führen dazu, dass Unternehmen ihre teils erheblichen Fixkosten, wie z. B. Mietkosten, Versicherungsausgaben oder Kosten der Anlagenerhaltung, nicht decken können. Auf lange Sicht setzt sich dabei aller Wahrscheinlichkeit dasjenige Unternehmen durch, dass über die größere Finanzkraft verfügt, oder durch Gewinne in anderen Bereichen im Wege der

---

350 *Greer,* Antitrust Bull. 24 (1979), 233, 239 ff.

351 *Greer,* Antitrust Bull. 24 (1979), 233, 239.

352 *Greer,* Antitrust Bull. 24 (1979), 233, 239.

353 Variable Kosten sind diejenigen Kosten, die abhängig von der Ausbringungsmenge entstehen, bspw. Rohstoff- und Materialkosten. Durchschnittlich variable Kosten, sind variable Kosten geteilt durch die Ausbringungsmenge, m. a. W. die für eine Produktionseinheit im Durchschnitt anfallenden variablen Kosten. Vgl. zu den im hiesigen Zusammenhang relevanten Kostenarten und- begriffen den Überblick in *Pries,* Kampfpreismissbrauch, 41 ff. Vertiefend *Pindyck/Rubinfeld,* Mikroökonomie, 298 ff.

354 Kommission, Entsch. v. 14.12.1985, ABl. 1985, L 374/1, Rn. 77 – ECS/*AKZO.*

355 Kommission, Entsch. v. 14.12.1985, ABl. 1985, L 374/1, Rn. 77 – ECS/*AKZO.*

Quersubvention ausgleichen kann. Die überlegene Finanzkraft und die Möglichkeit des Verlustausgleichs sind jedoch nicht notwendigerweise Indikatoren für die höhere Effizienz des Unternehmens.

Ferner wies *Williamson* auf die Gefahr hin, dass ein Monopolist vorsorglich Überschusskapazitäten (sog. "excess capacities") aufbaut, um diese als strategische Waffe gegen neu in den Markt eintretende Wettbewerber einzusetzen.[356] Das bewusste Errichten und Halten von Überkapazitäten signalisiert jedem Newcomer, dass sein Markteintritt eine durch den Monopolisten in Gang gesetzte Angebotsausweitung und eine entsprechende Preissenkung zur Folge hat, die für den Newcomer Verluste bedeutet.[357] Zur Verdeutlichung mag folgendes Beispiel dienen:

> Bei optimaler Effizienz können in einem Markt 1000 Einheiten im Jahr zu einem Preis von 1 EUR angeboten werden. Die Mindestausbringungsmenge für ein Unternehmen, um in dem Markt effizient zu operieren, sind 250 Einheiten. Der Markt hat somit Raum für maximal vier Unternehmen. Das marktbeherrschende Unternehmen hat eine Produktionskapazität von 1000 Einheiten, produziert jedoch nur 700 Einheiten im Jahr, um sie zu einem gewinnmaximierenden "Monopolpreis" von 1,50 EUR abzusetzen. Bei Markteintritt eines Newcomers könnte das marktbeherrschende Unternehmen seine Ausbringungsmenge auf 900 Einheiten erhöhen und den Preis auf einen Betrag knapp oberhalb von 1 EUR herabsetzen. Auch wenn das Preisniveau vor Markteintritt hohe Gewinne verspricht und der potenzielle Wettbewerber über die gleiche Produktionstechnologie verfügt, wird er die Reaktion des Marktbeherrschers und das daran anknüpfende Risiko eines nicht kostendeckenden Preiskampfes erahnen. Insbesondere wenn die auf ihn entfallende Nachfrage nicht ausreicht, um die effiziente Mindestausbringungsmenge abzusetzen, wird der Newcomer höheren Kosten als der Marktbeherrscher gegenüberstehen. Selbst wenn die Preise nach Marktzutritt somit noch oberhalb der Grenzkosten und der durchschnittlich variablen Kosten des Marktbeherrschers liegen, können sie für den gleich effizienten Marktbeherrscher zu niedrig sein, um einen Gewinn zu erwirtschaften.[358]

Überkapazitäten in der Hand eines Monopolisten können daher erhebliche Markteintrittsbarrieren darstellen, selbst wenn der Preis nach erfolgtem Marktzutritt noch oberhalb der Grenzkosten bzw. der durchschnittlichen variablen Kosten des Marktbeherrschers liegt.[359] Die strikte Anwendung des

---

356 *Williamson*, Yale L.J. 87 (1977), 284, 295 ff.

357 *Kantzenbach/Kruse*, Kollektive Marktbeherrschung, 97; *Modigliani*, J. Political Econ. 60 (1958), 215, 217: "potential entrants behave as though they expected existing firms to adopt the policy most unfavourable to them [...]."

358 Das Beispiel ist angelehnt an *Hovenkamp*, Federal Antitrust Policy, 375 f.

359 *Hovenkamp*, Federal Antitrust Policy, 375 f.

Areeda-Turner-Tests vermag eine solche Kampfpreisstrategie nicht zu identifizieren. *Williamson* schlug daher eine sog. "output restriction rule" (d. h. eine Begrenzung der Ausbringungsmenge) vor, nach dem es dem Marktbeherrscher nach Markteintritt des Wettbewerbers grundsätzlich für 12 bis 18 Monate untersagt bleiben soll, seine Produktionsmenge zu steigern.[360] Tut er dies dennoch, so wird das Vorliegen eines Preismissbrauchs vermutet, selbst wenn der Preis kostendeckend ist. Eine Ausnahme solle nur für Preiskämpfe zwischen bereits etablierten Wettbewerbern gemacht werden. In diesem Fall seien kostenbezogene Untergrenzen ausreichend. Es ist allerdings zweifelhaft, ob eine solche Einordnung immer zweifelsfrei durchgeführt werden kann. So betraf die Rechtssache *AKZO* eine Konstellation, in der ein kleines aber etabliertes Erzeugerunternehmen auf dem Markt für Mehlzusätze seine Geschäftstätigkeit auf den Kunststoffsektor auszuweiten versuchte. AKZO leitete daraufhin einen Preiskampf auf dem Markt für Mehlzusätze ein, um das Erzeugerunternehmen vom erfolgreichen Eintritt in den Kunststoffsektor abzuhalten. Die von *Williamson* vorgeschlagene Begrenzung der Ausbringungsmenge auf dem Markt des Newcomers (hier: organische Peroxide für den Kunststoffsektor) würde daher kaum Sinn machen, da der Preiskrieg auf dem Markt für Mehlzusätze ausgetragen wurde.[361] Zudem schützt ein solch generelles Mengenanpassungsverbot jeden Newcomer, unabhängig von dessen jeweiliger Leistungsfähigkeit. Ob ein so weitreichender Schutz allerdings wettbewerbspolitisch wünschenswert ist, darf bezweifelt werden.[362] Zumindest kann es nicht Ziel des Kartellrechts sein, weniger effizienten Wettbewerbern den Markteintritt zu erleichtern und durch ein Verhaltensverbot des marktbeherrschenden Unternehmens temporär die Intensität des Wettbewerbs zu verringern. Bedenklich ist auch, dass *Williamson* eine Ausnahme zulässt und es dem marktbeherrschenden Unternehmen gestattet, seine Ausbringungsmenge zu erhöhen, sofern diese auf einer Veränderung der Marktgegebenheiten beruht. Es ist naheliegend, dass jedes marktbeherrschende Unternehmen sich auf diese Ausnahme berufen würde. Die zuständigen Wettbewerbsbehörden werden damit in die Position einer Regulierungsbehörde befördert. Denn sie sind nun dazu gezwungen, die zulässige Steigerungsmarge auszurechnen, was sich als durchaus komplex erweisen kann. Insbesondere auf den oftmals dynamischen Märkten im Technologiesektor kann dies dazu führen,

---

360 *Williamson,* Yale L.J. 87 (1977), 284, 295 ff.

361 *Möschel*, RIW 1988, 501, 507.

362 *Möschel*, RIW 1988, 501, 507; *Wurmnest*, Marktmacht und Verdrängungsmissbrauch, 403.

dass die Wettbewerbsbehörde im Laufe des Verbotszeitraums ihre Berechnung ggf. mehrfach anpassen müssen.[363]

In eine ähnliche Richtung gehen auch die von *Baumol* und *Edlin* vertretenen Ansätze. Nach *Baumol* soll das marktbeherrschende Unternehmen nach Verdrängung eines Newcomers seine Preise für die nächsten fünf Jahre nicht wieder anheben dürfen.[364] Eine Ausnahme sei nur im Falle eines veränderten Konsumverhaltens sowie veränderter Einkaufspreise zu machen. Hintergrund dieses Ansatzes ist die Idee, den Marktbeherrscher durch die „Quasi-Permanenz" einer einmaligen Preissenkung dazu anzuhalten, seine antizipierten Kosten genauestens einzuschätzen und die Preise nicht so niedrig anzusetzen, dass er sie nicht langfristig durchhalten kann. Ein betriebswirtschaftlich agierendes marktbeherrschendes Unternehmen wird somit von dem Einsatz wettbewerbswidriger Kampfpreise absehen, da es ohne eine Anhebung der Preise nach Ende des Preiskrieges seine Verluste niemals kompensieren können wird. Der von *Baumol* vertretene Ansatz führt allerdings zu dem „vielleicht als anstößig empfundenen Ergebnis", dass "killing the rival" insoweit erlaubt ist, als der Marktbeherrscher dafür einen Preis zu zahlen bereit ist.[365] Zudem mangelt es auch diesem Ansatz an Praktikabilität. Will der Marktbeherrscher innerhalb der fünf Jahre seine Preise ändern, so muss die zuständige Wettbewerbsbehörde stets prüfen, ob die durchgeführte Preisanpassung aufgrund geänderter Marktumstände zulässig war. Dies kommt einer Preisregulierung jedoch sehr nahe.

Edlin hingegen schlägt ein „qualifiziertes Preissenkungsverbot"[366] vor. Damit soll dem marktbeherrschenden Unternehmen untersagt werden, seine Preise als Reaktion auf den Marktzutritt eines Newcomers für einen Zeitraum von 12 bis 18 Monaten abzusenken bzw. die Qualität seines Produkts substantiell zu verbessern.[367] Dieses Verbot soll allerdings nur gelten, wenn der Newcomer seine Leistungen zu Preisen anbietet, die 20% unter denen des Marktbeherrschers liegen. Auch diesem (verhaltensbezogenen) Alternativansatz mangelt es an Praktikabilität. So wirft bereits die Feststellung einer substantiellen Produktverbesserung schwierige Abgrenzungsfragen auf. Auch die Ermittlung der Preisdifferenz wird oftmals nur unter erheblichen Anstrengungen möglich sein, insbesondere wenn die von dem Marktbeherrscher und dem Newcomer angebotenen Produkte nicht

---

363 *Wurmnest*, Marktmacht und Verdrängungsmissbrauch, 403.

364 *Baumol*, Yale L.J. 89 (1979), 1. *Baumol* hat seinen Ansatz später korrigiert und sich für einen AAC-Test ausgesprochen, vgl. J. L. & Econ. 39 (1996), 49.

365 *Möschel*, RIW 1988, 501, 507.

366 So die Terminologie von *Wurmnest*, Marktmacht und Verdrängungsmissbrauch, 404 f.

367 *Edlin*, Yale L.J. 111 (2002), 941 ff.

vollkommen gleichartig sind und damit eine gewisse Preisdifferenz gerechtfertigt ist.[368]

Die mangelnde Berücksichtigung der Unternehmensstrategie kann allerdings auch zu einem "over-enforcement" führen. So kann das alleinige Abstellen auf die durchschnittlichen variablen Kosten zur Feststellung von Kampfpreisen führen, obwohl sich das Unternehmen gewinnmaximierend und wettbewerblich verhält.[369] In Phasen wirtschaftlicher Rezession beispielsweise können die Grenzkosten eines Unternehmens erheblich unter den durchschnittlichen variablen Kosten liegen. Ein Unternehmen, das seine Preise in dieser Phase infolge der gesunkenen Nachfrage unterhalb der durchschnittlichen variablen Kosten, aber immer noch entsprechend oder oberhalb der Grenzkosten ansetzt, wird somit vom Missbrauchsverbot erfasst.[370]

(4) Praktische Schwierigkeiten der Kostenallokation

Auch die von *Areeda* und *Turner* gegenüber den bisherigen „Leerformeln" angestrebte Klarheit der Abgrenzung erweist sich bei genauerer Betrachtung nur als bedingt erfüllt. Die Einordnung verschiedener Ausgabenpositionen in variable und fixe Kosten ist nicht objektiv vorgegeben.[371] Bei der Analyse realer Sachverhalte kann es daher zu schwierigen Abgrenzungsfragen kommen.[372] Als Beispiel bietet sich erneut die Rechtssache *AKZO* an. Dort hatte AKZO nämlich die Kostenpositionen Arbeitskräfte, Reparatur und Wartung ausschließlich den Fixkosten zugeordnet. Die von AKZO zu Grunde gelegte Preisgrenze (= durchschnittliche variable Kosten) lag damit um Einiges niedriger.[373] Die Kommission lehnte diese Einordnung – unter Verweis auf die von *Areeda* und *Turner* kategorisch vorgenommene Kostenzuordnung – hingegen ab.[374] Ein weiteres

---

368 Kritisch insbesondere *Wurmnest,* Marktmacht und Verdrängungsmissbrauch, 404 f.

369 *Kerber/Schwalbe* in: MüKo, Europäisches Wettbewerbsrecht, Einl. Rn. 571.

370 *Kerber/Schwalbe* in: MüKo, Europäisches Wettbewerbsrecht, Einl. Rn. 571.

371 *Fleischer,* WuW 1995, 796, 800 f.; *Wurmnest,* Marktmacht und Verdrängungsmissbrauch, 391.

372 So bereits die Kommission in AKZO: „Abgesehen von der an sich schon gegebenen Schwierigkeit, die Kosten genau festzustellen [...]", vgl. Kommission, Entsch. v. 14.12.1985, ABl. 1985 L 374/1, Rn. 78 – *ECS/AKZO.*

373 Im Ergebnis war dies allerdings nicht entscheidungserheblich, da AKZO – nach den Feststellungen der Kommission – selbst die eigens geltend gemachte Preisgrenze nicht eingehalten hatte. Vgl. Kommission, Entsch. v. 14.12.1985, ABl. 1985 L 374/1, Rn. 76 – *ECS/AKZO.*

374 Vgl. Kommission, Entsch. v. 14.12.1985, ABl. 1985 L 374/1, Rn. 76 – *ECS/AKZO* sowie zur Kostenqualifizierung *Areeda/Turner,* Harv. L. Rev. 88 (1975) 697, 700.

anschauliches Beispiel bietet auch die US-amerikanische Rechtssache *William Inglis & Sons Baking Co. v. ITT Continental Baking Co.*. Dort hatten sich die Parteien (eine Familien- und eine Großbäckerei) darüber gestritten, ob bei einer geringen Erhöhung der Ausbringungsmenge die Kosten der Nutzung ohnehin überschüssigen Ofen- und (Lkw-)Laderaums den variablen oder fixen Kosten zuzuordnen und wie sie im konkreten Fall zu berechnen sind.[375] *Hovenkamp* bringt das Problem mit folgenden Worten auf den Punkt:

> "If the defendant bidding against a rival for an additional sale had to use the oven an additional time, then the cost of heating it should be counted in variable costs. But if the sale was to come simply by putting more loaves into an already heated oven, then heating costs should be excluded. This question might have to be asked about thousands of transactions over a multi-year period, and accounting ledgers would not necessarily provide an answer."[376]

Ferner hängt die Zuordnung der Ausgaben maßgeblich von dem jeweils gewählten Beurteilungszeitraum ab.[377] Je länger der gewählte Zeitraum ist, desto mehr Kostenbestandteile sind variabel und desto höher liegt die Preisgrenze, bei deren Unterschreiten das Missbrauchsverdikt ausgelöst wird. Wird etwa ein Zeitraum von 30 Jahren betrachtet, so werden sich manche Produktionsmaschinen abnutzen und müssen ersetzt werden. Sie zählen damit auf lange Sicht zu den variablen Kosten. Legt man hingegen einen sehr kurzfristigen Zeitrahmen an, so steigt der Fixkostenanteil, während sich die variablen Kosten verringern.[378] Die Preisgrenze verlagert sich dabei nach unten und gibt dem marktbeherrschenden Unternehmen einen wesentlich größeren Handlungsspielraum bei der Preisfestsetzung.[379]

---

375 *William Inglis & Sons Baking Co. v. ITT Continental Baking Co.*, 668 F.2d 1014, 1037 Fn. 37 (9th Cir. 1981); dazu auch *Hovenkamp*, U. Iowa Legal Studies Research Paper No. 15–06, 12.

376 *Hovenkamp*, U. Iowa Legal Studies Research Paper No. 15–06, 12.

377 *Greer*, Antitrust Bull. 24 (1979), 233, 246; *Pindyck/Rubinfeld*, Mikroökonomie, 7.1.4. (S. 302 f.).

378 Unter Zugrundelegung einer kurzen Zeitspanne werden Produktionsmaschinen regelmäßig zu den fixen Kosten gezählt. Denn für die Produktion einer weiteren Grenzeinheit muss keine neue Maschine angeschafft werden. Auch eine etwaige Erhöhung der Wartungskosten fällt nicht messbar ins Gewicht.

379 *Kerber/Schwalbe* in: MünchKommEuWettbR, Einl. Rn. 571; *Wurmnest*, Marktmacht und Verdrängungsmissbrauch, 391. Infolge der genannten Abgrenzungsschwierigkeiten haben *Areeda* und *Turner* eine kategorische Einordnung bestimmter Ausgabenpositionen vorgeschlagen, vgl. Antitrust Law III A, § 740. Eine solche "laundry list" kann jedoch bei weitem nicht allen Industriezweigen und den dort vorherrschenden

Mitunter schwierig ist auch die Zuordnung einmalig anfallender Investitionskosten. So hatte sich die Kommission in der Rechtssache *Wanadoo* mit der Frage auseinanderzusetzen, ob und inwieweit (einmalige) Werbe- und Akquisitionskosten als variable Kosten im Rahmen der Kampfpreisanalyse anzusetzen sind. Da die Kommission eine hohe Korrelation zwischen den Marketingausgaben und der steigenden Zahl an Neukunden feststellen konnte, ordnete sie die Kosten – obwohl sie einem einzelnem Produkt oder einer einzelnen Leistung nicht zuordenbar waren – den variablen Kosten zu. Gleichzeitig sah sie von ihrer bisher statischen Vorgehensweise – dem Vergleich der buchhalterischen Einnahmen und Ausgaben auf monatlicher Basis – ab und nahm eine längerfristige und an der Nutzungsdauer der Investitionen orientierte Perspektive ein. Im Ergebnis verteilte die Kommission die Kosten der Kundenakquisition auf einen Zeitraum von 48 Monaten, da sie dies als den durchschnittlichen Bindungs- und Amortisierungszeitraum ansah.

Selbst die Feststellung der durchschnittlichen Gesamtkosten stellt den Rechtsanwender sowie das betroffene Unternehmen vor erhebliche Schwierigkeiten. Bei einem Mehrproduktunternehmen ist es nahezu unmöglich, für ein gegebenes Produkt eine exakte Kostenrechnung vorzunehmen. Dies liegt einerseits an den Gemeinkosten, deren Allokation grundsätzlich ein „gewisses Element der Willkür“[380] enthält; andererseits aber auch daran, dass je nach innerbetrieblicher Zuordnung bestimmter Kostenpositionen „durchaus seriös zu völlig unterschiedlichen Produktkosten“ gekommen werden kann.[381] Insofern bestehen daher auch erhebliche Unsicherheiten mit Blick auf die von marktbeherrschenden Unternehmen geforderte Selbstkontrolle.

c) Die Eignung der Unternehmensabsicht als Differenzierungsmerkmal

Infolge der genannten Schwierigkeiten wird in der Literatur teilweise auf das Kriterium der Verdrängungsabsicht zurückgegriffen.[382] Schon *Yamey* hatte geltend gemacht, dass sich eine Kampfreisstrategie maßgeblich durch die

---

wirtschaftlichen Besonderheiten gerecht werden. Vgl. *Hovenkamp,* Federal Antitrust Policy, 388.

380 *Eilmansberger/Bien,* in: MünchKommEuWettbR, Art. 102 Rn. 526 aE.

381 *Schwarz,* WuW 1987, 93, 96.

382 U. a. *Scherer,* Harv. L. Rev. 89 (1976), 868, 875 ("I do not know how the courts can make such distinctions without delving deeply into the monopolist's evident intent."); *Wazzan/Frech III,* Antitrust Bull. 54 (2009), 651 ff.: "We believe that evidence on the strategic intent of the alleged predator is often helpful in distinguishing aggressive competition from predation."

zugrundeliegende und nach Außen tretende Verdrängungsabsicht (in Form einer unterschwelligen Drohung)[383] und weniger durch das Unterschreiten gewisser Kostengrenzen auszeichnet.[384] Entscheidend sei, so *Yamey*, dass die Preissenkung von den Konkurrenten als Drohung verstanden werde und diese zu einem bestimmten Verhalten veranlasse (z. B. Marktaustritt oder dem Absehen von einem Markteintritt).[385] Die mit der Preissenkung zum Ausdruck kommende Verdrängungsintention sei zwar schwer nachzuweisen, könne aber aus den gesamten objektiven Umständen gefolgert werden.[386] Insbesondere die Selektivität der Preismaßnahme scheint für *Yamey* ein wichtiges Indiz für die das Vorliegen von Kampfpreisen zu sein. Denn es sei im Interesse des Marktbeherrschers seine temporären Vermögenseinbußen – sofern möglich – auf solche Märkte (d. h. Regionen, Produkte, Kunden) zu begrenzen, in denen der zu verdrängende Konkurrent tätig ist.[387] Der von *Yamey* vertretene Ansatz lässt sich auch in den Ausführungen der Kommission zu der Rechtssache *AKZO* wiederfinden. Dort hatte die Kommission ihren stark an der Unternehmensstrategie orientierten Ansatz ausdrücklich damit begründet, dass eine Unterschreitung der durchschnittlichen Gesamtkosten des marktbeherrschenden Unternehmens nicht erforderlich sei, um Wettbewerber mittels einer Preisunterbietungskampagne zu verdrängen.[388] Wichtig sei letztlich nur, wie die Konkurrenz die Entschlossenheit des angreifenden Marktbeherrschers, die Gewinn- oder Wachstumserwartungen der Konkurrenten zunichte zu machen, beurteilt.[389]

Auch *Scherer* fordert mangels sachgemäßer Alternativen eine umfassende Würdigung aller tatsächlichen Umstände.[390] Dabei solle auch der

---

383 *Yamey*, J. o. L. & Econ. 15 (1972), 129, 135: "The predatory nature of temporary price cutting, where it is present, is a reflection of the aggressor's intention, which is to eliminate its rival […] through a pricing manoeuvre containing an undertone of threat."

384 *Yamey*, J. o. L. & Econ. 15 (1972), 129, 133 ff.: "The distinction turns not on form but on intent" (137).

385 *Yamey*, J. o. L. & Econ. 15 (1972), 129, 133.

386 *Yamey*, J. o. L. & Econ. 15 (1972), 129, 135: "Such an intention is obviously difficult to establish conclusively, and can be inferred with reasonable confidence only when the observer, be he judge or academic, has been able to gain a detailed and thorough understanding of the surrounding circumstances in all their complexety."

387 Ebenda, 134.

388 Kommission, Entsch. v. 14.12.1985, ABl L 374/1 Rn. 79 – *ECS/AKZO*.

389 Ebenda.

390 *Scherer*, Harv. L. Rev. 89 (1976), 868, 890: "I do not know how these variables can be assessed properly without a thorough examination of the factual circumstances accompanying the monopolist's alleged predatory behavior, how the monopolist's

Verdrängungsabsicht Bedeutung zukommen.[391] Letztlich handelt es sich bei dem Ansatz von *Scherer* um eine auf den Einzelfall ausgerichtete Gesamtanalyse, die infolge ihrer mangelnden Praktikabilität keinen Widerhall gefunden hat.[392] In eine ähnliche Richtung geht auch der zweistufige Ansatz von *Joskow/Klevorick*, der zunächst die strukturellen Charakteristika des Marktes (insbesondere die Markteintrittsbarrieren) in den Blick nimmt und erst in einem zweiten Schritt, wenn die Marktgegebenheiten für die Durchführung einer Kampfpreisstrategie geeignet sind, auf Kostengrenzen zurückgreift und dabei auch dem Nachweis einer Verdrängungsabsicht Bedeutung zukommen lässt.[393] Selbst *Posner*, einer der prominentesten Vertreter der Chicago-School, will – entgegen der sonst üblichen rein ökonomisch geprägten Analyse – bei der Feststellung von Kampfpreisen die Verdrängungsabsicht berücksichtigen, sofern die Preise zwischen den kurzfristigen und langfristigen Grenzkosten liegen.[394] Liegen sie hingegen unterhalb der kurzfristigen Grenzkosten, sei von ihrer Missbräuchlichkeit auszugehen.[395]

Ferner propagiert *Greer* einen Standard, der sich sowohl an den Kosten als auch an der Absicht des Unternehmens orientiert.[396] Liegt hinreichend gewichtiges Beweismaterial vor, das auf eine Verdrängungsabsicht hindeutet, so sind die durchschnittlichen Gesamtkosten als Preisgrenze ausschlaggebend:

> "If there is ample evidence of intent, full cost becomes the relevant cost for separating the sheep from the wolves because that is the cost which guides the wolves' behavior and determines the sheep's long-run survival"[397]

Liegen hingegen keine ausdrücklichen Hinweise auf eine solche Absicht vor, so sind die kurzfristigen Grenzkosten oder die durchschnittlichen variablen Kosten heranzuziehen, da Preise unterhalb dieser Kosten überzeugend auf eine langfristige Verdrängungsstrategie hindeuten.[398]

---

officials perceived the probable effects of its behavior (i.e., intent), and the structural consequences actually flowing from the behavior."

391 *Scherer*, Harv. L. Rev. 89 (1976), 868, 875.

392 Vgl. nur *Comanor/Frech III*, Antitrust Bull. 38 (1993), 293, 300: "He suggests a full-blown economic and historical analysis, including attention to intent. This is really no rule at all."

393 *Joskow/Klevorick*, Yale L. J. 89 (1979), 213, 244 ff.

394 *Posner*, Antitrust Law, 216.

395 *Posner*, Antitrust Law, 215.

396 *Greer*, Antitrust Bull. 24 (1979), 233 ff.

397 *Greer*, Antitrust Bull. 24 (1979), 245.

398 *Greer*, Antitrust Bull. 24 (1979), 245.

Comanor/Frech III. sind der Ansicht, dass es sich bei der Verdrängungsabsicht als Kriterium zum Zwecke der kartellrechtlichen Missbrauchsanalyse nicht um einen emotionalen oder subjektiven Geisteszustand handelt. Vielmehr sei der Begriff der Absicht im Sinne eines Plans oder einer Strategie auszulegen. Insoweit beschreibe der Absichtsbegriff im Kartellrecht einen komplexeren Sachverhalt als die schlichte Absicht, einen Wettbewerber zu verdrängen, die ohnehin nicht von einer wettbewerbskonformen Absicht, aggressiv Preiswettbewerb zu treiben, getrennt werden könne. *Comanor* und *Frech III.* stützen ihr Verständnis insbesondere auf Signaltheorien und kommen zu dem Ergebnis, dass die Absicht eine Preissenkungsstrategie umschreibt, die Wettbewerber gezielt dazu motivieren soll, sich wettbewerblich passiv (diszipliniert) zu verhalten oder den Markt ganz zu verlassen, um daran anschließend die Preise zu erhöhen.[399] Darüber hinaus muss der Marktbeherrscher zugleich seine Absicht kommunizieren, aggressiv auf vordringendes Wettbewerbsverhalten zu reagieren, um potenzielle Wettbewerber vom Marktzutritt und tatsächliche Konkurrenten von Wettbewerbsvorstößen abzuhalten.[400] Auch wenn ein solches Verständnis der Verdrängungsabsicht enger ist als das einer bloß generellen Absicht, so ist die Breite an möglichen Beweismitteln doch weiter als die bloße Suche nach inkriminierenden Unternehmensmemoranda ("search for nasty memoranda or letters"). Strategisch relevante Absichten können regelmäßig auch mittels objektiver und teilweise ökonomischer Anhaltspunkte belegt werden. Dazu gehören beispielsweise vorhandene Überkapazitäten oder vorherige Preiskriege. Interne Dokumente können zwar hilfreich sein, sind aber nicht die einzige Quelle an Nachweisen. Darüber hinaus ist die Feststellung des subjektiven Tatbestandes eines Verhaltens in anderen Zusammenhängen eine typische Aufgabe von Ermittlungsbehörden und Gerichten. So ist ein Strafrecht ohne Berücksichtigung subjektiver Intentionen undenkbar.

Comanor und *Frech III.* sind der Ansicht, dass eine solche Absicht regelmäßig im Rahmen einer Missbrauchsanalyse zu berücksichtigen ist. Denn in solchen Fällen ist ein wettbewerbswidriges Kampfpreisverhalten sehr wahrscheinlich. In Fällen, in denen eine solche Absicht nicht nachgewiesen werden kann, ist dies eher unwahrscheinlich. Beide Fälle stehen sich jedoch asymmetrisch gegenüber. Denn das Fehlen einer nachweisbaren Verdrängungsabsicht hat geringere Auswirkungen auf die Analyse als das Auffinden eines solchen Nachweises. Nachweise können infolge vorsichtigeren Unternehmensverhaltens fehlen oder aber

---

399 *Comanor/Frech III.*, Antitrust Bulletin (1993), 293, 303.
400 *Comanor/Frech III.*, Antitrust Bulletin (1993), 293, 303.

auch, weil keine Kampfpreisstrategie verfolgt worden ist. Gleichzeitig können auch die Nachweise zu mehrdeutig gewesen sein, um klare Schlüsse aus ihnen zu ziehen.

Im Ergebnis gestehen beide ein, dass ihr Ansatz nicht perfekt ist und insbesondere nicht als abschließenden Kriterium verstanden werden soll. Vielmehr sind sie der Ansicht, dass die Berücksichtigung der Verdrängungsabsicht über Analyseschwierigkeiten im Rahmen der Kampfpreisprüfung hinweghelfen kann.

d) Würdigung

Mit Blick auf die praktischen Schwierigkeiten der Durchführung eines reinen Preis-Kosten-Tests bedarf es eines zusätzlichen Kriteriums, das diese Unsicherheiten auffängt und eine möglichst optimale Durchsetzung des Missbrauchsverbots gewährleistet. Die Verdrängungsabsicht ist dafür ein geeignetes Kriterium. Soweit das Kriterium der Verdrängungsabsicht einen strengeren Maßstab an den Nachweis einer missbräuchlichen Ausnutzung stellt, ist dies vor dem Hintergrund eines zu gewährleistenden Preiswettbewerbs gerechtfertigt. Niedrigpreise kommen grundsätzlich den Verbrauchern zugute und steigern damit die Konsumentenwohlfahrt. Wettbewerbspolitisches Ziel muss daher stets sein, den Preiswettbewerb zu fördern und ihn nicht im Wege der Kartellrechtsdurchsetzung übermäßig einzudämmen. Dies gilt im Besonderen im Hinblick auf marktbeherrschende Unternehmen, deren Gefährdungspotenzial grundsätzlich in der Festsetzung erhöhter Preisen gesehen wird und die damit zu einem Wohlfahrtsschaden beitragen. Marktbeherrschende Unternehmen sollten daher in besonderem Maße zu einem gesunden Preiswettbewerb aufgefordert werden. Eine zu weitgehende Anwendung des Niedrigpreisverbots würde marktbeherrschende Unternehmen hingegen davon abhalten, um den besten Preis zu konkurrieren.[401]

3. Die Eignung der Verdrängungsabsicht als Missbrauchskriterium bei Preisen oberhalb der durchschnittlichen Gesamtkosten

Günstige Preise gezielt an Kunden von Wettbewerbern oder allgemeiner an Kunden mit hoher Preiselastizität anzubieten, um dadurch den eigenen Absatz zu steigern, entspricht ebenfalls – wie auch die zuvor erörterten allgemeinen Preissenkungen – zunächst einem natürlichen und wünschenswerten Preiswettbewerb.[402] Die Selektivität von Preissenkungen konnte aber bereits in den

---

401 Vgl. auch *Yu*, ECLR 2012, 413.
402 *Krah*, EuZW 2012, 207.

klassischen Fällen des Kampfpreismissbrauchs beobachtet werden. Führen die selektiven Preissenkungen zu Preisen unterhalb der durchschnittlichen Gesamtkosten, so ist das Verhalten grundsätzlich nach den allgemeinen und zuvor dargestellten Maßstäben zum Kampfpreismissbrauch zu beurteilen. Der Selektivität kommt dabei oftmals Indizwirkung für den Nachweis einer Verdrängungsabsicht zu. Anders verhält es sich jedoch, wenn die selektive Preissenkung nicht zu Unterkostenpreisen führt oder die ermittelnde Behörde den Missbrauchsvorwurf auf die Selektivität der Preissenkung beschränkt und keine Kostenanalyse vornimmt.[403]

Um die Missbräuchlichkeit solcher selektiven Preissenkungen beurteilen zu können, bedarf es daher eines kostenunabhängigen Abgrenzungskriteriums. Mit Blick auf die dargestellte Entscheidungs- und Rechtsprechungspraxis im Bereich der Kampfpreise liegt die Berücksichtigung der Verdrängungsabsicht besonders nahe.

An den Nachweis einer Verdrängungsabsicht bei Preisen oberhalb der durchschnittlichen Gesamtkosten sind allerdings besonders hohe Anforderungen zu stellen. Denn kostendeckende Niedrigpreise sind grundsätzlich Ausdruck eines legitimen und äußerst erwünschten Preis- und Leistungswettbewerb und führen lediglich zu einer Verdrängung weniger effizienter Wettbewerber, die eine nachteilige Kostenstruktur aufweisen. Ein zu strenger Prüfungsmaßstab mag daher zu einem (unerwünschten) überschießenden behördlichen Eingreifen in den Markt führen. Die Abgrenzung zu den wenigen Ausnahmefällen, in denen auch ein ebenso effizienter Wettbewerber durch (kostendeckende) Preise verdrängt werden kann, ist daher besonders behutsam vorzunehmen. Denn letztlich dient die Verdrängungsabsicht bei der Beurteilung kostendeckender Preise als Indikator wettbewerbswidriger Behinderungswirkungen und diese sind in solchen Konstellationen oftmals eher unwahrscheinlich.

Der vorsichtige Umgang bei der Beurteilung solcher Preise entspricht auch der Praxis der Kommission und Unionsgerichte, die in den letzten 30 Jahren lediglich in drei Fällen einen Missbrauch durch (selektive) Überkostenpreise angenommen hatte.[404] Die Verdrängungsabsicht nahm dabei jeweils eine prominente

403 Grundsätzlich können selektive Preissenkungen marktbeherrschender Unternehmen auch den Diskriminierungstatbestand nach Art. 102 lit. c) verwirklichen. Die nachfolgende Darstellung konzentriert sich jedoch auf die Frage, ob durch die selektive Preissenkung auch eine missbräuchliche Behinderung der Wettbewerber des marktbeherrschenden Unternehmens verwirklicht wird. Vgl. zu dieser Differenzierung auch *Whish*, Competition Law, 789 f.

404 Kommission, Entsch. v. 22.12.1987, ABl. 1988 L 65/19 – *Eurofix-Bauco/Hilti*; EuG, Urt. v. 7.10.1999, Rs. T-228/97, Slg. 1999, II-2969 – *Irish Sugar/Kommission*; Kommission,

Rolle ein, wobei allerdings – wie nachfolgend aufgezeigt wird – unterschiedliche Nachweiserfordernisse an ihre Feststellung geknüpft wurden.

a) Eine umfassende Verdrängungsstrategie als erhöhte Nachweisanforderung

In zwei Verfahren prüfte die Kommission insbesondere, ob die selektive (und noch kostendeckende) Preissenkung Teil einer Gesamtstrategie ist, die sich gezielt gegen Wettbewerber richtet. Für einen solchen Fall steht vor allem das Verfahren *Eurofix-Bauco/Hilti*.[405] Nach den Feststellungen der Kommission hatte Hilti im Wege einer „globalen Politik der Behinderung" versucht, den von konkurrierenden Bolzenherstellern ausgehenden Wettbewerb zu unterdrücken.[406] Teil dieser Politik war unter anderem eine selektive und diskriminierende Preisstrategie. So bot Hilti einigen Hauptkunden ihrer Wettbewerber besonders vorteilhafte Einkaufskonditionen an, die in Einzelfällen gar die kostenlose Abgabe von Produkten umfassten, um deren Kundenloyalität zu gewinnen.[407] Den eigenen Abnehmern, die ähnliche oder gleichwertige Mengen bezogen, bot Hilti hingegen keine entsprechenden Sonderkonditionen an.[408] Stattdessen „bestrafte" sie diese in Einzelfällen, sobald sie Bolzen von der Konkurrenz bezogen.[409] Hilti widerrief beispielsweise günstige Einkaufskonditionen, koppelte den Verkauf

---

Entscheidung v. 14.5.1997, ABl. 1997 L 258/1 – *Irish Sugar plc;* EuGH, Urt. v. 16.3.2000, verb. Rs. C-395/96 P u. C-396/96 P, Slg. 2000, I-1365, Rn. 111 ff. – Compagnie Maritime Belge Transports SA u. a./Kommission; EuG, Urt. v. 8.10.1996, verb. Rs. T-24/93 bis T-26/93 und T-28/96, Slg. 1996, II-1201, Rn. 138 ff. – Compagnie Maritime Belge Transports SA u. a./Kommission.

405 Gegenstand des Verfahrens war die Verkaufspolitik der Hilti-Gruppe, der führenden Herstellerin von Bolzenschussgeräten für die Bauindustrie. Diese Geräte besaßen Kartuschestreifen als Treibladung und Bolzen, die als Befestigungselemente in die gewünschte Stelle eingeschossen werden. Die Kommission ging von drei getrennten Märkten für Bolzenschussgeräte, Hilti-kompatiblen Kartuschen und Hilti-kompatiblen Bolzen aus. Infolge noch bestehenden Patentschutzes war Hilti auf den ersten beiden Märkten praktisch unangreifbar. Nur auf dem Markt für Hilti-kompatible Bolzen war Hilti dem Wettbewerb anderer Hersteller ausgesetzt.

406 Kommission, Entsch. v. 22.12.1987, ABl. 1988 L 65/19, Rn. 74 – *Eurofix-Bauco/Hilti.*

407 Kommission, Entsch. v. 22.12.1987, ABl. 1988 L 65/19, Rn. 80 – *Eurofix-Bauco/Hilti.*

408 Kommission, Entsch. v. 22.12.1987, ABl. 1988 L 65/19, Rn. 80 – *Eurofix-Bauco/Hilti.*

409 Vgl. dazu Kommission, Entsch. v. 22.12.1987, ABl. 1988 L 65/19, Rn. 46.3. – *Eurofix-Bauco/Hilti.*

von Kartuschenstreifen an den Erwerb einer entsprechend großen Anzahl von Bolzen oder verlangte überhöhte Gebühren für die Gewährung von Lizenzen.[410]

Die Missbräuchlichkeit der selektiven und diskriminierenden Preissenkungen begründete die Kommission hauptsächlich damit, dass das gezielte Abwerben von Kunden der Konkurrenz sowie die Disziplinierung bestimmter Zwischenhändler Teil einer Geschäftspolitik war, die *allein* darauf ausgerichtet war, „das Geschäft [der] Wettbewerber zu schädigen oder deren Marktzutritt zu unterbinden".[411] Die wettbewerbsfeindliche Absicht leitete die Kommission aus einer Reihe interner Dokumente ab, die belegten, dass Hilti das Eindringen von Herstellern in den Bolzenmarkt durch eine Reihe kumulativer Abwehrmaßnahmen verhindern wollte.[412] Im Übrigen legte auch das sonstige Geschäftsverhalten Hiltis (z. B. Gewährleistungsverweigerung ohne objektiven Grund; Vereitelung bzw. Verzögerung rechtmäßig erhältlicher Lizenzen im Rahmen von Hiltis Patenten) das Vorliegen einer Behinderungsabsicht sehr nahe.

Auch in der Rechtssache *Irish Sugar*[413] hatte die Kommission und das EuG den Vorwurf der Missbräuchlichkeit auf eine Vielzahl eindeutiger Anhaltspunkte gestützt, die eine Verdrängungsstrategie besonders nahelegten. Gegenstand des Verfahrens war die Preispolitik des Marktbeherrschers auf dem irischen Markt für Industrie- und Einzelhandelszucker. Dieser befand sich in bestimmten Regionen Irlands einem erheblichen Preisdruck durch ausländische Zuckerfabrikanten ausgesetzt. Vor allem die an der Grenze zu Nordirland ansässigen Einzelhändler griffen immer stärker auf nordirischen Importzucker zurück, da die britischen Zuckerpreise aufgrund eines intensiven Wettbewerbs zwischen den großen britischen Herstellern deutlich niedriger lagen. Irish Sugar setzte als Reaktion selektiv Grenzrabatte ein, wodurch die Preise in den Grenzregionen an das Importniveau angepasst wurden. Dadurch sollten insbesondere wechselwillige Kunden gehalten werden und Zuckereinfuhren aus Nordirland oder Wiedereinfuhren eigenen Zuckers verhindert werden.[414]

Die Kommission und das Gericht bewerteten diese selektive Geschäftspraxis als Behinderungsmissbrauch. Ihre Bewertung basierte entscheidend auf der

---

410 Kommission, Entsch. v. 22.12.1987, ABl. 1988 L 65/19, Rn. 75, 78, 81 – *Eurofix-Bauco/Hilti.*

411 Kommission, Entsch. v. 22.12.1987, ABl. 1988 L 65/19, Rn. 81 – *Eurofix-Bauco/Hilti.*

412 Kommission, Entsch. v. 22.12.1987, ABl. 1988 L 65/19, Rn. 46, 80 – *Eurofix-Bauco/Hilti.*

413 EuG, Urt. v. 7.10.1999, Rs. T-228/97, Slg. 1999, II-2969 – *Irish Sugar/Kommission*; Kommission, Entscheidung v. 14.5.1997, ABl. 1997 L 258/1 – *Irish Sugar plc.*

414 Kommission, Entscheidung v. 14.5.1997, ABl. 1997 L 258/1, Rn. 57 ff. – *Irish Sugar plc.*

wettbewerbswidrigen Behinderungsabsicht von Irish Sugar. Die Kommission hatte aus einer Reihe von Dokumenten entnehmen können, dass Irish Sugar sich „nicht nur bewusst entschieden hat, bestimmten Einzelhändlern selektiv Sonderrabatte einzuräumen, sondern dass sie auch die Rechtswidrigkeit dieses Gebarens erahnte".[415] Zudem hatte Irish Sugar nicht bestritten, dass mit den eingeräumten Rabatten der Wettbewerb durch die Zuckereinfuhr aus Nordirland beschränkt werde und damit (indirekt) eine beabsichtigte Wettbewerbsbehinderung eingestanden.[416] Ebenso wie in *Hilti* hätte auch in *Irish Sugar* das sonstige Geschäftsverhalten des Marktbeherrschers als objektiver Anhaltspunkt für das Vorliegen einer Behinderungsabsicht herangezogen werden können. So versuchte Irish Sugar die Zuckereinfuhr eines Wettbewerbers zu behindern, indem es dessen Spediteur drohte, jegliche Geschäftstätigkeit mit diesem einzustellen.[417] Ferner vereinbarte Irish Sugar mit einem Großhändler und einem Einzelhändler, die Produkte eines Wettbewerbers mit den eigenen Produkten auszutauschen.[418]

Die genannten Verfahren zeigen klar, dass die Kommission und das EuG es nicht bei dem Nachweis einer punktuell gegebenen Verdrängungsabsicht belassen, sondern vielmehr versuchen, die gesamte Geschäftsstrategie auf Grundlage interner Dokumente sowie objektiv eindeutiger Anhaltspunkte zu ermitteln. Dies ist zu begrüßen, denn nur so kann sichergestellt werden, dass der Anwendungsbereich von Art. 102 AEUV nicht zu weit ausgedehnt und auf Verhaltensweisen erstreckt wird, die an sich einem normalen Preis- und Leistungswettbewerb zuzuordnen sind. Ferner lässt ein solcher Maßstab das gebotene Regel-Ausnahme-Prinzip bestehen, nach dem Preise oberhalb der durchschnittlichen Gesamtkosten regelmäßig als zulässig und nur in absoluten Ausnahmefällen als missbräuchlich anzusehen sind.[419]

b) Der Sonderfall der Kampfschiffpraxis ("fighting ships")

Einen etwas anders gelagerten Fall hatten die Kommission und die Unionsgerichte in der Rechtssache *Compagnie Maritime Belge Transports* zu beurteilen.

---

415 EuG, Urt. v. 7.10.1999, Rs. T-228/97, Slg. 1999, II-2969, Rn. 183 – *Irish Sugar/Kommission.*

416 EuG, Urt. v. 7.10.1999, Rs. T-228/97, Slg. 1999, II-2969, Rn. 188 – *Irish Sugar/Kommission.*

417 Kommission, Entscheidung v. 14.5.1997, ABl. 1997 L 258/1, Rn. 44 – *Irish Sugar plc.*

418 Kommission, Entscheidung v. 14.5.1997, ABl. 1997 L 258/1, Rn. 124 ff. – *Irish Sugar plc.*

419 *Wurmnest,* Marktmacht und Verdrängungsmissbrauch, 468.

Gegenstand des Verfahrens war der Einsatz sog. Kampfschiffe der Linienkonferenz CEWAL (Associated Central West Africa Lines).[420] CEWAL hatte in seinem Verkehrsgebiet einen Marktanteil von 90 %. Einzige Wettbewerber waren die unabhängigen italienischen und belgischen Reederein Grimaldi und Cobelfret (nachfolgend G&C). In den Jahren 1988 und 1989 begann CEWAL, gezielt gegen G&C vorzugehen. Das Sekretariat der CEWAL meldete seinen Mitgliedern die nächsten geplanten Abfahrtsorte und Abfahrtszeiten von G&C. Ein sog. "Special Fighting Committee" bestimmte sodann die Schiffe, die gezielt als „Kampfschiffe" verwendet werden sollten. Diese Schiffe fuhren zeitgleich oder zumindest zeitnah mit dem Konferenz-Außenseiter G&C die jeweiligen Häfen an und beförderten die Fracht zu „Kampfpreisen". Diese von den üblichen Konferenztarifen abweichenden Preise wurden nicht nach wirtschaftlichen Gesichtspunkten, sondern in gleicher Höher oder unterhalb der von G&C angebotenen Preise festgesetzt.[421] Die sich daraus ergebenden Einnahmeverluste wurden durch eine gemeinsame „Kriegskasse" übernommen und damit auf alle Konferenzmitglieder umverteilt.[422] Die Kommission sah in dieser auch als „Kampfschiffeinsatz" bezeichneten Praxis einen Missbrauch einer marktbeherrschenden Stellung durch CEWAL.[423] Sowohl das EuG als auch der EuGH folgten der Kommission in ihrer Bewertung.[424]

Der Kern des festgestellten missbräuchlichen Verhaltens lag weniger in dem Ausmaß der erfolgten Preissenkung als vielmehr in ihrer selektiven Anwendung und der ihr zugrunde liegenden Verdrängungsabsicht.[425] Auch der EuGH

---

420 CEWAL war ein Zusammenschluss verschiedener Reederein (darunter auch die Compagnie Maritime Belge), die im Liniendienst regelmäßig Frachtgut zwischen Häfen in Zaire (heute: Demokratische Republik Kongo) und Angola und den europäischen Nordseehäfen beförderten. Durch Vereinbarung von Wettbewerbsverboten sahen andere Linienkonferenzen davon ab, als außenstehende Reederein in diesem Verkehrsgebiet tätig zu werden.

421 Kommission, Entsch. v. 23.12.1992, ABl. 1993 L34/20, Rn. 32 ff. u. 73 ff. – CEWAL.

422 EuG, Urt. v. 8.10.1996, verb. Rs. T-24/93 bis T-26/93 und T-28/96, Slg. 1996, II-1201, Rn. 121 – Compagnie Maritime Belge Transports SA u. a./Kommission; Kommission, Entsch. v. 23.12.1992, ABl. 1993 L34/20, Rn. 32 – CEWAL.

423 Kommission, Entsch. v. 23.12.1992, ABl. 1993 L34/20, Rn. 81 – CEWAL.

424 EuGH, Urt. v. 16.3.2000, verb. Rs. C-395/96 P u. C-396/96 P, Slg. 2000, I-1365, Rn. 111 ff. – Compagnie Maritime Belge Transports SA u. a./Kommission; EuG, Urt. v. 8.10.1996, verb. Rs. T-24/93 bis T-26/93 und T-28/96, Slg. 1996, II-1201, Rn. 138 ff. – Compagnie Maritime Belge Transports SA u. a./Kommission.

425 GA *Fennelly*, Schlussanträge zur verb. Rs. C-395/96 P u. C-396/96 P, Slg. 2000, I-1365, Rn. 119 u. 121 ff. – Compagnie Maritime Belge Transports u. a./Kommission; vgl. auch Kommission, Entsch. v. 23.12.1992, ABl. 1993 L34/20, Rn. 80 – CEWAL: „im

löste sich in *Compagnie Maritime Belge* von seiner strikten Orientierung am Kosten-Preis-Verhältnis und ließ der Strategiekomponente in Fällen einer kostendeckenden Preissetzung entscheidendes Gewicht zukommen. Die Verdrängungsabsicht ließ sich direkt aus den von der Kommission beschlagnahmten Unterlagen der Linienkonferenz nachweisen. In den Sitzungsprotokollen des Special Fighting Committee waren die Kampfschiffeinsätze von CEWAL detailliert beschrieben und ließen den eindeutigen Schluss auf ein gezieltes Vorgehen gegen den Außenseiter G&C zu.[426] Die Kampfschiffpraxis wurde überdies noch durch weitere Maßnahmen flankiert, die auf eine Gesamtstrategie zur Verdrängung von G&C hindeuteten.[427]

Anders als *Hilti* und *Irish Sugar* war die Rechtssache *Compagnie Maritime Belge* durch das Bestehen einer kollektiven Marktbeherrschung mehrerer Reedereien überlagert, die einen gemeinsamen Marktanteil von über 90 % auf sich

---

ersteren Fall, um den es sich hier handelt, entsteht der Missbrauch aus der Absicht mehrerer Unternehmen, einen ungewöhnlich niedrigen Preis festzusetzen, um damit einen Wettbewerber auszuschalten."

426 Kommission, Entsch. v. 23.12.1992, ABl. 1993 L34/20, Rn. 32 – CEWAL.

427 Das zairische Seefrachtverwaltungsamt (Office de gestion du fret maritime, kurz: Ogefrem) hatte CEWAL im Rahmen einer Kooperationsvereinbarung ein Ausschließlichkeitsrecht zugesichert. Sämtliche im Betätigungsgebiet von CEWAL zu befördernden Waren sollten danach Mitgliedern der Konferenz vorbehalten sein. Eine Ausnahme war nur für den Fall der Zustimmung beider Parteien vorgesehen. Ohne jedoch die Zustimmung einzuholen, beteiligte Ogefrem den der Konferenz nicht angehörenden Hauptwettbewerber G&C zu 2% am gesamten Frachtaufkommen von und nach Zaire. CEWAL übte daraufhin wiederholt Druck auf Ogefrem aus, um die Einhaltung des Abkommens zu erreichen und damit G&C vom Markt zu verdrängen. Des Weiteren hatte CEWAL den im Zaire-Verkehr tätigen Verladern eine Treuevereinbarung aufgezwungen. Der darin vorgesehene Rabatt wurde nur ausgelöst, wenn der Verlader seine Fracht ausschließlich der Konferenz anvertraute. Tat er dies (einmal) nicht und arbeitete stattdessen mit der einzigen unabhängigen Reederei G&C im Konferenzgebiet zusammen, wurde er auf eine „schwarze Liste" gesetzt und erhielt von CEWAL weder Treuerabatte noch die üblichen Leistungen. Da CEWAL zur damaligen Zeit einen Marktanteil von mehr als 90% hielt und die Verlader somit ohnehin nur ausnahmsweise auf unabhängige Reedereien ausweichen konnten, führte diese Praxis zwangsläufig zu einer Beeinträchtigung der Wettbewerbsstellung des einzigen Konkurrenten. Vgl. EuGH, Urt. v. 16.3.2000, verb. Rs. C-395/96 P u. C-396/p96 P, Slg. 2000, I-1365, Rn. 72 ff. – Compagnie Maritime Belge Transports SA u. a./Kommission; EuG, Urt. v. 8.10.1996, verb. Rs. T-24/93 bis T-26/93 und T-28/96, Slg. 1996, II-1201, Rn. 109 – Compagnie Maritime Belge Transports SA u. a./Kommission; Kommission, Entsch. v. 23.12.1992, ABl. 1993 L34/20, Rn. 64 – CEWAL.

zogen. Aufgrund einer damals geltenden Gruppenfreistellungsverordnung, die unter anderem Absprachen über Frachtraten im Seetransport von dem Anwendungsbereich des Art. 101 Abs. 1 AEUV freistellte, oblag die Marktordnung für Seeverkehrsdienste hauptsächlich den zwischen Reedereien gebildeten Linienkonferenzen. Insoweit konnten sich Marktteilnehmer mit erheblicher Marktmacht herausbilden, die ihre Preise und Strategie systematisch gegen jeden verbleibenden Außenseiter richten konnten. Zwar muss es auch marktbeherrschenden Unternehmen grundsätzlich unbenommen bleiben, Preise selektiv an die Konkurrenz anzupassen. Dies erscheint aber ausnahmsweise dann nicht gerechtfertigt, wenn ein Unternehmensverbund beinahe den gesamten Marktanteil auf sich vereinnahmt und dann unter Ausnutzung seiner überragenden Marktstellung gezielt in Verdrängungsabsicht gegen seine wenigen verbleibenden Wettbewerber vorgeht und damit letztlich den noch verbleibenden Wettbewerb zum Erliegen bringt.[428] Dass dies aber nur für absolute Ausnahmefälle gelten darf, hatte auch der Gerichtshof indirekt deutlich gemacht, indem er klarstellte, dass es einer allgemeinen Stellungnahme zu der Frage, inwieweit eine Schifffahrtskonferenz ihre Preise selektiv an die Preise der Konkurrenz anpassen dürfe, nicht bedürfe. Vielmehr reiche der Hinweis auf den 90%igen Marktanteil und die nicht bestrittene Absicht der Schifffahrtskonferenz den einzig noch verbleibenden Wettbewerber zu verdrängen.[429]

4. Die Verdrängungsabsicht als geeignetes Analysekriterium von Kosten-Preis-Scheren?

Eine weitere Form der missbräuchlichen Preisgestaltung ist die Kosten-Preis-Schere ("margin squeeze"). Sowohl die Kommission als auch die Unionsgerichte erachten die Kosten-Preis-Schere als eigenständigen Missbrauchstatbestand, bei dem es auf das Kriterium der Verdrängungsabsicht nicht ankommen soll.[430] Es stellt sich aber die Frage, ob das Ausblenden der Verdrängungsabsicht als Analysekriterium bei der Würdigung von derartigen "margin-squeeze"-Fällen wirklich sachgerecht ist. Dogmatisch zwanglos lässt sich die Verdrängungsabsicht als Missbrauchskriterium verwenden, wenn man mit einer in der Literatur

---

428 So ausdrücklich auch *Wurmnest,* Marktmacht und Verdrängungsmissbrauch, 464.

429 EuGH, Urt. v. 16.3.2000, verb. Rs. C-395/96 P u. C-396/p96 P, Slg. 2000, I-1365, Rn. 118 f. – *Compagnie Maritime Belge Transports SA u. a./Kommission.*

430 EuGH, Urt. v. 14.10.2010, Rs. C-280/08P, Slg. I-9601 Rn. 183 – Deutsche Telekom AG; EuGH, Urt. v. 17.2.2011, Rs. C-52/09, Slg. I-527, Rn. 56 – *TeliSonera*; zuletzt die Kommission, Entsch. v. 15.10.2014, AT.39523, Rn. 822 – *Slovak Telekom.*

vertretenen Auffassung die Kosten-Preis-Schere als einen besonderen Fall der Kampfpreisunterbietung ansieht.[431] Die gleichen Überlegungen, die bei diesem Ansatz für die Berücksichtigung der Verdrängungsabsicht sprechen, legen aber auch im Rahmen des Prüfungsansatzes der Kommission und der Unionsgerichte die Verwendung dieses Absichtskriteriums nahe.

a) Die Kosten-Preis-Schere als Unterfall des Kampfpreismissbrauchs

Das Besondere der Kosten-Preis-Schere ist die vertikale Integration des marktbeherrschenden Unternehmens. Zu denken ist etwa an einen nationalen Festnetzbetreiber, der als ehemaliges Staatsmonopol über die für den Endkundenzugang erforderliche Netzinfrastruktur (z. B. die „letzte Meile“[432]) verfügt. Will ein (potenzieller) Wettbewerber Telekommunikationsdienstleistungen auf dem Endkundenmarkt anbieten, so muss er sich zunächst an den nationalen Festnetzbetreiber wenden, der ihm über eine zu erwerbende Vorleistung Zugang zu seiner Infrastruktur ermöglicht. Der Festnetzbetreiber ist als vertikal integriertes Unternehmen daher sowohl auf der vorgelagerten Marktstufe (Vorleistung: Netzzugang) als auch auf der nachgelagerten Marktstufe (Endkundenleistung: Telekommunikationsdienstleistungen) tätig.[433]

---

431 So etwa *Eilmansberger/Bien*, in: MünchKommEuWettbR, Art. 102 AEUV Rn. 541; *Petzold*, 120 ff. Die Nähe zum Kampfpreismaßstab ist bereits in der Unionsrechtsprechung angelegt. So konstatierte der Gerichtshof in der Rechtssache *Deutsche Telekom AG* unter ausdrücklichem Verweis auf die AKZO-Rechtsprechung, dass „das Kriterium für die Beurteilung, ob die Preispolitik eines beherrschenden Unternehmens einen Wettbewerber unter Verstoß gegen Art. 82 EG verdrängen kann, auf die Kosten *und die Strategie* des beherrschenden Unternehmens selbst“ zu stützen ist. Vgl. EuGH, Urt. v. 14.10.2010, Rs. C-280/08 P, Rn. 198 – *Deutsche Telekom AG*; danach ebenso EuGH, Urt. v. 17.2.2011, Rs. C-52/09, Rn. 41 – *TeliaSonera*.

432 Die „letzten Meile“ oder synonym der Teilnehmeranschluss (“TAL”) ist die physische Verbindung, mit dem der Netzendpunkt in den Räumlichkeiten des Teilnehmers (Telefonanschluss) an den Hauptverteilerknoten oder an eine gleichwertige Einrichtung im festen öffentlichen Fernsprechnetz verbunden ist.

433 Ein weiteres anschauliches Beispiel für vertikale Integration bietet die Mineralölindustrie. Die großen Mineralölgesellschaften wie Aral, Shell oder BP zeichnen sich durch ihren hohen Integrationsgrad entlang der Wertschöpfungskette aus. Sie erschließen Ölvorkommen, fördern diese, betreiben Raffinerien und beliefern schließlich sowohl konzerneigene als auch freie (meist mittelständische) Tankstellen. Sie treten damit einerseits als Lieferanten des Vorprodukts Kraftstoff und andererseits als Konkurrenten auf dem nachgelagerten Endkundenmarkt auf. Vgl. dazu nur OLG Düsseldorf, Beschluss v. 13.2.2002, WuW/E DE-R 829 – Freie Tanstellen; BKartA, Beschluss v. 9.8.2000, WuW/E DE-V 289 – Freie Tankstellen. Ein weiteres typisches Beispiel

Anders als bei der klassischen Kampfpreisunterbietung bietet die vertikale Integration dem marktbeherrschenden Unternehmen eine zusätzliche Stellschraube, um auf die Marge seiner Wettbewerber negativ Einfluss zu nehmen. So kann das marktbeherrschende Unternehmen bei vertikaler Integration nicht nur die Preise im nachgelagerten Markt senken, um seine Wettbewerber zu gewinnmindernden Preisanpassungen zu veranlassen, sondern es kann über die Anhebung des Inputpreises (z. B. der Preis für die Vorleistung Netzzugang) unmittelbar die Kostenstruktur seiner Wettbewerber beeinflussen (sog. "raising rivals' costs")[434]. Schließlich kann das vertikal integrierte Unternehmen beide Strategien auch verbinden und seine Abgabepreise für Wettbewerber erhöhen, seine Endkundenpreise absenken und hierdurch die Gewinnspanne der Wettbewerber soweit reduzieren, dass diese nicht mehr profitabel wirtschaften können. Zusammengefasst lässt sich die Kosten-Preis-Schere damit als Preispolitik eines marktbeherrschenden und vertikal integrierten Unternehmens bezeichnen, die durch das Zusammenspiel der Preise auf beiden Marktstufen unmittelbar auf die Gewinnmarge seiner Wettbewerber einwirkt.[435] Ebenso wie bei der Kampfpreisunterbietung rechtfertigt sich die Annahme der Missbräuchlichkeit durch den von der Kosten-Preis-Schere ausgehenden Verdrängungseffekt auf der nachgelagerten Marktstufe.[436] Vor diesem Hintergrund hat die Kommission bereits in der Rechtssache *Deutsche Telekom* festgestellt, dass eine missbräuchliche Kosten-Preis-Schere dann anzunehmen sei, „wenn die Differenz zwischen den Endkundenentgelten eines marktbeherrschenden Unternehmens und dem Vorleistungsentgelt für vergleichbare Leistungen an seine Wettbewerber entweder negativ oder nicht ausreicht, um die produktspezifischen Kosten des marktbeherrschenden Betreibers für die Erbringung seiner eigenen Endkundendienste im nachgeordneten Markt zu decken."[437]

Um eine Kosten-Preis-Schere durch den von der Kommission und der Rechtsprechung entwickelten Kampfpreistest zu erfassen, muss statt des internen Transferpreises, der der nachgelagerten Einheit des integrierten Unternehmens

bildet die Elektrizitätswirtschaft. Vgl. dazu den Bericht der Arbeitsgruppe Netznutzung Strom der Kartellbehörden des Bundes und der Länder vom 19.4.2001, abrufbar unter www.bundeskartellamt.de/wDeutsch/download/pdf/01_Netznutzung.pdf.

434 Vgl. dazu auch *Petzold*, 91.

435 Die Kommission bezeichnet dies mitunter auch als „zweifachen Preisdruck", vgl. Mitteilung der Kommission über die Anwendung der Wettbewerbsregeln auf Zugangsvereinbarungen im Telekommunikationsbereich vom 22.8.98, 98/C 265/02, Rn. 117 ff.

436 *Eilmansberger/Bien*, in: MünchKommEuWettbR, Art. 102 AEUV Rn. 540.

437 Kommission, Entsch. v. 21.5.2003, ABl. 2003 L 263/9, Rn. 107 – *Deutsche Telekom AG.*

zumindest buchhalterisch in Rechnung gestellt wird, der gegenüber den Wettbewerbern verlangte Vorleistungspreis berücksichtigt werden.[438] Die Zuschreibung des Vorleistungspreises als Position der Inputkosten entspricht der Berücksichtigung der Opportunitätskosten des unternehmensinternen Transfers des Vorprodukts an die nachgelagerte Einheit des marktbeherrschenden Unternehmens.[439] Als Opportunitätskosten werden solche Kosten erfasst, die nicht angefallen wären, wenn man sich für die bestbewertete Handlungsoption entschieden hätte.[440] Bei einem unternehmensinternen Transfer des vertikal integrierten Unternehmens bilden die Opportunitätskosten den Verlust ab, der dadurch entsteht, dass das Vorprodukt, welches das vertikal integrierte Unternehmen selbst verwendet, nicht mehr an einen Wettbewerber veräußert werden kann.[441] Betragsmäßig stellen sie die Differenz zwischen dem Vorleistungspreis und dem internen Transferpreis dar. Erst durch die Berücksichtigung der Opportunitätskosten werden die ökonomischen Kosten der Eigenproduktion des Vorprodukts vollständig erfasst.[442]

Für die Anwendung des Kampfpreistests bedeutet dies, dass der Vorleistungspreis bei der Ermittlung der relevanten Kostengrenzen miteinbezogen wird. Stellt man auf die klassischen Kostenkriterien des EuGH ab, so ist der Vorleistungspreis in die variablen Kostenpositionen miteinzubeziehen. Die Preisgrenze der durchschnittlichen variablen Kosten, bei deren Unterschreiten eine Verdrängungsabsicht nach den Grundsätzen des Gerichtshofs zu vermutet ist, wird infolge der Berücksichtigung der Opportunitätskosten entsprechend angehoben. Der Maßstab ist im Vergleich zu den klassischen Kampfpreiskonstellationen somit strenger. Dies ist aber durchaus gerechtfertigt. Denn für das vertikal integrierte Unternehmen besteht grundsätzlich ein besonders hoher Anreiz, in eine Verdrängungsstrategie einzutreten. Jeder neue Kunde für die Vorleistung im Vertikalverhältnis bedeutet für das integrierte Unternehmen das Hinzukommen eines neuen Wettbewerbers und damit einen potenziellen Kundenverlust auf dem Endkundenmarkt.[443] Ein marktbeherrschendes Unternehmen mag

---

438 *Eilmansberger/Bien*, in: MünchKommEuWettbR, Art. 102 AEUV Rn. 543.

439 Die Berücksichtigung des Vorleistungspreises als Kostenposition der nachgelagerten Einheit des vertikal integrierten Unternehmens wird auch als "Imputation" bezeichnet. Vgl. ferner *Eilmansberger/Bien*, in: MünchKommEuWettbR, Art. 102 AEUV Rn. 543; *Petzold*, 132. Zur Berücksichtigung der Opportunitätskosten im Rahmen der Kosten-Preis-Schere siehe auch *Gaudin/Mantzari*, J.o.L.&Econ. 12 (1), 151, 165 ff.

440 *Pindyck/Rubinfeld*, Mikroökonomie, 299.

441 *Rummel*, 127; *Gaudin/Mantzari*, J.o.L.&Econ. 12 (1), 151, 166.

442 *Eilmansberger/Bien*, in: MünchKommEuWettbR, Art. 102 AEUV Rn. 543.

443 *Henk-Merten*, Die Kosten-Preis-Schere, 13.

daher grundsätzlich dazu geneigt sein, die Lieferbeziehungen so auszugestalten, dass sich das wettbewerbliche Risiko im nachgelagerten Markt reduziert.[444] Dies gilt umso mehr, wenn eine Belieferung- oder Bestellungspflicht auf Grund sektorspezifischer Regelungen besteht.[445]

Da Kosten-Preis-Scheren insbesondere in liberalisierten Netzindustrien auftreten, stellt sich überdies die Frage, ob statt der durchschnittlichen variablen Kosten nicht die langfristigen durchschnittlichen Grenzkosten ("long-run average incremental cost", nachfolgend: "LRAIC") als Preisuntergrenze heranzuziehen sind. Netzindustrien zeichnen sich oftmals durch besonders niedrige variable Kosten und erhebliche Fixkosten aus. Der Maßstab der durchschnittlichen variablen Kosten erscheint daher wenig aussagekräftig. Das Unterschreiten der durchschnittlichen variablen Kosten legt in Netzindustrien zwar ein Verdrängungspotenzial besonders nahe. Ein vergleichbares Verdrängungspotenzial kann sich aber unter Umständen auch weit oberhalb der durchschnittlichen variablen Kosten ergeben, da der Kostenschwerpunkt in diesen Industrien regelmäßig auf den hohen Fixkosten liegt. Entsprechend erfassen die LRAIC das „Mittel aller (variablen und fixen) Kosten, die einem Unternehmen bei der Herstellung eines Produkts entstehen"[446] und umfassen somit die produktspezifischen Kosten, die für die Bereitstellung der Endkundenleistung erforderlich sind.[447] Die besondere Relevanz der langfristigen Grenzkosten in Netzindustrien hat die Kommission für den Telekommunikationsbereicht bereits in ihrer 1998 veröffentlichen Mitteilung über die Anwendung der Wettbewerbsregeln auf Zugangsvereinbarungen im Telekommunikationsbereich zum Ausdruck gebracht:

> „Bei Telekommunikationsdienstleistungen kann ein Preis, der den variablen Kosten eines Dienstes entspricht, erheblich unter dem Preis liegen, den ein Betreiber berechnen muss, um die Kosten für die Erbringung des Dienstes zu decken. Bei Anwendung des AKZO-Kriteriums auf Preise, die von einem Infrastrukturanbieter im Laufe der Zeit angewendet werden sollen und die Grundlage für Investitionsentscheidungen dieses Betreibers bilden, sollten die gesamten bei der Erbringung des Dienstes zusätzlich anfallenden Kosten berücksichtigt werden."[448]

Mit Blick auf diese den Netzwirtschaften immanenten Besonderheiten sowie die zuvor beschriebene Interessenlage des vertikal integrierten Unternehmens, ist

---

444 *Zöttl*, RIW 2009, 445.

445 Ebenda.

446 Prioritätenmitteilung, Rn. 26 Fn. 2.

447 *Eilmansberger/Bien*, in: MünchKommEuWettbR, Art. 102 AEUV Rn. 498.

448 Kommission, Mitteilung über die Anwendung der Wettbewerbsregeln auf Zugangsvereinbarungen im Telekommunikationsbereich, ABl. Nr. C 265/2 (1998), Rn. 114.

die Unterschreitung der LRAIC ein kräftiges Indiz dafür, dass der Preispolitik des vertikal integrierten Unternehmens eine Verdrängungsstrategie zugrunde liegt. Insofern ist es vom Grundsatz her durchaus angemessen, schon in diesem Fall die Verdrängungsabsicht zu vermuten und es dem vertikal integrierten Unternehmen aufzuerlegen, diese Vermutung zu widerlegen.[449]

Eine Ausnahme ist allerdings dann zu machen, wenn die produktspezifischen Kosten der Endleistung nur mit erheblichem Aufwand und mit verbleibenden Unsicherheiten ermittelt werden können. Die Kosten-Preis-Schere nimmt im Vergleich zu den „typischen" Kampfpreiskonstellationen insofern eine Sonderrolle ein, da der Marktpreis der Vorleistung als Kostenposition berücksichtigt wird. Bei der Berücksichtigung des Vorleistungspreises ist aber darauf zu achten, dass der Vorleistungspreis nur insoweit als Kostenposition angesetzt werden kann, wie er auch als Input in der Endleistung enthalten ist. Dies ist etwa dann unproblematisch, wenn der Vorleistung *eine* konkrete Endkundenleistung gegenübersteht. Dies war etwa in der Rechtssache *Napier Brown* der Fall. Dort hatte British Sugar als Vorprodukt losen Zucker angeboten. Dieser wurde dann durch die Abnehmer abgepackt und am Endkundenmarkt vertrieben.

Schwierig wird es aber, wenn die Vorleistung den Wettbewerber zu einer Reihe verschiedener Endkundenleistungen befähigt. Als Beispiel mag die Rechtssache *Deutsche Telekom AG* dienen. Die Deutsche Telekom ermöglichte ihren Wettbewerbern über den Zugang zu ihren Teilnehmeranschlussleitung sowohl analoge Dienste als auch ISDN und ADSL anzubieten. Zur Herstellung der „Vergleichbarkeit" wählte die Kommission einen gewichteten Ansatz, der sämtliche Formen des Endkundenzugangs berücksichtigte und den Durchschnittspreis dieser Leistungen als Endkundenpreis ansetzte.[450] Das Problem verschärft sich zusätzlich, wenn sich die Endkundenpreise des marktbeherrschenden Unternehmens innerhalb des Beurteilungszeitraums mehrfach geändert haben, während der Vorleistungspreis konstant blieb. Anzutreffen ist dies insbesondere bei Tankstellenbetreibern, die ihren Preis mitunter mehrmals innerhalb eines Tages ändern. Ein denkbarer Lösungsweg wäre hier entweder das Abstellen auf den im Beurteilungszeitraum vorliegenden Durchschnittspreis oder den niedrigsten Preis. Je nach gewähltem Ansatz kommt man zu komplett unterschiedlichen Ergebnissen.[451] Werden Kaufentscheidungen etwa zu bestimmten Zeitpunkten

449 *Eilmansberger/Bien*, in: MünchKommEuWettbR, Art. 102 AEUV Rn. 531. Im Ergebnis ähnlich *Nazzini*, 232 sowie *Rummel*, 128.

450 Kommission, Entsch. v. 21.5.2003, ABl. 2003 L 263/9, Rn. 111 ff. – *Deutsche Telekom AG.*

451 Vgl. dazu insbesondere *Eilmansberger/Bien*, in: MünchKomm, Art. 102 Rn. 548.

getroffen, würde das Abstellen auf einen Durchschnittspreis nicht hinreichend das Verdrängungspotenzial abbilden können.[452] Weitere praktische Probleme treten hinzu, wenn auf den Endkundenpreis bestimmte Gruppen- oder Kopplungsrabatte gewährt werden. Denkbar ist beispielsweise ein Tankstellenrabatt für Mitglieder eines bestimmten Automobilclubs oder ein Kopplungsrabatt bei Supermarkttankstellen bezogen auf das Supermarktsortiment.[453]

Durch die genannten praktischen Schwierigkeiten und den teilweise hohen Ermessenspielraum der Behörden ergibt sich zwangsläufig ein hohes Fehlerpotenzial. Um dem entgegenzuwirken, scheint es in solchen Fällen geboten, die Unternehmensstrategie verstärkt zu berücksichtigen und den separaten Nachweis einer Verdrängungsabsicht – ebenso wie bei nicht kostendeckenden Preisen oberhalb der durchschnittlichen variablen Kosten – zu verlangen.[454] Interne Unternehmensdokumente mögen dabei nicht nur Aufschluss über das Wirkungspotenzial der auf Vor- und Nachleistungsebene gesetzten Preise geben, sondern gleichzeitig auch über die Wechselbeziehungen der auf beiden Marktstufen angebotenen Leistungen.

b) Übertragung auf den Prüfungsmaßstab der Kommission und der Unionsgerichte

Die Überlegungen lassen sich uneingeschränkt auch auf den Prüfungsmaßstab der Kommission und der Unionsgerichte übertragen, die von einem eigenständigen Missbrauchstatbestand ausgehen.[455] Statt das Unternehmensverhalten auf den jeweiligen Marktstufen isoliert in den Blick zu nehmen, konzentriert sich die kartellrechtliche Beurteilung auf die Spanne ("margin") zwischen den Vorleistungs- und Endkundenpreisen des vertikal integrierten Marktbeherrschers.[456]

---

452 Ebenda.

453 Die genannten praktischen Probleme gehen insbesondere auf einen von Herrn Sandro Gleave im Bundeskartellamt gehaltenen Vortrag zum Thema „Unbillige Behinderung von freien Tankstellen durch Preisscheren und Untereinstandspreisverkäufe“ vom 1. Februar 2013 zurück.

454 Ähnlich auch *Marini-Balestra*, 37 ECLR 2016, 207, 212, der auf die Schwierigkeiten der von der Kommission im Verfahren *Slovak Telekom* angewandten Auswirkungsanalyse verweist. Nicht ganz verständlich ist, dass die Kommission in diesem Verfahren eine Reihe inkriminierender Unterlagen sicherstellte, diese aber im Rahmen der Kosten-Preis-Schere gänzlich unberücksichtigt ließ.

455 EuGH, Urt. v. 14.10.2010, Rs. C-280/08P, Slg. I-9601 Rn. 183 – *Deutsche Telekom AG*; EuGH, Urt. v. 17.2.2011, Rs. C-52/09, Slg. I-527, Rn. 56 – *TeliSonera*; zuletzt die Kommission, Entsch. v. 15.10.2014, XXX, Rn. 822 – *Slovak Telekom.*

456 EuGH, Urt. v. 14.10.2010, Rs. C-280/08P, Slg. I-9601 Rn. 183 – *Deutsche Telekom AG*

In der Sache wenden die Kommission und die Unionsgerichte den sog. *equally efficient competitor*-Test an und fragen, ob ein hypothetischer Wettbewerber, der die Kostenstruktur des marktbeherrschenden Unternehmens aufweist, aber nicht über dessen Marktmacht verfügt, kostendeckend am Markt agieren könnte, wenn er die Preise des marktbeherrschenden Unternehmens verlangen würde. Wenn die Marge negativ ist, d. h. der Vorleistungspreis den Endkundenpreis sogar übersteigt, oder wenn die Marge nicht ausreichend ist, um die „produktspezifischen Kosten" des marktbeherrschenden Unternehmen zu decken, ist grundsätzlich von einer missbräuchlichen Kosten-Preis-Schere auszugehen. In seinem *TeliaSonera*-Urteil hat der Gerichtshof sein Prüfungsprogramm noch weiter präziesiert und dabei einerseits auf den „funktionellen Zusammenhang zwischen Vorleistung und Endkundenprodukt" und andererseits auf den Umfang der Margenbeschneidung abstellt.[457] Auf das konkrete Ausmaß der Margenbeschneidung soll es demnach nur dann ankommen, wenn das Vorleistungsprodukt nicht unerlässlich für die Tätigkeit auf dem nachgelagerten Markt ist. Ist sie dies nicht, kommt es auf das Ausmaß der Margenbeschneidung an. Sofern die Differenz zwischen Endkundenpreis und Vorleistungspreis negativ ist ("negative Marge"), hält der Gerichtshof einen wettbewerbswidrigen Verdrängungseffekt für wahrscheinlich. Ist sie hingegen positiv, so bedarf es nach Ansicht des Gerichtshofs einer weiteren Auswirkungsanalyse.[458]

Die bereits erwähnten praktischen Schwierigkeiten stellen sich auch, wenn man mit der Kommission und den Unionsgerichten von einem eigenständigen Kosten-Preis-Scheren-Tatbestand ausgeht. Denn um die Marge zwischen Vorleistungspreis und Endkundenpreis ermitteln zu können, müssen diese miteinander ebenso vergleichbar sein. Die Herstellung der Vergleichbarkeit ist aber mit denselben Unsicherheiten und Ermessenspielräumen verbunden wie im Rahmen der Kampfpreisprüfung. Nach dem vom Verfasser vertretenen Ansatz erscheint es daher nur konsequent, auch im Rahmen eines eigenständigen Missbrauchstatbestandes das Kriterium der Verdrängungsabsicht zu berücksichtigen.

5. Recoupment und Verdrängungsabsicht

Anders als in der US-amerikanischen Entscheidungspraxis wird das Erfordernis einer Kompensationsaussicht, das sog. „recoupment", des marktbeherrschenden Unternehmens für den Nachweis einer Kampfpreisstrategie in der europäischen

---

457 EuGH, Urt. v. 17.2.2011, Rs. C-52/09, Slg. I-527, Rn. 69 und 73 – *TeliSonera.*

458 Einen guten Überblick über die einzelnen Konstellationen bieten *Eilmansberger/Bien*, in: MünchKommEuWettbR, Art. 102 AEUV Rn. 549

Entscheidungspraxis nicht für erforderlich erachtet. Die Unionsgerichte stellten dies in der Rechtssache *Tetra Pak II* klar.[459] Tetra Pak hatte sich im Rechtsmittelverfahren unter Verweis auf die *Brooke Group*-Entscheidung des US Supreme Court[460] damit verteidigt, dass ihre Preispolitik keinen Verdrängungscharakter habe. Tetra Pak habe nämlich infolge des auf dem Markt vorherrschenden Wettbewerbs vernünftigerweise nicht annehmen können, dass es seine erlittenen Verluste später durch supra-kompetitive Preise wieder ausgleichen werde.[461] Der Gerichtshof stellte dazu fest, dass „unter den Umständen des vorliegenden Falles" es nicht angebracht wäre, zusätzlich noch den Nachweis zu verlangen, dass Tetra Pak eine wirkliche Chance auf Verlustausgleich hatte.[462] Die Verwendung auf Verdrängung ausgerichteter Preise müsse nämlich geahndet werden können, sobald die Gefahr einer Ausschaltung der Wettbewerber besteht.[463] Die Kommission und die Unionsgerichte haben dies zuletzt in *Wanadoo* bzw. *France Télécom* erneut bestätigt.[464]

459 EuGH, Urt. v. 14.11.1996, Rs. C-333/94 P, Slg. 1996, I-5951, Rn. 39 ff. – *Tetra Pak/Kommission*; EuG, Urt. v. 6.10.1994, Rs. T-83/91, Slg. 1994, II-755, Rn. 150 – *Tetra Pak/Kommission*; ebenso *Colomer*, Schlussanträge vom 27.6.1996, Rs. C-333/94 P, Rn. 78.

460 In *Brooke Group* stellte der US Supreme Court klar, das eine Kampfpreisstrategie nur dann angenommen werden kann, wenn eine Kompensationsaussicht besteht: "The second prerequisite to holding a competitor liable under the antitrust laws for charging low prices is a demonstration that the competitor had a reasonable prospect [under the Robinson-Patman-Act], or under § 2 of the Sherman Act, a dangerous probability, of recouping its investment in below cost prices", vgl. *Brooke Group Ltd. v. Brown & Williamson Tobacco Corp.*, 509 U.S. 209, 224 (1993).

461 EuG, Urt. v. 6.10.1994, Rs. T-83/91, Slg. 1994, II-755, Rn. 143 – *Tetra Pak/Kommission*

462 EuGH, Urt. v. 14.11.1996, Rs. C-333/94 P, Slg. 1996, I-5951, Rn. 39 ff. – *Tetra Pak/Kommission.*

463 EuGH, Urt. v. 14.11.1996, Rs. C-333/94 P, Slg. 1996, I-5951, Rn. 39 ff. – *Tetra Pak/Kommission.* Ferner begründet der Gerichtshof seine Ablehnung gegenüber dem recoupment-Kriterium damit, dass das Ziel des Missbrauchsverbots, einen unverfälschten Wettbewerb zu erhalten, es nicht erlaube, zu warten, bis eine solche Strategie tatsächlich zur Ausschaltung des Konkurrenten führt. *Wurmnest* weist treffend darauf hin, dass diese Argumentation nicht vollkommen überzeugend ist; denn der Nachweis einer Kompensationsaussicht setzt nicht voraus, dass die Strategie bereits „erste Früchte" getragen haben muss, m. a. W. einer erfolgreichen Verdrängung, Abschreckung oder Disziplinierung bedarf es nicht. Vielmehr reicht es aus, dass ein Verlustausgleich wahrscheinlich ist. *Wurmnest,* Marktmacht und Verdrängungsmissbrauch, 406, 458.

464 EuGH, Urt. v. 2.4.2009, Rs. C-202/07 P, Slg. 2009, I-2369, Rn. 105 ff. – *France Télécom*; EuG, Urt. v. 30.1.2007, Rs. T-340/03, Slg. 2007, II-107, Rn. 224 ff. – *France Télécom;*

Dem ist grundsätzlich zuzustimmen.[465] Nach der dem Art. 102 AEUV zugrunde liegenden Missbrauchskonzeption reicht es aus, wenn eine Preismaßnahme geeignet oder darauf ausgerichtet ist, Wettbewerber zu verdrängen oder zu disziplinieren.[466] Insbesondere untersagt der Missbrauchstatbestand des Art. 102 AEUV „marktmachtbedingte Verfälschungen des Wettbewerbs als solche", sodass etwaige Prognosen über die Fähigkeit des Marktbeherrschers, im Anschluss an eine erfolgreich durchgeführte Kampfpreisstrategie, die Preise auf ein supra-kompetitives Niveau anzuheben, nicht passend erscheinen.[467] Es erscheint überdies zweifelhaft, ob Prognosen über die Wahrscheinlichkeit eines recoupment überhaupt verlässlich möglich sind.[468] Daher ist es auch wenig überzeugend, wenn argumentierte wird, dass die Kompensationsaussicht ein zuverlässigeres Kriterium als die Verdrängungsabsicht darstellte. Eine Vorhersage über zukünftige Marktentwicklungen involviert ein hohes Maß an Spekulation und Unbestimmtheit. Der Nachweis einer Verdrängungsabsicht kann hingegen durch aktuelle unternehmensinterne Dokumente in Verbindung mit objektiven Indizien belegt werden.[469]

Die Ablehnung des recoupment als notwendiges Kriterium in der europäischen Missbrauchsaufsicht bedeutet jedoch nicht, dass eine etwaige Kompensationsaussicht im Rahmen der Missbrauchsanalyse unberücksichtigt bleibt bzw. bleiben muss. Vielmehr kann es als eines der vielen Analysekriterien herangezogen werden, um eine potenziell missbräuchliche Verhaltensweise zu identifizieren. So kann eine bestehende Kompensationsaussicht beispielsweise als indirekter Nachweis für die Feststellung einer Verdrängungsintention nutzbar gemacht werden. Denn ist aus Sicht des Marktbeherrschers ein späterer Verlustausgleich wahrscheinlich, so indiziert dies ein Motiv bzw. einen Anreiz für die Durchführung einer Verdrängungsstrategie.[470] Dass ein entsprechender Anreiz, eine Verdrängungsstrategie durchzuführen, für den Nachweis der

---

Kommission, Entscheidung v. 16.7.2003, COMP/38.233, Rn. 333 ff. – *Wanadoo Interactive.*

465 Ebenso *Eilmansberger/Bien,* in: MünchKommEuWettbR, Art. 102 Rn. 533; *O'Grady,* World Competition 37 (2014), 459, 478.

466 Vgl. EuG, T-203/01, Slg. 2003, II-4071, Rn. 237 ff. – *Michelin II; Eilmansberger/Bien,* in: MünchKomm, Art. 102, Rn. 533.

467 So *Eilmansberger/Bien,* in: MünchKommEuWettbR, Art. 102 Rn. 533.

468 *Eilmansberger/Bien,* in: MünchKommEuWettbR, Art. 102 Rn. 533; *O'Grady,* World Competition 37 (2014), 459, 479.

469 So auch *O'Grady,* World Competition 37 (2014), 459, 479.

470 *Nazzini,* The Foundations of European Union Law, 206.

Verdrängungsabsicht nicht irrelevant ist, zeigt sich in den Ausführungen des Gerichtshofs in *France Télécom*, in denen er klarstellt, dass die Preispolitik eines Marktbeherrschers, mit der kein anderes wirtschaftliches Ziel verfolgt wird als das, seine Mitbewerber auszuschalten, „um anschließend davon zu profitieren, dass sich das Maß des noch auf dem Markt bestehenden Wettbewerbs verringert hat, missbräuchlich ist.[471] Infolge der Unterkostenpreise (AVC) war jedoch der Nachweis nicht erforderlich. Allerdings stellte der Gerichtshof ausdrücklich klar, dass die Möglichkeit des Verlustausgleichs durchaus für die Beurteilung einer Verdrängungsstrategie relevant sein kann. So kann sie zum einen dazu beitragen, eine vorgetragene wirtschaftliche Rechtfertigung für Kosten unterhalb der durchschnittlichen variablen Kosten zu widerlegen. Zum anderen kann sie bei Preisen oberhalb der durchschnittlichen variablen Kosten, die Existenz eines Verdrängungsplans belegen.[472]

Ferner reicht das Fehlen einer Verlustausgleichsmöglichkeit nicht aus, um von vornherein einen Kampfpreismissbrauch auszuschließen. Allerdings kann das Fehlen einer Kompensationsmöglichkeit ein Indiz dafür sein, dass eine Verdrängungsabsicht nicht vorliegt.

6. Zusammenfassung

Zusammenfassend kann daher an dieser Stelle folgendes festgehalten werden: Für die Differenzierung zwischen wettbewerbswidrigem und legitimem Preiswettbewerb erweist sich die Verdrängungsabsicht als wichtiges Abgrenzungskriterium, dass nicht nur – wie in der europäischen Gerichts- und Behördenpraxis – in der Kampfpreisanalyse, sondern auch im Bereich der Missbrauchsprüfung von Preisen oberhalb der durchschnittlichen Gesamtkosten und von Kosten-Preis-Scheren Anwendung finden sollte. Eine rein kostenorientierte Analyse derartiger Fälle leistet dagegen keinen gleichwertigen Erkenntnisgewinn. Dies gilt auch für das im US-Kartellrecht favorisierte Recoupment-Kriterium, das ohnehin dem Gefährdungscharakter des Art. 102 AEUV nicht gerecht wird.

II. Die Verdrängungsabsicht als Kriterium zur Beurteilung von Rabattsystemen

Ebenso wie Preisunterbietungen sind Rabatte und Rabattsysteme seit jeher Bestandteil des täglichen Wirtschaftslebens und grundsätzlich Ausdruck eines

471 EuGH, Urt. v. 2.4.2009, Rs. C-202/07 P, Slg. 2009, I-2369, Rn. 107 – *France Télécom.*
472 EuGH, Urt. v. 2.4.2009, Rs. C-202/07 P, Slg. 2009, I-2369, Rn. 111 – *France Télécom.*

funktionierenden Preiswettbewerbs. Sie ermöglichen Unternehmen, neue Käuferschichten und Marktsegmente zu erschließen und damit allgemein den Wettbewerb zu beleben. Aus Sicht des Kartellrechts ist die Rabattgewährung daher ein durchaus wünschenswertes Phänomen.[473] Dies gilt auch für Rabatte marktbeherrschender Unternehmen. So ist es beispielsweise kartellrechtlich unbedenklich, wenn ein marktbeherrschender Lieferant seine aus der erhöhten Liefermenge resultierende Kostenersparnis im Wege eines Mengenrabatts an seine Abnehmer weitergibt. Mengenrabatte spiegeln in diesem Sinne Effizienzgewinne und Größenvorteile wieder, die das marktbeherrschende Unternehmen erzielt.[474] Der Missbrauchsvorwurf bei unzulässigen Rabattsystemen knüpft daher nicht allein an die bloße Rabattgewährung an. Entscheidend sind vielmehr die von einem Rabattsystem potenziell ausgehenden Wirkungen auf den Wettbewerb. Ist die Rabattgewährung für den Abnehmer beispielsweise an die Bedingung geknüpft, seinen Gesamtbedarf oder zumindest einen wesentlichen Teil hiervon ausschließlich beim Marktbeherrscher zu beziehen (sog. „Ausschließlichkeitsrabatte"), kann dies zu einer Sogwirkung gegenüber den Abnehmern führen, die infolge der Gewährung des finanziellen Rabattvorteils von dem Bezug bei konkurrierenden Herstellern/Lieferanten abgehalten werden.[475] Da der Wettbewerb bereits wegen der Anwesenheit des marktbeherrschenden Unternehmens geschwächt ist, kann dies zu einer Marktverschließung bzw. Marktabschottung für die tatsächlichen und potenziellen Wettbewerber des marktbeherrschenden Unternehmens führen.[476]

Infolge der Vielschichtigkeit möglicher Rabattgestaltungen kann die missbrauchsrechtliche Beurteilung mitunter äußerst diffizil sein. Insbesondere die genaue Grenzziehung zwischen legitimem Preisnachlass und missbräuchlicher Rabattgewährung kann eine Wettbewerbsbehörde vor erhebliche Schwierigkeiten stellen. Es mag daher kaum verwundern, dass in Europa seit jeher kontrovers über die richtigen Analysekriterien und die exakte Grenzziehung diskutiert

473 *Emmerich/Lange*, Kartellrecht, 103.

474 EuG, Urt. v. 25.6.2010, Rs. T-66/01, Slg. 2010, II-2631, Rn. 298 – Imperial Chemical Industries/Kommission.

475 *Bien/Rummel*, EuZW 2012, 737.

476 Daneben kann die Rabattgewährung auch andere Missbrauchstatbestände erfüllen, wie bspw. die Diskriminierung oder die Anwendung unangemessener Geschäftsbedingungen (Art. 102 lit. a). Vgl. dazu insbesonder *Eilmansberger/Bien,* in: MünchKommEuWettbR, Art. 102 Rn. 556.

wird[477] und dies für die europäische Missbrauchsaufsicht traditionell einen Schwerpunkt ihrer Tätigkeit darstellt.

Nachfolgend wird aufgezeigt, dass die Verdrängungsabsicht auch im Rahmen der Beurteilung von Rabattmaßnahmen nicht unberücksichtigt bleibt und auf unterschiedlicher Art und Weise Eingang in die Missbrauchsprüfung der Unionsgerichte und der Kommission gefunden hat.

1. Die Bewertung von Rabattsystemen durch die Unionsgerichte

Die Abgrenzung missbräuchlicher und wettbewerblich unbedenklicher Rabattsysteme erfolgt in der Rechtsprechungspraxis bisher über die Bildung von Fallgruppen.[478] Am einen Ende des Spektrums stehen die sog. Treuerabatte im engeren Sinne.[479] Die Unionsrechtsprechung stufte diese zumindest bis zur Rechtssache *Intel* als per se missbräuchlich ein.[480] Einer weitergehenden Prüfung unter Einbeziehung sämtlicher Umstände des jeweiligen Einzelfalles bedurfte es für die Feststellung der Missbräuchlichkeit nach dieser Rechtsprechung daher nicht.[481] Rechtfertigt wurde die grundsätzliche Ablehnung solcher Rabatte mit der diesen inhärenten Verdrängungs- bzw. Marktabschottungswirkung. Der Rabatt knüpft unmittelbar an das Kaufverhalten des Abnehmers an und lässt

---

477 *Bodenstein* spricht gar von einer der umstrittensten Fragestellungen des Kartellrechts, vgl. ZWeR 2015, 403, 404.

478 Vgl. zuletzt EuG, Urt. v. 14.6.2014, Rs. T-286/09, Rn. 75 ff. – *Intel.*

479 In seinem *Intel*-Urteil hat das EuG solche Rabatte auch als sog. Exklusivitätsrabatte bezeichnet, vgl. EuG, Urt. v. 14.6.2014, Rs. T-286/09, Rn. 76 u. 79. Die hier gewählte Begrifflichkeit richtet sich nach *Eilmansberger/Bien,* in: MünchKommEuWettbR, Art. 102 Rn. 560.

480 So zuletzt ausdrücklich EuGH, Urt. v. 6.10.2015, Rs. C-23/14, Rn. 27 f. – *Post Danmark II.* Das Urteil des EuGH in der Rechtssache *Intel* dürfte aber zu einer Aufweichung der bisher klar konturierten Fallgruppen führen. Macht das marktbeherrschende Unternehmen nämlich – gestützt auf Beweise – geltend, dass sein Verhalten (d. h. die Gewährung der Treuerabatte im engeren Sinne) überhaupt nicht geeignet war, den Wettbewerb zu beschränken und Verdrängungswirkungen zu erzeugen, so hält der Gerichtshof die Kommission für verpflichtet, eine umfassende Analyse der Verdrängungseignung durchzuführen, vgl. EuGH, Urt. v. 6.9.2017, Rs. C-413/14 P, Rn. 138 ff. – *Intel.* Eine eigenständige Kategorie von Treuerabatten, die unabhängig von den konkreten Umständen des Einzelfalls per se als missbräuchlich angesehen werden kann, dürfte es damit praktisch nicht mehr geben; so auch *Haberer*, WuW 2017, 526, 527 f.

481 Daran nun zweifelnd GA *Wahl*, Schlussanträge v. 20.10.2016, Rs. C-413/14 P, Rn. 52 ff. – *Intel.*

den Warenbezug bei konkurrierenden Lieferanten unattraktiv erscheinen. Den Wettbewerbern wird damit der Zugang zu den Kunden und damit den Märkten erschwert. In ihrer Wirkung kommen derartige Treurabatte daher sog. Alleinbezugsbindungen sehr nahe.[482]

Am anderen Ende des Spektrums stehen Mengenrabatte, die grundsätzlich für wettbewerblich unbedenklich erachtet werden.[483] Gewissermaßen dazwischen befinden sich die Rabatte einer dritten Kategorie, die sich nicht eindeutig zu einer der beiden genannten Fallgruppen zuordnen lassen. Solche Rabatte werden grundsätzlich nach der von ihnen ausgehenden Sogwirkung beurteilt und daher vereinzelt auch als Treuerabatte im weiteren Sinne bezeichnet.[484]

Die missbrauchsrechtliche Beurteilung von Rabattsystemen knüpft in erster Linie an der marktverschließenden Wirkung des in Rede stehenden Rabattes an. Vor diesem Hintergrund erscheint das Rekurrieren auf die Motive bzw. die Absicht des marktbeherrschenden Unternehmens nicht erforderlich. Eine Analyse der zu Rabattpraktiken ergangenen Fallpraxis zeigt jedoch, dass die Verdrängungsabsicht sehr wohl eine Rolle spielt.

a) Die Verdrängungsabsicht und Treuerabatte (im engeren Sinne)

Der Gerichtshof hatte bereits 1979 festgestellt, dass sog. Ausschließlichkeitsrabatte als per se missbräuchlich zu erachten sind. Anlass dazu war das Verfahren *Hoffmann-La Roche*, in dem der Gerichtshof ein komplexes Rabattsystem des weltgrößten Vitaminherstellers Hoffmann-La Roche ("HLR") zu beurteilen hatte. HLR vereinbarte mit 22 seiner bedeutendsten Kunden der Arzneimittel-, Lebensmittel- und Futtermittelbranche sog. „Treueverträge". In diesen verpflichteten sich die Kunden, ihren jährlichen Bedarf an Vitaminen ganz oder nahezu ganz bei HLR zu decken. Im Gegenzug gewährte HLR den Kunden nach Ablauf des einjährigen Referenzzeitraums einen Preisnachlass von 1 % bis 5 %. Der genaue Rabatt wurde unter Zugrundelegung aller bei HLR getätigten Vitaminkäufe berechnet, d. h. die bei HLR durch einen Kunden getätigten Käufe verschiedener Vitamingruppen wurden zusammenaddiert und gemeinsam für die Rabattberechnung in Ansatz gebracht (sog. Gesamtsortimentsrabatt).[485] Die

---

482 *Bien/Rummel*, EuZW 2012, 737; *Busche* spricht treffend auch von einer „mittelbaren Ausschließlichkeitsbindung", KK-KartR, Art. 102 AEUV Rn. 103.

483 So zuletzt EuGH, Urt. v. 6. Oktober 2015, Rs. C-23/14, Rn. 27 – *Post Danmark II.*

484 So etwa *Eilmansberger/Bien,* in: MünchKommEuWettbR, Art. 102 Rn. 562.

485 Kommission, Entscheidung v. 9.6.1976, IV/29.020, ABl. EG 1976 L 223/27, 31 Rn. 11 – *Vitamine.*

Kommission sah darin ein gegen Art. 102 AEUV verstoßendes Treuerabattsystem und belegte Hoffmann-La Roche mit einem Bußgeld.[486] Der EuGH folgte dieser Linie und stellte in seinem wegweisenden Urteil eine Prüfungssystematik auf, die die spätere Rechtsprechung prägte.[487]

Der Gerichtshof beurteilte das von HLR praktizierte Rabattsystem als missbräuchliche Ausnutzung i. S. v. Art. 102 AEUV. In seinem Urteil stellte er dafür insbesondere auf die Zielrichtung der von HLR angewandten ausschließlichen Treuerabatte ab.[488] Der Gerichthof konstatierte, dass Treuerabatte (ebenso wie Alleinbezugsbindungen) *darauf abzielen*, Kunden über die Gewährung eines finanziellen Vorteils vom Bezug bei konkurrierenden Herstellern abzuhalten und Letzteren dadurch der Zugang zum Markt verwehrt werde.[489]

> „Von Ausnahmefällen abgesehen […] beruhen [Ausschließlichkeitsrabatte] nicht auf einer wirtschaftlichen Leistung, die die Belastung oder den Vorteil rechtfertigt, sondern *zielen darauf ab*, dem Abnehmer die Wahl zwischen mehreren Bezugsquellen unmöglich zu machen oder zu erschweren und anderen Herstellern den Zugang zum Markt zu verwehren. Im Unterschied zu Mengenrabatten, die ausschließlich an den Umfang der bei dem betroffenen Hersteller getätigten Käufe anknüpfen, *dient* der Treuerabatt dazu, die Kunden auf dem Wege über die Gewährung eines finanziellen Vorteils vom Bezug bei konkurrierenden Herstellern abzuhalten. [...] Schließlich *dienen* diese Praktiken eines Unternehmens in beherrschender Stellung [...] zur Stärkung dieser Stellung durch einen nicht auf Leistungen begründeten und folglich verfälschten Wettbewerb.“ [Herv. durch Verf.][490]

---

486 Kommission, Entscheidung v. 9.6.1976, IV/29.020, ABl. EG 1976 L 223/27 – *Vitamine.*

487 EuGH, Urt. v. 13.2.1979, Rs. 85/76, Slg. 1979, 461, 539 Rn. 89 ff. – *Hoffmann-La Roche/ Kommission.*

488 EuGH, Urt. v. 13.2.1979, Rs. 85/76, Slg. 1979, 461, 540 Rn. 90 – *Hoffmann-La Roche/ Kommission.*

489 EuGH, Urt. v. 13.2.1979, Rs. 85/76, Slg. 1979, 461, 540 Rn. 90 – *Hoffmann-La Roche/ Kommission*; ähnlich, aber noch nicht ganz so deutlich EuGH, Urt. v. 16.12..1975, verb. Rs. 40 et al./73, Slg. 1975, 1663, 2021 Rn. 518, 521 – *Suiker Unie/Kommission*: „[es kommt darauf an] ob dieses System die Kunden der Gesellschaft davon abzuhalten *geeignet war*, auch von Herstellern aus anderen Mitgliedsstaaten zu beziehen […]“.

490 EuGH, Urt. v. 13.2.1979, Rs. 85/76, Slg. 1979, 461 Rn. 90 – *Hoffmann-La Roche.* In der englischen Sprachfassung wird die Anknüpfung an subjektive Elemente noch deutlicher: “*designed to deprive* the purchaser of or restrict his possible choices of sources of supply and to deny other producers access to the markets”, “*intended to* give the purchaser an incentive to obtain his supplies exclusively from the undertaking”, “*designed* through the grant of financial advantage *to prevent* customers from obtaining their supplies from competing producers.”

Der Gerichtshof identifizierte das Missbrauchspotenzial damit primär unter dem Aspekt der Marktabschottung durch die Bindung der Nachfrage. Gleichzeitig stellte der Gerichtshof aber maßgeblich auf die Zielrichtung des Rabattsystems ab, indem er ausdrücklich feststellte, das solche Rabatte *dazu dienen*, Abnehmer vom Bezug bei anderen Herstellern abzuhalten, und damit auf eine Marktabschottung *abzielen*.[491] Ähnliche Formulierungen lassen sich bereits in der Rechtssache *Suiker Unie* finden. Dort hatte der Gerichtshof festgestellt, dass das von Südzucker angewandte Prämiensystem einen Treuerabatt darstellte, der „*dazu diente*, die Kunden […] vom Bezug von konkurrierenden Herstellern abzuhalten.[492] Auch die Kommission schien der Ausrichtung des Rabatts in ihrer Ausgangsentscheidung *Europäische Zuckerindustrie* Bedeutung beizumessen, als sie formulierte, dass ein Treuerabatt, der von einem Unternehmen in beherrschender Stellung angewandt wird, „*um* die Importmöglichkeiten weiter einzuschränken und die beherrschende Stellung zu festigen und auszubauen", einen Missbrauch darstelle.[493]

Die Zielrichtung eines in Rede stehenden Geschäftsverhaltens ist mit der (objektiv oder subjektiv zu bestimmenden) Unternehmensintention grundsätzlich gleichzusetzen. Zielt das Geschäftsverhalten des marktbeherrschenden Unternehmens darauf ab, Wettbewerbern den Marktzutritt zu erschweren, so handelt das Unternehmen in Marktabschottungs- bzw. Verdrängungsabsicht. Streng genommen wird durch die Formulierung in der Rechtssache *Hoffmann-La Roche* marktbeherrschenden Unternehmen, die Treuerabatte praktizieren, eine Absicht zur Marktabschottung unterstellt.[494] Zieht man eine vorsichtige Parallele zur späteren *AKZO*-Rechtsprechung, so ähnelt dies dem Vorgehen des

491 EuGH, Urt. v. 13.2.1979, Rs. 85/76, Slg. 1979, 461, 540 Rn. 90 – *Hoffmann-La Roche/Kommission*.

492 Nichtsdestotrotz richtete der EuGH sein anschließendes Prüfungsprogramm ausschließlich an dem Wirkungspotenzial des Rabatts aus. So konstatierte er, dass bei der Beurteilung eines Treuerabatts allein entscheidend sei, ob der Rabatt *geeignet* sei, Kunden davon abzuhalten, ihren Bedarf bei anderen Herstellern zu beziehen. Vgl. EuGH, Urt. v. 16.12.1975, Verb. Rs. 40 et al./73, Slg. 1975, 1663, 2021 Rn. 521 – *Suiker Unie/Kommission*.

493 Kommission, Entscheidung v. 2.1.1973, IV/26.918, ABl. 1973 L 140/17, 40 – *Europäische Zuckerindustrie*.

494 So auch *Colomo*, LSE Law, Society and Economy Working Papers 29/2014, 19. Ähnlich *Richter*, die darauf hinweist, dass der EuGH in Hoffmann-La Roche den *Zweck* eines Rabattsystems zur Kundenbindung und Markverschließung für den Missbrauchsvorwurf genügen lässt, wobei er den Zweck allein aus der Eigenschaft des Rabatts als Treuerabatt herleitet, vgl. *Richter*, Mengen- und Umsatzbezogene Rabatte, 28 u. 32.

Gerichtshofs bei Preisen, die unterhalb der durchschnittlich variablen Kosten liegen. Auch dort wird die zugrunde liegende Verdrängungsabsicht stets vermutet.[495]

Zweifel an dieser Deutung lässt lediglich die leicht unpräzise Formulierung des Urteils aufkommen, die weder von einer „Absicht" noch einer "Intention" oder Ähnlichem spricht. Auch die von der Kommission bei HLR sichergestellten internen Rundschreiben und Sitzungsprotokolle, aus denen sich eindeutig eine Geschäftsstrategie zur Marktabschottung ableiten ließ, wurden im Rahmen der Missbrauchsfeststellung nicht weiter gewürdigt.[496] Die Unterlagen ergaben insbesondere, dass HLR mit der Gewährung der Rabatte Kunden binden wollte, um den Markt gegenüber Wettbewerbern „abzuschirmen" und nicht länger dem intensiven Preiswettbewerb um jede Bestellung ausgesetzt zu sein.[497] Sowohl die Kommission als auch der Gerichtshof berücksichtigten diese Erkenntnisse – zumindest ausdrücklich – erst auf der Rechtsfolgenseite bei der Festsetzung der Geldbuße, indem sie damit ein vorsätzliches Verhalten seitens HLR begründeten.[498] Ein möglicher Grund für dieses Vorgehen mag allerdings darin gesehen werden, dass der Gerichtshof weitere direkte Beweismittel für eine Marktabschottungsstrategie nicht für erforderlich hielt. Schließlich folgte nach Ansicht des Gerichtshofs bereits aus der Gewährung eines Ausschließlichkeitsrabattes die Vermutung einer Marktabschottungsabsicht, sodass etwaige Beweismaterialen nicht weiterführend gewesen wären.

Im Ergebnis kann daher festgehalten werden, dass sich das bis zur Rechtssache *Intel* geltende per se-Verbot maßgeblich auf die Zielrichtung und damit die (objektiv hergeleitete) Intention des Marktbeherrschers stützte.[499]

b) Würdigung

Das Kriterium der Verdrängungsabsicht stellt somit für Treuerabatte im engeren Sinne ein wesentliches Missbrauchselement dar. Rechtspraktisch hat dies jedoch

---

495 EuGH, Urt. v. 3.7.1991, Rs. C-62/86, Slg. 1991, I-3359, 3455 Rn. 71 – *AKZO/Kommission.*

496 Zur Strategie der Marktabschottung, siehe Kommission, Entscheidung v. 9.6.1976, IV/29.020, ABl. EG 1976 L 223/27, 32 Rn. 12 ff. – *Vitamine.*

497 Kommission, Entscheidung v. 9.6.1976, IV/29.020, ABl. EG 1976 L 223/27, 32 Rn. 12 ff. – *Vitamine.*

498 EuGH, Urt. v. 13.2.1979, Rs. 85/76, Slg. 1979, 461, 556 Rn. 139 – *Hoffmann-La Roche/ Kommission*; Kommission, Entscheidung v. 9.6.1976, IV/29.020, ABl. EG 1976 L 223/27, 37 Rn. 28 – *Vitamine.*

499 So auch *Colomo,* LSE Law, Society and Economy Working Papers 29/2014, 19.

nur geringe Auswirkungen gehabt, da die Kommission und die Unionsgerichte infolge der Vermutungswirkung derartiger Rabattgestaltungen regelmäßig darauf verzichtet konnten, weitere Beweismittel zu berücksichtigen, die auf eine Verdrängungsabsicht hindeuteten.[500]

Ob ein solch strenger Ansatz tatsächlich gerechtfertigt ist, ist zu bezweifeln. Anders als Mengenrabatte, führen Treuerabatte zwar regelmäßig nicht zu einer Weitergabe etwaiger Skalenvorteile an die nächste Marktstufe, sondern knüpfen unabhängig von der konkreten Abnahmemenge an ein bestimmtes Käuferverhalten an. Dies allein rechtfertigt allerdings nicht die Annahme, dass solche Rabatte stets wettbewerbsschädigend bzw. in Verdrängungsabsicht gewährt werden. Auch der EuGH und das EuG räumen in der Rechtssache *Intel* ein, dass Treuerabatte im engeren Sinne grundsätzlich auch positive Wirkungen haben können.[501] Als Beispiel mag ein Treurabatt mit besonders niedrigem Rabattsatz gegenüber einem Abnehmer von marginaler Bedeutung dienen. In solchen Konstellationen ist es näherliegend, nicht von einem Marktabschottungspotenzial auszugehen. Ist ein Treuerabatt aber für sich betrachtet schon nicht geeignet, eine Marktabschottung herbeizuführen, so ist es überzeugender, dem Marktbeherrscher auch keine Verdrängungsabsicht zu unterstellen.

Vor diesem Hintergrund sollte es zunächst der Behörde obliegen, anhand weiterer objektiver Anhaltspunkte die Grundlage für einen etwaigen Anscheinsbeweis zu schaffen.[502] Die Schwelle dafür sollte infolge des grundsätzlichen

---

500 Dies entspricht auch dem Vorgehen der Gerichte im Rahmen der Kampfpreisprüfung, wenn die Preise unterhalb der durchschnittlichen variablen Kosten liegen.

501 Vgl. EuGH, Urt. v. 6.9.2017, Rs. C-413/14 P, Rn. 140 – *Intel*: „ Außerdem kann die für den Wettbewerb nachteilige Verdrängungswirkung eines Rabattsystems durch Effizienzvorteile ausgeglichen oder sogar übertroffen werden, die auch dem Verbraucher zugutekommen.“; EuG, Urt. v. 12.6.2014, Rs. T-286/09, Rn. 89 ff. – *Intel*: „Grundsätzlich können sich Ausschließlichkeitsbedingungen zwar positiv auf den Wettbewerb auswirken, so dass ihre Auswirkungen auf den Markt bei einer normalen, durch Wettbewerb gekennzeichneten Marktsituation in ihrem jeweiligen Gesamtzusammenhang zu prüfen sind.“ Auch Generalanwalt *Wahl* hatte in seinen Schlussanträgen darauf hingewiesen und gleichzeitig hervorgehoben, dass diese Rabatte auch in den Händen marktbeherrschender Unternehmen nicht stets wettbewerbsverzerrend seien; vgl. Schlussanträge v. 20.10.2016, Rs. C-413/14, Rn. 90 f. – *Intel*.

502 Einen ähnlichen Weg schlägt der EuGH nun auch in der Rechtssache *Intel* ein. Er stellt zwar nicht die grundsätzliche Vermutungswirkung eines solchen Treuerabattes in Frage. Allerdings wendet er sich von dem bisherigen Verständnis eines rein auf die Form des Rabatts abstellenden per se-Verbots ab. Nach der Vorgehensweise des EuGH hat damit zunächst das marktbeherrschende Unternehmen beweiskräftig geltend zu machen, dass seine Rabattpraxis nicht geeignet ist, Verdrängungswirkungen zu

Gefährdungspotenzials von Treuerabatten im engeren Sinne zwar nicht allzu hoch sein. Allerdings sollte eine grundsätzliche Geeignetheit zur Marktabschottung hinreichend substantiiert dargelegt werden. Sofern der Anscheinsbeweis greift, ist dem marktbeherrschenden Unternehmen allerdings nicht der Weg versperrt, die unterstellte Marktabschottungsabsicht durch entsprechende Nachweise zu entkräften bzw. zu widerlegen. Allerdings ist der Nachweisstandard entsprechend hoch zu setzen, um reine Schutzbehauptungen abzuwehren. So ist wohl auch das Vorgehen des EuG in der Rechtssache *BPB Industries* zu verstehen, in der es das Vorbringen von BPB Industries, es habe nicht in Schädigungsabsicht gehandelt, als unerheblich zurückgewiesen hatte.[503] Für die erfolgreiche Widerlegung des Anscheinsbeweises sind vielmehr konkrete Anhaltspunkt erforderlich, die eine legitime sachliche Rechtfertigung des Verhaltens begründen. Eine solche Beweislastverteilung entspricht insbesondere der Beweisnähe. Zunächst muss der Kläger bzw. die Wettbewerbsbehörde Tatsachen darlegen, die einen Anscheinsbeweis begründen, beispielsweise das Vorliegen eines zur Wettbewerbsbeschränkung *geeigneten* Treuerabattsystems. Erst daran anschließend liegt es in der Verantwortung des marktbeherrschenden Unternehmens durch entsprechende Nachweise die vermutete Verdrängungsabsicht zu widerlegen. Typischerweise wird nur das marktbeherrschende Unternehmen selbst über solche Informationen verfügen, sodass es gerechtfertigt erscheint, ihm diese Last aufzubürden.

c) Die Verdrängungsabsicht und Treuerabatte (im weiteren Sinne)

Treuerabatte im weiteren Sinne sind dadurch gekennzeichnet, dass ihnen nicht ohne Weiteres ein wettbewerbswidriger Sogeffekt (Treueffekt) zugeschrieben werden kann. Anders als bei Treuerabatten im engeren Sinne wird ihre Gewährung nicht unmittelbar an den ausschließlichen oder nahezu ausschließlichen

---

erzeugen. Tut es dies, so ist die Kommission verpflichtet eine umfassende Analyse zur Verdrängung durchzuführen, bei der sie „nicht nur verpflichtet [ist], das Ausmaß der beherrschenden Stellung des Unternehmens auf dem maßgeblichen Markt und den Umfang der Markterfassung durch die beanstandete Praxis sowie die Bedingungen und Modalitäten der in Rede stehenden Rabattgewährung, die Dauer und die Höhe dieser Rabatte zu prüfen, sondern auch das Vorliegen *einer eventuellen Strategie zur Verdrängung* der mindestens ebenso leistungsfähigen Wettbewerber [Herv. d. Verf.].„ Vgl. EuGH, Urt. v. 6.9.2017, Rs. C-413/14 P, Rn. 138 ff. – *Intel*; dazu auch *Haberer*, WuW 2017, 526, 528; kritisch zu der damit verbundenen Belastung der Kommission *Emmerich/Lange*, Kartellrecht, 103.

503 EuG, Urt. v. 1.4.1993, Rs. T-65/89, Rn. 70 – *BPB Industries*.

Bezug beim Marktbeherrscher abhängig geknüpft.[504] Vielmehr sind ihre Bedingungen auf andere Weise derart ausgestaltet, dass von ihnen im Ergebnis ebenfalls ein wettbewerbswidriger treuefördernder Effekt ausgeht.[505] Für die Bewertung solcher Rabattsysteme greift die vom Gerichtshof aufgestellte Vermutung einer Marktabschottungsabsicht nicht. Der Gerichtshof muss daher unter Abwägung sämtlicher Umstände des Einzelfalls prüfen, ob die jeweils in Rede stehenden Rabattsysteme „*darauf abziel[en]*, dem Abnehmer durch die Gewährung eines Vorteils, der nicht auf einer ihn rechtfertigenden wirtschaftlichen Leistung beruht, die Wahl zwischen mehreren Bezugsquellen unmöglich zu machen oder zu erschweren, den Konkurrenten den Zugang zum Markt zu verwehren [...] oder die beherrschende Stellung durch einen verfälschten Wettbewerb zu stärken."[506] Der Gerichtshof nimmt damit – zumindest ansatzweise – erneut die Zielrichtung und somit die Verdrängungsabsicht des marktbeherrschenden Unternehmens in den Blick.

Die Gerichtspraxis zeigt allerdings, dass der Gerichtshof solche Rabattsysteme fast ausschließlich anhand objektiver Kriterien bewertet, die eine marktverschließende Wirkung des Rabattsystems als wahrscheinlich erscheinen lassen. Den Nachweis einer Verdrängungsabsicht erachtet der Gerichtshof hingegen ausdrücklich für nicht erforderlich. Bereits in den Entscheidungsgründen zu der Sache *British Airways* brachte der Gerichtshof dies zum Ausdruck, als er zunächst zwar auf die Ausrichtung des Rabattsystems abstellte, dann aber das daran anschließende Prüfungsprogramm auf objektive Kriterien beschränkte und die Verdrängungsabsicht nicht darin aufnahm:

> „Daher ist für die Feststellung des eventuellen missbräuchlichen Charakters einer Regelung über Rabatte [...] zunächst zu prüfen, ob diese Rabatte [...] eine Verdrängungswirkung entfalten können, d. h. ob sie geeignet sind, den Wettbewerbern des Unternehmens in beherrschender Stellung den Zugang zum Markt und darüber hinaus seinen Vertragspartnern die Wahl zwischen mehreren Bezugsquellen oder Handelspartnern zu erschweren oder sogar unmöglich zu machen."[507]

Noch deutlicher wurde der Gerichtshof in der Rechtssache *Tomra*, in der die Kommission die Vertriebsstrategie des norwegischen Anbieters von Leergutautomaten als missbräuchlich erachtet hatte. Ihre Entscheidung begründete die

504 *Eilmansberger/Bien*, in: MünchKommEuWettbR, Art. 102 Rn. 562.
505 *Eilmansberger/Bien*, in: MünchKommEuWettbR, Art. 102 Rn. 562.
506 Vgl. nur EuGH, Urt. v. 9.11.1983, Rs. 322/81, Slg. 1983, 3461, Rn. 73 – *Michelin I*; EuGH, Urt. v. 15.3.2007, Slg. 2007, I-2331, Rn. 67 – *British Airways*.
507 EuGH, Urt. v. 15.3.2007, Slg. 2007, I-2331, Rn. 68 – *British Airways*.

Kommission in erster Linie damit, dass Tomra eine Strategie umgesetzt hatte, die darauf ausgerichtet war, „die beherrschende Stellung und den Marktanteil des Unternehmens durch folgende Maßnahmen zu behaupten: i) Verhinderung des Marktzugangs, ii) Kleinhalten von Wettbewerbern durch Einschränkung ihrer Wachstumspotenziale und letztlich iii) Schwächung und Ausschaltung der Wettbewerber (z. B. durch Übernahme).“[508] Vor diesem Hintergrund hatte Tomra gezielt Exklusiv- und Rabattvereinbarungen eingesetzt, um insbesondere die Wettbewerber zu verdrängen, von denen sie annahm, dass sie sich zu ernsthaften Konkurrenten entwickeln könnten.[509]

Den Nachweis dieser Strategie stützte die Kommission auf zahlreiche interne Dokumente, die die Kommission bei einer Durchsuchung sichergestellt hatte. Diese enthielten u. a. Äußerungen aus der internen Korrespondenz des Tomra Managements, die unschwer eine solche Strategie erkennen ließen.

Das Gericht und der Gerichtshof haben die angefochtene Entscheidung zwar bestätigt. Sie stellten allerdings klar, dass das Vorliegen einer Verdrängungsabsicht „nur einer der zahlreichen tatsächlichen Umstände [ist], die berücksichtigt werden können, um einen Missbrauch einer beherrschenden Stellung festzustellen.“[510] Insbesondere müsse die Kommission „für die Zwecke der Anwendung des Art. 102 AEUV keineswegs den Nachweis einer solchen Absicht des Unternehmens in beherrschender Stellung erbringen.[511] Im konkreten Fall durfte die Kommission daher zu Recht auch auf die Verdrängungsabsicht von Tomra abstellen, ohne ihre Entscheidung jedoch ausschließlich auf dieses subjektive Merkmal zu stützen.

Die zu beobachtende Zurückhaltung des Gerichtshofs mit Blick auf den Nachweis der Verdrängungsabsicht wurde zuletzt auch in dem Vorabentscheidungsverfahren *Post Danmark II* deutlich. So hatte die zuständige Generalanwältin *Kokott* in ihren Schlussanträgen noch ausdrücklich darauf hingewiesen, dass der Nachweis der Verdrängungsabsicht „ein gewichtiges zusätzliches Indiz für die Missbräuchlichkeit“ eines praktizierten Rabattsystems sei.[512] Der Gerichtshof griff dies jedoch in seinen Entscheidungsgründen nicht auf und beschränkte sich erneut auf die Nennung rein objektiver Kriterien, wie etwa der Dauer des Referenzzeitraums des Rabattes.[513]

---

508 Kommission, Entscheidung v. 29.3.2006, ABl. 2008, C 219/12, Rn. 13 – *Prokent/Tomra.*

509 Kommission, Entscheidung v. 29.3.2006, ABl. 2008, C 219/12, Rn. 13 – *Prokent/Tomra.*

510 EuGH, Urt. v. 19.4.2012, Rs. C-549/10, Rn. 20 – *Tomra.*

511 EuGH, Urt. v. 19.4.2012, Rs. C-549/10, Rn. 21 – *Tomra.*

512 GA *Kokott*, Schlussanträge v. 21.5.2015, Rs. C-23/14, Rn. 39 – *Post Danmark II.*

513 Vgl. Urt. v. 6.10.2015, Rs. C-23/14, Rn. 31 ff. – *Post Danmark II.*

Bemerkenswerterweise scheint der EuGH das Kritererium der Verdrängungsabsicht allerdings nicht vollständig aufgegeben haben. So hat er in seinem *Intel*-Urteil ausdrücklich das „Vorliegen einer eventuellen Strategie zur Verdrägung der minestens ebenso leistungsfähigen Wettbewerber" als zu berücksichtigendes Beurteilungskritierum für Treuerabatte hervorgehoben.[514]

d) Würdigung

Die zurückhaltende und teilweise ablehnende Haltung der Unionsgerichte zur Verdrängungsabsicht bei der Beurteilung von Treuerabatten im weiteren Sinne ist nicht überzeugend. Zunächst entspricht sie nicht dem ursprünglichen Ausgangspunkt der Bewertung, der maßgeblich auf die Zielrichtung des in Rede stehenden Rabattsystems abstellt. Nach Ansicht des Verfassers bildet die Verdrängungsabsicht den Kern der Missbrauchsbewertung von Treuerabatten im engeren Sinne. In Fortführung dieses Ansatzes sollte auch bei der Bewertung von Treuerabatten im weiteren Sinne nichts anderes gelten und versucht werden, die Verdrängungsabsicht anhand objektiver und subjektiver Anhaltspunkte zu ermitteln. Hinzukommt, dass letztlich auch die von den Unionsgerichten herangezogenen qualitativen Kriterien in ihrer Gesamtschau oftmals als Indizien für den Nachweis einer Verdrängungsabsicht taugen. Wird der Rabatt beispielsweise auf die gesamte Bezugsmenge und nicht nur auf die Menge oberhalb des Abnahmeziels gewährt, so kann dies ein entsprechendes Indiz für das Vorliegen einer Marktabschottungsabsicht sein. Ähnliches gilt, wenn die Rabatte individuell an Kunden angepasst sind und sich an dem von ihnen zu erwartenden Bedarf orientieren. Ebenso wie bei Kampfpreisen, kann auch der Selektivität besondere Bedeutung zugemessen werden, wenn das marktbeherrschende Unternehmen Rabatte gezielt an besonders große oder wichtige Kunden gewährt, um sich deren Treue zu sichern.

Zuletzt erscheint es auch gerade mit Blick auf die schwierige Abgrenzung von Treuerabatten im weiteren Sinne und legitimem Preiswettbewerb geboten, nach Möglichkeit interne Dokumente des marktbeherrschenden Unternehmens heranzuziehen, die Aufschluss über die Intention und die beabsichtigte Wirkungsweise der eingesetzten Rabatte geben. Der direkte Nachweis einer Verdrängungs- bzw. Marktabschottungsabsicht kann hier als geeigneter Wirkungsindikator dienen.

---

514 EuGH, Urt. v. 6.9.2017, Rs. C-413/14 P, Rn. 19 – *Intel*.

2. Die Berücksichtigung der Verdrängungsabsicht im Rahmen der Kommissionspraxis

Anders als die Unionsgerichte stützte die Kommission ihr Missbrauchsverdikt zuletzt immer auch auf eine (eindeutig) nachgewiesene Verdrängungsabsicht. Besonders deutlich wurde dies in den Verfahren *Tomra* und *Intel*.

a) Tomra *und die Verdrängungsstrategie*

In der Rechtssache *Tomra* stützte die Kommission – wie soeben dargestellt – ihren Missbrauchsbefund maßgeblich auf den Nachweis einer Verdrängungsstrategie. Diese belegte die Kommission durch zahlreiche interne Dokumente, die sie bei der Durchsuchung sichergestellt hatte. Diese enthielten u. a. Äußerungen aus der internen Korrespondenz des Tomra Managements, die unschwer eine solche Strategie erkennen ließen. Da die verschiedenen Praktiken der Tomra-Gruppe intern in Konferenzen sowie im Schriftverkehr ausführlich diskutiert wurden, konnte die Kommission auf ein breitgefächertes Datenmaterial zurückgreifen. In mehreren Dokumenten war ausdrücklich die Rede von einer Strategie, den Marktzugang für Wettbewerber zu verschließen und das Wachstum bestehender Wettbewerber zu verhindern. Oft finden sich Ausdrücke wie "blocking competition", "buidling/raising competitive barriers", "creating/developing barriers to entry" oder "blocking competitors" in den Unterlagen.[515] In diesem Zusammenhang werden auch langfristige Vorzugsbedingungen für Abnehmer als mögliches Mittel genannt.[516] Den Dokumenten ließ sich ferner entnehmen, dass Tomra sich eine Art wettbewerbliche Toleranzgrenze gesetzt hatte, nach der sie einen Wettbewerber bis zu einem Marktanteil von 10 % tolerieren würde. Bei Überschreitung dieses Marktanteils, würde Tomra jedoch mit aggressivem Wettbewerbsverhalten reagieren. Im Rahmen der Emailkorrespondenz nahm Tomra auch auf konkrete Wettbewerber Bezug. Hinsichtlich des norwegischen Unternehmens Repant äußerte sich eine Führungskraft von Tomra gegenüber der eigenen norwegischen Vertriebsgesellschaft wie folgt: "We must use all means to keep them out/down. [...] I expect that you do everything possible to block any attempt from Repant of entering the market."[517] In einer anderen Email heißt es bezüglich des finnischen Konkurrenten Bevesys: "the Finns must be neutralised

515 Kommission, Entscheidung v. 29.3.2006, ABl. 2008, C 219/12, Rn. 97 ff. – *Prokent/ Tomra.*

516 Kommission, Entscheidung v. 29.3.2006, ABl. 2008, C 219/12, Rn. 100 f. – *Prokent/ Tomra.*

517 Kommission, Entscheidung v. 29.3.2006, ABl. 2008, C 219/12, Rn. 98 – *Prokent/Tomra.*

as soon as possible", "priority number one is to take those guys away from the arena before they even get started" sowie "It is important that we take Bevesys by the neck also in an early phase".[518]

Die Strategie von Tomra spiegelte sich auch in einer Email des Vertriebsdirektors wieder, die stellvertretend für andere steht:

> "As we have discussed and agreed at several meetings before [...], we are absolutely intent on denying our competitors any growth in number of installations and market share. This has to be monitored on a local basis and reported very early to me as well. Our response must be ruthless, but hopefully through measures which minimize the long term damage for us: trade-in campaigns, free machines (e. g. buy 4, get 1 free), bundling, added value functionality/services, high volume block orders, long term financial arrangements, new machines, basic machine price cuts are always last resort!"[519]

Das Gericht und der Gerichtshof haben die angefochtene Entscheidung bestätigt, allerdings mit einer Klarstellung, die die Bedeutung des Merkmals der Verdrängungsstrategie gegenüber der Kommissionsentscheidung zumindest relativiert. Danach ist das Vorliegen einer Verdrängungsabsicht „nur einer der zahlreichen tatsächlichen Umstände, die berücksichtigt werden können, um einen Missbrauch einer beherrschenden Stellung festzustellen."[520] Insbesondere müsse die Kommission „für die Zwecke der Anwendung des Art. 102 AEUV keineswegs den Nachweis einer solchen Absicht des Unternehmens in beherrschender Stellung erbringen.[521] Im konkreten Fall durfte die Kommission daher zu Recht auch auf die Verdrängungsabsicht von Tomra abstellen, ohne ihre Entscheidung jedoch ausschließlich auf dieses subjektive Merkmal zu stützen.

b) Intel *und die Langfriststrategie*

Auch die im Jahr 2009 veröffentlichte Entscheidung der Kommission im Verfahren *Intel* zeichnete sich durch einen umfangreichen Fundus direkter Beweismittel für den Nachweis einer Verdrängungsstrategie aus.[522] Gegenstand des Verfahrens war die Ausgestaltung der Lieferbeziehungen zwischen Intel und den größten Abnehmern von Mikroprozessoren. Intel stellt für Computer unter anderem sog. Central Processing Units ("CPU") her. Diese häufig auch als Hauptprozessoren bezeichneten Bauteile sind in ihrer Herstellung mit hohen

518 Kommission, Entscheidung v. 29.3.2006, ABl. 2008, C 219/12, Rn. 98 – *Prokent/Tomra.*
519 Kommission, Entscheidung v. 29.3.2006, ABl. 2008, C 219/12, Rn. 99 – *Prokent/Tomra.*
520 EuGH, Urt. v. 19.4.2012, Rs. C-549/10P, Rn. 20.
521 EuGH, Urt. v. 19.4.2012, Rs. C-549/10P, Rn. 20 ff.
522 Kommission, Entscheidung v. 13.5.2009, ABl. 2009, C 227/07 – *Intel.*

Kosten verbunden und erfordern hochtechnologische Fertigungsanlagen. Neben Intel war daher im Wesentlich nur noch die Firma Advanced Micro Devices ("AMD") mit der Herstellung solcher Prozessoren befasst. Abnehmer der Prozessoren waren insbesondere sog. Original Equipment Manufacturers ("OEM") wie die Firmen Dell, HP, Acer, NEC und IBM. Nachdem AMD bereits im Oktober 2000 eine förmliche Beschwerde bei der Kommission eingereicht hatte, mit der sie die Missbräuchlichkeit der von Intel vereinbarten Lieferbestimmungen geltend machte, leitete diese im Mai 2004 eine entsprechende Untersuchung ein. Die Kommission kam dabei zu dem Ergebnis, dass eine Vielzahl von Merkmalen der Lieferbeziehungen zwischen Intel und den OEM geeignet waren, den Wettbewerber AMD vom Markt zu verdrängen. So hatte Intel einigen großen Abnehmern u. a. verschieden ausgestaltete Treuerabatte gewährt.[523] Zusätzlich leistete Intel Zahlungen an den größten Computerhändler Europas, die Media-Saturn-Holding GmbH, unter der Bedingung, dass dieser ausschließlich Computer mit Intel-Prozessoren verkaufte.[524] Daneben stellte die Kommission noch weitere sog. "naked restrictions" fest, d. h. Maßnahmen, die ausschließlich auf Wettbewerbsbeschränkungen gerichtet waren.[525]

Die von der Kommission festgestellten Verhaltensweisen stellten nach dem (zunächst) zugrunde gelegten Prüfungsmaßstab jeweils einzelne Missbräuche der marktbeherrschenden Stellung von Intel dar, ohne dass das Vorliegen einer Verdrängungsabsicht durch die Kommission geprüft werden musste. Die Kommission hat aber u. a. auf der Grundlage interner Dokumente, die sie bei der Durchsuchung von Intel gefunden hatte, eine Langfriststrategie festgestellt, die darauf gerichtet war, den Wettbewerber AMD aus dem Markt zu drängen.[526] Die Langfriststrategie diente der Verklammerung aller Einzelverstöße und war daher für die Bemessung der Höhe des Bußgeldes von außerordentlicher Bedeutung.[527] Für die (bereits erfolgte) Feststellung des Missbrauchs war die Verdrängungsstrategie hingegen nicht notwendig, sondern diente lediglich ihrer argumentativen Untermauerung. Das Gericht bestätigte das Vorgehen der Kommission.[528]

---

523 Zu den Einzelheiten, vgl. Kommission, Entscheidung v. 13.5.2009, ABl. 2009, C 227/07, Rn. 165 ff. sowie Rn. 274 ff. – *Intel.*

524 Zu den Einzelheiten, vgl. Kommission, Entscheidung v. 13.5.2009, ABl. 2009, C 227/07, Rn. 580 ff. sowie Rn. 1509 ff. – *Intel.*

525 Zu den Einzelheiten, vgl. Kommission, Entscheidung v. 13.5.2009, ABl. 2009, C 227/07, Rn. 1641 ff. – *Intel.*

526 Kommission, Entscheidung v. 13.5.2009, ABl. 2009, C 227/07, Rn. 1737 ff. – *Intel.*

527 Kommission, Entscheidung v. 13.5.2009, ABl. 2009, C 227/07, Rn. 1787 – *Intel.*

528 So etwa EuG, Urt. v. 12.6.2014, Rs. T-286/09, Rn. 1523 ff. – *Intel/Kommission.*

Die Kommission leitete die Langfriststrategie der Verdrängung von AMD vornehmlich aus den objektiven Umständen der einzelnen Missbräuche her. Zunächst wies sie auf den gemeinsamen Zeitraum hin, auf den sich die einzelnen Missbräuche konzentrierten und der durch den zunehmenden Wettbewerbsdruck seitens AMD geprägt war.[529] Des Weiteren war den einzelnen Verhaltensweisen die gemeinsame objektive Zwecksetzung gemein, den Mitwettbewerber AMD aus dem Markt zu drängen.[530] So gewährte Intel seine Treuerabatte vor allem den wichtigsten Originalgeräteherstellern, die für den Marktzugang eines CPU-Herstellers wie AMD strategisch besonders wichtig waren.[531] Auch der komplementäre Charakter der verschiedenen Missbräuche deutete auf eine Strategie hin. Einen weiteren Nachweis sieht die Kommission in dem Versuch von Intel, seine missbräuchlichen Verhaltensweisen zu verschleiern.[532] So fanden Ausschließlichkeitsbindungen keinen schriftlichen Niederschlag in Verträgen, obwohl sie tatsächlich vereinbart waren. Auch entsprechende Verhandlungen wurden nur unter der Bedingung der Verschwiegenheit geführt. Mit Blick auf die laufenden Ermittlungen der Kommission wurden Führungskräfte darauf hingewiesen, im Rahmen ihrer Emailkorrespondenz auf eine zurückhaltende Wortwahl zu achten, um keinen Verdacht aufkommen zu lassen.[533]

Mit Blick auf die festgestellten objektiven Umständen, konstatierte die Kommission, dass es für den Nachweis einer Verdrängungsstrategie keines formalen Verdrängungsplans mehr bedürfe.[534] Vielmehr reichten schon die bisherigen Feststellungen aus, um die zugrundeliegende Verdrängungsstrategie zu beweisen. Dennoch verwies die Kommission auch auf zwei direkte Nachweise: Die Führung von Intel hatte Emails verfasst, aus denen sich unmissverständlich eine Verdrängungsabsicht ableiten ließ:

529 Dass Intel sich dem neuen Wettbewerbsdruck durchaus bewusst war, zeigt folgende Email einer Führungskraft von Intel: "there is so much ingrained `bad habits´ and inertia that has developed over the past decade (which has been hidden/tolerated because we've had a money printing machine with really no competition until recently)."

530 Kommission, Entscheidung v. 13.5.2009, ABl. 2009, C 227/07, Rn. 1745 – *Intel.*

531 Kommission, Entscheidung v. 13.5.2009, ABl. 2009, C 227/07, Rn. 1745 – *Intel.*

532 Kommission, Entscheidung v. 13.5.2009, ABl. 2009, C 227/07, Rn. 1742 f.– *Intel*; vgl. zu dem Aspekt der Verschwiegenheit auch EuG, Urt. v. 1.4.1993, Rs. T-65/89, Slg. 1993, II-389, 408 Rn. 39 – *BPB Industries und British Gypsum/Kommission.*

533 Kommission, Entscheidung v. 13.5.2009, ABl. 2009, C 227/07, Rn. 1742 f.– *Intel.*

534 Kommission, Entscheidung v. 13.5.2009, ABl. 2009, C 227/07, Rn. 1745 Fn. 2052 – *Intel.*

> “there is really no question that in the long run, i would like amd output spread round the world as a low cost/low value, unbranded brand. the backstreets of beijing are wonderful.”[535]

Das Gericht bestätigte den Ansatz der Kommission, die Langfriststrategie vornehmlich aus objektiven Umständen der einzelnen Missbräuche herzuleiten. Insbesondere merkte es an, dass für den Nachweis einer Verdrängungsstrategie keine direkten Beweismittel erforderlich sind.[536] Dies ist in der Sache nicht neu. Die Kommission hatte dies bereits in ihrer *AKZO*-Entscheidung klargestellt.[537] Ferner beanstandete das Gericht nicht, dass die von der Kommission herangezogenen Emails teilweise aus Zeiten vor den missbräuchlichen Verhaltensweisen stammten. Nach Ansicht des Gerichts ändere dies nichts am Beweiswert.[538]

c) Die Relevanz der Verdrängungsabsicht im Prioritätenpapier

Im Rahmen der 2009 erfolgenden Neuausrichtung ihrer Wettbewerbspolitik hat die Kommission eine von der bisherigen Gerichtspraxis abweichende Kategorisierung von Rabatten entwickelt. So differenziert sie nun zwischen bedingten und unbedingten Rabatten.[539] Während sie Letztere als grundsätzlich legitim erachtet, hält sie bei Ersteren eine genaue und vornehmlich auf wirtschaftliche Kriterien ausgerichtete Analyse für erforderlich. Unter bedingten Rabatten versteht die Kommission Rabatte, die das Abnahmeverhalten eines treuen Abnehmers belohnen, der sein Kaufverhalten an den Vorgaben des marktbeherrschenden Unternehmens ausrichtet.[540] Ein typisches Beispiel für bedingte Rabatte sind die Treuerabatte im engeren Sinne, die den Preisnachlass davon abhängig machen, dass der Abnehmer innerhalb eines vorgegebenen Zeitraums seinen gesamten oder zumindest einen wesentlichen Teil seines Bedarfs bei dem marktbeherrschenden Unternehmen bezieht. Ähnlich verhält es sich mit Ziel- und Funktionsrabatten. Das Missbrauchspotenzial solch bedingter Rabatte sieht

535 Kommission, Entscheidung v. 13.5.2009, ABl. 2009, C 227/07, Rn. 1747 Fn. 2056 – *Intel.*

536 EuG, Urt. v. 12.6.2014, Rs. T-286/09, Rn. 1525 – *Intel/Kommission.*

537 Kommission, Entsch. v. 14.12.1985, ABl. 1985 L 374/1, Rn. 80 – *ECS/AKZO.*

538 Kommission, Entsch. v. 14.12.1985, ABl. 1985 L 374/1, Rn. 80 – *ECS/AKZO.*

539 Die Kommission differenziert im Hinblick auf die bedingten Rabatte ferner zwischen „rückwirkenden Rabatten“, die auf die gesamte Bezugsmenge gewährt werden, und „stufenweisen Rabatten“, die nur auf die Menge oberhalb der Rabattschwellen gewährt werden, vgl. Prioritätenpapier, Rn. 37.

540 Ebenda.

die Kommission in der von ihnen potenziell ausgehenden Sog- und Marktverschließungswirkung.[541]

Zum Zwecke der Ermittlung potenzieller oder tatsächlicher Marktverschließungswirkungen eines bedingten Rabattsystems will die Kommission auf ein umfangreiches Arsenal an qualitativen und quantitativen Bewertungsfaktoren zurückgreifen. Von Bedeutung sollen insbesondere die quantitativen Beweise sein. So will die Kommission – vorausgesetzt sie verfügt über zuverlässiges Datenmaterial – zum Nachweis wettbewerbswidriger Auswirkungen einen Preis-Kosten-Vergleich nach dem sog. *as efficient competitor*-Test durchführen. Preis-Kosten-Vergleiche werden von der Kommission und den Gerichten bereits im Rahmen der Kampfpreisrechtsprechung anerkannt. Die Übertragung auf Rabattsysteme ist jedoch mit besonderen Schwierigkeiten verbunden, da ein bloßer Vergleich der Durchschnittskosten mit den von dem marktbeherrschenden Unternehmen verlangten Durchschnittspreisen nicht geeignet ist, die von bedingten Rabatten ausgehende Treuewirkung abzubilden.[542] Der Durchschnittspreis ist vielmehr mit dem effektiven Preis zu ersetzen. Dafür muss zunächst der bestreitbare Teil der Nachfrage bestimmt werden, d. h. der Teil der Nachfrage, den der Abnehmer bei einem Wettbewerber beziehen würde.[543] In einem weiteren Schritt muss dann der effektive Preis für diesen Teil der Nachfrage berechnet werden, wobei von dem „normalen (Listen-)Preis“ der gesamte Rabatt abgezogen wird, der dem Abnehmer bei einem Lieferantenwechsel entgeht.

Die Bestimmung des bestreitbaren Teils gestaltet sich jedoch als äußerst schwierig und fehleranfällig. Als Orientierungswert wird zuweilen unter anderem der Marktanteil herangezogen, der jedoch durch die Rabattgewährung bereits verfälscht sein kann. Es ist daher zweifelhaft, ob eine (isolierte) Anwendung des Tests auf Rabattsysteme glaubwürdige und vorhersehbare Ergebnisse liefern kann. Insbesondere mit Blick auf den weiten Beurteilungsspielraum der Kommission erscheinen Qualität und Vorhersehbarkeit der Ergebnisse mehr als fragwürdig. Es ist daher zu begrüßen, dass die Kommission sich in ihrem Prioritätenpapier nicht vor einer Berücksichtigung der Unternehmensintention sperrt und ausdrücklich den „unmittelbare[n] Nachweis einer Behinderungsstrategie“

---

541 Ebenda.

542 Vgl. zu den Einzelheiten *Bien/Rummel*, EuZW 2012, 737, 738 ff.

543 Als unbestreitbar gilt hingegen der Teil der Nachfrage, den der Abnehmer infolge technischer Gegebenheiten, Verbraucherpräferenzen (“must stock items”) oder angebotsseitiger Produktionskapazitäten ohnehin bei dem marktbeherrschenden Unternehmen bezogen hätte.

als berücksichtigungsfähiges Kriterium anerkennt. Der Nachweis einer solchen Strategie vermag nämlich Aufschluss über die mögliche Wirkungsweise der betroffenen Rabattgestaltung geben. Die Indikationsfähigkeit der Verdrängungsabsicht betonte die damalige Wettbewerbskommissarin *Neelie Kroes* bereits vor Veröffentlichung des Prioritätenpapiers, indem sie konstatierte:

> "Likely effects can sometimes be deduced from internal documents showing an exclusionary strategy by the dominant company."[544]

3. Zusammenfassung

Im Vergleich zu den Unionsgerichten steht die Kommission der Berücksichtigung der Verdrängungsabsicht im Rahmen der Rabattbewertung offener gegenüber. In ihrer Funktion als ermittelnde Behörde mag dies aber kaum verwundern. Im Rahmen unangekündigter Durchsuchungen wird sie oftmals auf eine Vielzahl interner Dokumente stoßen, die allein oder in ihrer Gesamtschau wichtige Hinweise auf die mit der Rabattpraxis verfolgte Absicht ergeben und somit Rückschlüsse auf die bezweckte Wirkweise zulassen. Mit Blick auf die teilweise komplizierten und nicht leicht ersichtlichen Mechanismen ausgeklügelter Rabattsysteme, liegt deren Berücksichtigung zumindest als Wirkungsindikator besonders nahe.

Diesem Weg sollten sich auch die Unionsgerichte nicht versperren. Wie zuvor dargestellt, ist die Berücksichtigung der Verdrängungsabsicht bereits in der Urteilspraxis angelegt und müsste nur konsequent ausgeführt werden. Dies gilt in besonderem Maße für die Beurteilung von Treuerabatten im weiteren Sinne, bei denen eine Treuewirkung nicht ohne Weiteres ersichtlich ist und die zugrundeliegende Absicht Klarheit verschaffen kann.

III. Die Verdrängungsabsicht als Kriterium zur Beurteilung von Ausschließlichkeitsbindungen

Treuerabatte und vertragliche Ausschließlichkeitsbindungen sind in ihrer Wirkungsweise sehr ähnlich. Der wesentliche Unterschied besteht in der Art der Verpflichtung. Während sich der Abnehmer durch eine Ausschließlichkeitsvereinbarung vertraglich verpflichtet, seinen Bedarf an bestimmten Produkten

544 *Kroes,* "Exclusionary abuses of dominance – the European Commission's enforcement priorities", Fordham University Symposium, New York, 25.12.2008, SPEECH/08/457, 25 September 2008.

vollständig oder zu einem beträchtlichen Teil[545] bei dem beherrschenden Unternehmen zu beziehen (sog. Alleinbezugsverpflichtung[546]), steht dem Abnehmer bei Vereinbarung eines Ausschließlichkeitsrabattes weiterhin die Möglichkeit offen, Konkurrenzprodukte zu beziehen, ohne vertragsbrüchig zu werden. Den Wettbewerbern auf Anbieterseite ist es bei Letzterem somit prinzipiell weiterhin möglich, um alle Abnehmer mit besonders attraktiven Angeboten zu konkurrieren.

Das wettbewerbliche Gefährdungspotenzial von Ausschließlichkeitsbindungen lässt sich vor diesem Hintergrund leicht identifizieren: Sie versetzen das marktbeherrschende Unternehmen in die Lage, durch die Bindung der Nachfrage den Marktzutritt für Wettbewerber zu erschweren bzw. zu verhindern (Marktverschluss- bzw. Marktabschottungswirkung) und den noch bestehenden Restwettbewerb auf diesen Märkten weiter zu schwächen.[547] Für marktbeherrschende Unternehmen können Ausschließlichkeitsbindungen damit auch ein Mittel darstellen, um Wettbewerbern wichtige Vertriebswege zu versperren und deren Vertriebskosten durch das Ausweichen auf ungünstigere Vertriebspartner und -kanäle in die Höhe zu treiben (*raising rivals' costs*).[548] Bindet der Marktbeherrscher gar einen so hohen Anteil der Nachfrage, dass es für Newcomer nicht mehr möglich ist, den für einen Marktzutritt erforderlichen Mindestumfang an Kunden zu erreichen, so kann dies auch zu einer vollständigen Abschottung des Marktes für potenzielle Wettbewerber führen.[549]

---

545 Was unter einem „beträchtlichen Teil" genau zu verstehen ist, hat die Rechtssprechung bisher nicht abschließend definiert. Es bietet sich insoweit allerdings eine Parallelwertung zu Art. 1 Abs. 1 lit. d) VO 330/2010/EG (Vertikal-Gruppenfreistellungsverordnung) an, der für Wettbewerbsverbote eine Schwelle von 80% normiert. Zuletzt hat auch das EuG in der Rechtssache *Intel* eine Bedarfsdeckung in Höhe von 80 % für ausreichend erachtet, um eine Ausschließlichkeit zu bejahen, vgl. Urt. v. 12.6.2014, Rs. T-286/09, Rn. 135 – *Intel.*

546 Neben Alleinbezugsbindungen gibt es auch Alleinbelieferungsbindungen, durch die sich der Lieferant dazu verpflichtet, seine Produkte exklusiv an einen Abnehmer zu vertreiben. Infolge der geringeren praktischen Bedeutsamkeit beschränkt sich die Darstellung auf Alleinbezugsbindungen.

547 Vgl. beispielsweise das EuG, Urt. v. 24.5.2007, Rs. T-151/01, Slg. 2007, II-1607, Rn. 121 – *Duales System*: „Ebenso kann ein Unternehmen in beherrschender Stellung missbräuchlich den Marktzutritt von Wettbewerbern behindern, indem es die Abnehmer seiner Dienstleistungen rechtlich oder faktisch bindet und so davon abhält, von konkurrierenden Anbietern zu beziehen […]".

548 Vgl. *Busche,* in: KK-KartR, Art. 102 Rn. 94.

549 *Wurmnest*, Marktmacht und Verdrängungsmissbrauch, 525.

1. *Hoffmann-La Roche* und die Absichtsvermutung als Ausgangspunkt der Unionsrechtssprechung

Mit Blick auf das marktverschließende Potenzial hatte der Gerichtshof schon in der Rechtssache *Hoffmann-La Roche* festgestellt, dass „ein Unternehmen, das auf einem Markt eine beherrschende Stellung einnimmt und Abnehmer, sei es auch auf deren Wunsch, durch die Verpflichtung oder Zusage, ihren gesamten Bedarf oder einen beträchtlichen Teil desselben ausschließlich bei ihm zu beziehen, an sich bindet", seine marktbeherrschende Stellung missbraucht.[550] Eine nähere Wirkungsanalyse sowie den Nachweis wettbewerbswidriger Auswirkungen erachtete der Gerichtshof für die Missbrauchsprüfung als nicht erforderlich und ging insoweit von einer per se-Missbräuchlichkeit aus.[551]

Ein genauer Blick in die Urteilsbegründung der Rechtssache *Hoffmann-La Roche* offenbart, dass der Gerichtshof das Verdikt der Missbräuchlichkeit – ebenso wie bei Treuerabatten im engeren Sinne – maßgeblich auf die mit einer Ausschließlichkeitsbindung verfolgte Zielsetzung des Unternehmens gestützt hatte:

> „[Ausschließliche Bezugsverpflichtungen beruhen] nicht auf einer wirtschaftlichen Leistung, die die Belastung oder den Vorteil rechtfertigt, sondern *zielen darauf ab*, dem Abnehmer die Wahl zwischen mehreren Bezugsquellen unmöglich zu machen oder zu erschweren und anderen Herstellern den Zugang zum Markt zu verwehren."[552]

Das vom Gerichtshof statuierte per se-Verbot beruht somit auf der Annahme, dass exklusiven Bezugsbindungen keine Effizienzerwägung, sondern stets eine Marktabschottungsabsicht zugrunde liegt. Dementsprechend können solche Bindungen auch nicht einem zu schützenden Leistungswettbewerb zugeordnet werden.

---

550 EuGH, Urt. v. 13.2.1979, Rs. 85/76, Slg. 1979, 461 Rn. 89 – *Hoffmann-La Roche.* Die strikte Haltung des Gerichtshofs zu Ausschließlichkeitsvereinbarungen deutete sich bereits in der Rechtssache *Suiker Unie* an, in der der Gerichtshof sog. Ausschließlichkeitsrabatte wegen ihres Marktabschottungspotenzials apodiktisch als missbräuchlich im Sinne von Art. 102 AEUV bewertete, vgl. Urt. v. 16.12.1975, verb. Rs. 40 et al./73, Slg. 1975, 1663, 2021 Rn. 518.

551 Ebenso *Bulst* in: Langen/Bunte, Art. 102 AEUV Rn. 333; *Eilmansberger/Bien,* in: MünchKommEuWettbR, Art. 102 Rn. 438 f.; *Whish,* Competition Law, 724.

552 EuGH, Urt. v. 13.2.1979, Rs. 85/76, Slg. 1979, 461 Rn. 90 – *Hoffmann-La Roche.*

Die grundsätzliche Annahme einer Marktabschottungsabsicht bei Ausschließlichkeitsbindungen ist nach Ansicht des Verfassers zu streng und vermag insbesondere aus zwei Gründen nicht zu überzeugen.[553]

Zunächst stellen Alleinbezugsverpflichtungen trotz der identifizierten wettbewerblichen Bedenken für sich betrachtet zunächst einmal eine übliche Geschäftspraxis dar,[554] mit der legitime und nachvollziehbare betriebswirtschaftliche Ziele verfolgt werden können.[555] So wird dem Lieferanten grundsätzlich daran gelegen sein, seine Produktion optimal zu planen und den Absatz seiner Produkte zu sichern. Sofern der Lieferant (sinnvolle) kundenspezifische Investitionen getätigt hat, kann die Bezugsverpflichtung auch eine Amortisation der Investitionen erleichtern und somit die Unsicherheit bestimmter Investitionsentscheidungen reduzieren (sog. *hold up*-Problem).[556] Oftmals wird erst durch die Möglichkeit einer Alleinbezugsverpflichtung der erforderliche Anreiz dafür geschaffen, Investitionen zu tätigen, die sich nicht außerhalb einer Kundenbeziehung nutzbar machen lassen.[557] Ähnliches gilt in Bezug auf Maßnahmen der Absatz- und Vermarktungsförderung. So kann es durchaus ein legitimes Interesse des Lieferanten sein, dass seine Fördermaßnahmen beim Abnehmer nicht durch andere Konkurrenten mitgenutzt werden (sog. *interbrand free riding*).[558] Auf Seiten des Abnehmers ist grundsätzlich das Interesse an einer stabilen und gesicherten Bedarfsversorgung in Ansatz zu bringen.[559] Ausschließlichkeitsbindungen können daher – auch in den Händen eines marktbeherrschenden Unternehmens – durchaus effizienzfördernd und damit vorteilhaft für den Wettbewerb sein.[560] Vor diesem Hintergrund ist auch die Annahme der Unionsgerichte, dass einem solchen Verhalten stets eine Verdrängungsabsicht zugrunde liegt, nicht gerechtfertigt.[561] Denn oftmals kann nicht ausgeschlossen werden, dass das marktbeherrschende Unternehmen sein Geschäftsverhalten ausschließlich an den zuvor

553 Das per se-Verbot als zu streng erachten auch *Eilmansberger/Bien,* in: MünchKommEuWettbR, Art. 102 Rn. 439.

554 So auch EuG, Urt. v. 1.4.1993, Rs. T-65/89, Rn. 65 f. – *BPB Industries.*

555 *Eilmansberger/Bien,* in: MünchKommEuWettbR, Art. 102 Rn. 438; vgl. auch *Busche,* KK-KartR, Art. 102 AEUV Rn. 95

556 Vgl. *Hovenkamp,* Federal Antitrust Policy, § 10.9e; *Wurmnest,* Marktmacht und Verdrängungsmissbrauch, 524 f.

557 *Brand* in: FK Art. 102 Rn. 226. (Mai 2014)

558 Vgl. dazu *Hovenkamp,* Federal Antitrust Policy, § 10.9d (483).

559 *Eilmansberger/Bien,* in: MünchKommEuWettbR, Art. 102 Rn. 438.

560 Vgl. auch *Mestmäcker/Schweizer,* § 18 Rn. 42.

561 So auch *Colomo,* LSE Law, Society and Economy Working Papers 29/2014, 19.

genannten Effizienzerwägungen ausgerichtet hat. Dies gilt in besonderem Maße, wenn die Alleinbezugsbindung isoliert betrachtet bereits überhaupt nicht geeignet ist, einen Marktverschluss herbeizuführen. Dies ist beispielsweise der Fall, wenn der Marktbeherrscher nur eine vereinzelte Bindung mit einem Abnehmer von marginaler Bedeutung eingeht.

Als anschauliches Beispiel dazu mag der zu Section 3 Clayton Act ergangene Fall *Tampa Electric* dienen, der im US-Antitrustrecht die Abkehr vom vormals geltenden per se-Verbot einleitete: Das floridianische Energieversorgungsunternehmen Tampa Electric hatte eine Kohleverbrennungsanlage errichtet und dafür mit einem Kohlelieferanten aus den Appalachen eine über 20 Jahre laufende exklusive Bezugsbindung vereinbart. Als der Marktpreis für Kohle erheblich anstieg, wollte sich der Kohlelieferant von dem Vertrag lösen und machte geltend, dass die Bezugsbindung wegen ihrer marktabschottenden Wirkung kartellrechtswidrig sei. Der U.S. Supreme Court teilte diese Ansicht nicht. Der in Rede stehende Vertrag binde lediglich 1 % der Nachfrage nach Kohle aus den Appalachen. Er sei damit kaum geeignet, konkurrierende Kohlelieferanten davon abzuhalten, andere Abnehmer zu finden.[562]

In solchen Fallkonstellationen erscheint es – ohne Hinzutreten weiterer Umstände – naheliegender, dass der Marktbeherrscher die Verdrängung seiner Konkurrenten im Wege der Abnehmerbindung gerade nicht beabsichtigt hat. Die Vermutung einer Verdrängungsabsicht ist auch mit Blick auf die *AKZO*-Rechtsprechung nicht zu rechtfertigen. Zwar hatte der Gerichtshof auch dort eine Verdrängungsabsicht des marktbeherrschenden Unternehmens vermutet. Diese stützte sich jedoch auf ein Preisverhalten, mit dem nicht einmal die durchschnittlichen variablen Kosten gedeckt werden konnten und bei dem marktbeherrschenden Unternehmen – zumindest kurzfristig – zu unmittelbaren Verlusten (*out of pocket loss*) führten. Die Annahme, dass ein solches verlustträchtiges Preisverhalten (freiwillig) nur in der Absicht erfolgen kann, Wettbewerber zu verdrängen, um anschließend unter Ausnutzung der Monopolstellung die Preise wieder zu erhöhen, erscheint zumindest naheliegend. Die exklusive Abnehmerbindung ist hingegen (grundsätzlich) nicht mit unmittelbaren Verlusten auf Seiten des marktbeherrschenden Unternehmens verbunden.[563] Die

---

562 365 U.S. 320 (1961) – *Tampa Electric*

563 Dies ist letztlich von der konkreten Vertragsgestaltung abhängig. Wird die Bezugsbindung durch die Einräumung eines nicht kostendeckenden Rabattes gewährt, so fallen dem marktbeherrschenden Unternehmen durchaus Verluste an. Ein solcher Fall ist jedoch als möglicher Kampfpreismissbrauch zu qualifizieren und mittels der *AKZO*-Kriterien zu bewerten. Ein ähnlicher Gedanke führte damals dazu, dass die Chicago School Ausschließlichkeitsbindungen als grundsätzlich zulässig erachtet hat.

Verdrängungsabsicht ist damit nicht die einzig rationale Erklärungsmöglichkeit eines solchen Verhaltens.

2. Die Prioritätenmitteilung der Kommission: Verdrängungsabsicht als Prüfkriterium

Die Kommission nimmt in ihrem Prioritätenpapier eine vergleichsweise differenziertere Position zur Bewertung von Ausschließlichkeitsbindungen ein. Mit Blick auf ihr Aufgreifermessen will sie insbesondere in den Fällen tätig werden, in denen „alle Alleinbezugsbindungen des marktbeherrschenden Unternehmens zusammengenommen so wirken, dass sie den Markteintritt bzw. die Expansion konkurrierender Unternehmen verhindern".[564] Der Höhe des von dem marktbeherrschenden Unternehmen gebundenen Anteils an der Gesamtnachfrage kommt demnach zentrale Bedeutung für die Missbrauchsanalyse von Ausschließlichkeitsbindungen zu. Daneben will die Kommission aber auch andere Umstände berücksichtigen, die eine Marktverschließung insbesondere in Fällen der Alleinbezugsbindung besonders nahelegen. Dies sei etwa der Fall, wenn das marktbeherrschende Unternehmen – beispielsweise infolge der bei Verbrauchern vorherrschenden Beliebtheit seiner Marke – für einen Teil der Nachfrage unumgänglicher Handelspartner ist (*must stock items*) oder dem Abnehmer durch die lange Bindungsdauer ein Lieferantenwechsel erschwert wird.

Auch die Verdrängungsabsicht stellt nach Ansicht der Kommission ein berücksichtigungsfähiges Kriterium dar.[565] Anders als der Gerichtshof, scheint die Kommission bei Ausschließlichkeitsbindungen daher nicht von einer vermuteten Verdrängungsabsicht ausgehen zu wollen, da ansonsten der Nachweis einer Behinderungsstrategie obsolet wäre.

Dass der Verdrängungsabsicht auch durchaus nicht unerhebliche Relevanz im Rahmen des Kommissionsansatzes zukommt, verdeutlicht nicht nur die ausdrückliche Erwähnung im allgemeinen Kriterienkatalog der Rn. 20

Stellvertretend sei auf *Robert Bork* verwiesen, der in seinem vielbeachteten Werk "The Antitrust Paradox" wie folgt formulierte: "The truth appears to be that there has never been a case in which exclusive dealing or requirements contracts were shown to injure competition. A seller who wants exclusivity must give the buyer something for it. If he gives a lower price, the reason must be that the seller expects the arrangement to create efficiencies that justify the lower price. If he were to give the lower price simply to harm his rivals, he would be engaging by price cutting, and that as we have seen [...] would be foolish and self defeating behavior on his part" (S. 309).

564 Kommission, Prioritätenpapier, Rn. 34.

565 Kommission, Prioritätenpapier, Rn. 20 (letzter Spiegelstrich).

des Prioritätenpapiers, sondern insbesondere auch die von der Kommission gewählte Formulierung, mit der ihre Ausführungen zu den Ausschließlichkeitsbindungen eingeleitet werden. Darin heißt es:

> „Ein marktbeherrschendes Unternehmen kann *versuchen*, seine Wettbewerber vom Markt auszuschließen, indem es mit seinen Abnehmern Ausschließlichkeitsbindungen wie Alleinbezugsbindungen oder Rabatte vereinbart und die Wettbewerber so daran hindert, an diese Abnehmer zu verkaufen. In diesem Abschnitt wird dargelegt, unter welchen Umständen es am wahrscheinlichsten ist, dass die Kommission wegen Ausschließlichkeitsbindungen gegen ein marktbeherrschendes Unternehmen vorgehen wird."[566] [Herv. durch Verfasser]

Die Kommission verzichtet – wohl bewusst – auf eine rein objektiv-neutrale Beschreibung der in Rede stehenden Ausschließlichkeitsbindungen. Vielmehr stellt sie die *versuchte* (und somit vorsätzliche) Marktabschottung an den Anfangspunkt ihrer weiteren Ausführungen. Die Kommission deutet damit an, dass sie den Vorsatz zur Marktabschottung als ein notwendiges (oder zumindest wichtiges) Kriterium für die Feststellung eines Missbrauchs ansieht und bei der weiteren Beurteilung etwaiger Marktverschließungswirkungen fest im Blick hat.

Im Vergleich zur Rechtsprechung der Unionsgerichte kommt der Verdrängungsabsicht nach dem Ansatz der Kommission stärkere praktische Bedeutung zu. Denn nach dem Analyserahmen des Gerichtshofs erschöpft sich die Missbrauchsprüfung in der bloßen Frage, ob eine Ausschließlichkeitsbindung objektiv vorliegt. Ist dies der Fall, so wird die Verdrängungsabsicht vermutet. Die Ausführungen des Gerichtshofs in *Hoffmann-La Roche* verdeutlichen zwar, dass diese Vermutung in *Ausnahmefällen* (zumindest theoretisch) widerlegt werden kann. Dies ändert hingegen nichts daran, dass die Verdrängungsabsicht nicht selbstständig anhand interner Dokumente oder anderer Indizien nachgewiesen werden muss.

Dass die Kommission einen differenzierteren Ansatz verfolgt ist zu begrüßen. Die eigenständige Berücksichtigung interner Unterlagen zum Nachweis der Zielrichtung bzw. der Intention des Marktbeherrschers entspricht auch der vorherigen Entscheidungspraxis der Kommission. So hatte sie etwa in *BPB Industries* umfangreiches internes Datenmaterial sichergestellt, aus denen sie entnehmen konnte, dass es BPB Industries' erklärtes Ziel war, durch die getroffenen Maßnahmen einem unliebsamen Wettbewerber einen „Dämpfer aufzusetzen" bzw.

566 Kommission, Prioritätenpapier, Rn. 32.

es „durch Behinderung und Verteuerung des Vertriebs seiner Produkte zu schwächen".[567]

3. Zusammenfassung

Das Unterstellen einer Verdrängungsabsicht – wie es die Unionsgerichte vertreten – birgt die Gefahr, legitime und übliche Geschäftspraktiken zu untersagen, die womöglich gar nicht in der Lage sind den Wettbewerb zu verzerren. Durch die überschießende Anwendung des Art. 102 AEUV könnte somit wirksamer Wettbewerb behindert werden. Es macht daher durchaus Sinn, der Verdrängungsabsicht im Rahmen der erforderlichen Abgrenzung zwischen legitimen und wettbewerbswidrigen Vertragsbindungen eine verstärkt eigenständige Bedeutung zukommen zu lassen.

Für die kartellrechtliche Beurteilung von Ausschließlichkeitsbindungen sind nach Ansicht des Verfassers zwei Kriterien entscheidend: Zum einen muss die in Rede stehende Ausschließlichkeitsbindung bereits für sich betrachtet geeignet sein, den Markt zu verschließen. Denn das bloße Vorliegen einer Verdrängungsabsicht vermag ein Einschreiten der Wettbewerbsbehörden bei offensichtlich ungeeigneten „Verdrängungsmaßnahmen" nicht rechtfertigen. Dafür würde es bereits an einer hinreichenden Gefährdungslage fehlen, die die Anwendbarkeit des Art. 102 AEUV auslösen könnte. Geht der Marktbeherrscher beispielsweise nur eine vereinzelte Bindung mit einem Abnehmer von marginaler Bedeutung ein, so kann dies selbst bei Vorliegen direkter Nachweise, die eine konkrete Behinderungsstrategie belegen, nicht die Einstufung als missbräuchliche Verhaltensweise rechtfertigen.

Zum anderen muss die Alleinbezugsbindung auch in Verdrängungsabsicht erfolgen. Denn selbst wenn die Abnehmerbindung durch ein marktbeherrschendes Unternehmen geeignet seien sollte, den Markt zu verschließen, so ist sie dennoch mit Art. 102 AEUV zu vereinbaren, sofern sie vollständig von kommerziellen oder betriebswirtschaftlichen Motiven getragen ist.[568] Dies ist allerdings nur dann glaubwürdig, wenn das betreffende (betriebswirtschaftliche) Ziel nicht ebenso verlässlich durch eine für die Marktstruktur und die Mitbewerber verträglichere Weise hätte erreicht werden können. Vor diesem Hintergrund sollte eine Alleinbezugsbindung nur dann als zulässig erachtet werden, wenn

---

567 Kommission, Entscheidung v. 5.12.1988, IV/31.900, ABl. 1989 L 10/50, 65 Rn. 126 – BPB Industries PLC.

568 So auch *Eilmansberger/Bien,* in: MünchKommEuWettbR, Art. 102 Rn. 445.

sie von einer überzeugenden sachlichen Rechtfertigung (z. B. Investitionsschutz) getragen und in dieser Hinsicht auch verhältnismäßig ist.[569]

Der Nachweis einer solchen Verdrängungsabsicht hat sich – wie auch bei Kampfpreisen – nicht auf direktes Beweismaterial wie etwa unternehmensinterne Dokumente zu beschränken. Vielmehr können auch objektive Anhaltspunkte, wie etwa der Anteil der gebundenen Nachfrage, die vereinbarte Laufzeit oder die selektive Auswahl von für andere Wettbewerber besonders wichtiger Vertriebspartner als Indizienbeweis herangezogen werden. Insoweit besteht auch eine gewisse Wechselwirkung zwischen den Kriterien der Geeignetheit und der Verdrängungsabsicht. Denn je geeigneter das Verhalten ist, desto eher ist auch von einer Verdrängungsabsicht auszugehen – insbesondere unter Annahme der besonderen Marktkenntnis des marktbeherrschenden Unternehmens. Umgekehrt kann auch direktes Beweismaterial, welches eindeutig eine konkrete Absicht der Marktabschottung belegt, die Eignung zur Marktverschließung indizieren.[570]

569 *Eilmansberger/Bien*, in: MünchKommEuWettbR, Art. 102 Rn. 446 ff.

570 Vgl. zu den Wechselbeziehungen zwischen Zweck- und Wirkungsnachweis insbesondere *Eilmansberger/Bien*, in: MünchKommEuWettbR, Art. 102 Rn. 173 f.

D. Exkurs: Die Verdrängungsabsicht in den USA und Deutschland

Ein Exkurs in das US-amerikanische Kartellrecht mit seiner längeren Rechtsanwendungstradition im Bereich der Missbrauchskontrolle marktbeherrschender Unternehmen sowie auf das deutsche Kartellrecht zeigt, welch unterschiedliche Rolle die Verdrängungsabsicht in der Missbrauchskontrolle spielen kann. Insbesondere die US-amerikanische Kontrollpraxis hat wesentliche Beiträge zur dogmatischen Programmierung von Begriff und Anwendung des "predatory intent" geliefert, mit denen sich diese Untersuchung bereits mehrfach auseinandergesetzt hat. Dagegen erweist sich die deutsche Missbrauchskontrolle mangels umfangreicherer Praxis als dogmatisch weniger ergiebig, was den Einsatz der Verdrängungsabsicht als Analysekriterium angeht.

I. "Predatory intent" im US-amerikanischen Antitrustrecht

1. Das Monopolisierungsverbot und seine Anwendung

Die zentrale Vorschrift zur Erfassung missbräuchlicher Behinderungsstrategien im US-amerikanischen Antitrustrecht ist Sec. 2 Sherman Act. Diese Vorschrift verbietet sowohl monopolisierendes Marktverhalten als auch darauf ausgerichtete Absprachen:

> "Every person who shall monopolize or attempt to monopolize, or combine or conspire with other person or persons, to monopolize any part of the trade or commerce among the several States, or with foreign nations, shall be deemed guilty of a felony [...]"[571]

Ähnlich dem deutschen und europäischen Missbrauchsverbot ist auch das amerikanische Monopolisierungsverbot vom Wortlaut her sehr allgemein gehalten und lässt viel Raum für Interpretation. Insbesondere fehlt es an einer Legaldefinition zur Erläuterung des zentralen, aber vagen Monopolisierungsbegriffs.[572] Bei strikter Wortlautauslegung erfasst Sec. 2 Sherman Act bereits die Entstehung oder Verstärkung einer Monopolstellung.[573] Aus den Beratungen im

571 Sec. 2 Sherman Act, kodifiziert in 15 U.S.C. § 2.

572 Dazu *Dana*, Harv. L. Rev. 7 (1894), 338, 355: "The Act is necessarily vague, because, in men's minds, the evil dreaded is vague, and like words, therefore, have been used to express it."

573 Dazu anschaulich *Lao*, Am. Univ. L. Rev. 54 (2004), 151, 159: "On its face, section 2 of the Sherman Act could be applied to condemn a dominant firm that simply gained or

amerikanischen Kongress geht jedoch eindeutig hervor, dass es nicht die Absicht des Gesetzgebers war, den Zuwachs an Marktmacht per se zu verbieten.[574] Vielmehr ging es ihm darum, Verhaltensweisen zu verbieten, die nicht auf "superior skill and intelligence" beruhten.[575]

Im Zusammenhang mit der Konkretisierung des Monopolisierungsbegriffs stellte sich auch die Frage, inwieweit intentionsbezogene Kriterien eine Rolle spielen sollten. Zwischen 1911 und 1945 zogen insbesondere die Gerichte die Unternehmensintention als maßgebliches Kriterium für die kartellrechtliche Beurteilung heran. Regelmäßig gingen sie der Frage nach, ob das zu beurteilende Marktverhalten unter Berücksichtigung aller objektiven Umstände eine Monopolisierungsabsicht offenbarte.[576] Bereits im Jahr 1945 lehnte Judge *Learned Hand* im Verfahren *Alcoa* jedoch jegliche Berücksichtigung der Verdrängungsabsicht strikt ab und stellte apodiktisch fest:

> "We disregard of any question of intent [...] no monopolist monopolizes unconscious of what he is doing."[577]

Dennoch setzte sich in den 1950er und 1960er Jahren im Rahmen der Monopolisierungsanalyse wieder eine zunehmende Fokussierung auf das subjektive

---

retained its dominance in the market through inventing a better mousetrap." Infolge der weiten Formulierung war es lange Zeit unklar, ob das Monopolisierungsverbot bereits das zur Begründung einer Monopolstellung führende Verhalten verbietet oder nur deren Missbrauch. Senator *John E. Kenna* aus West Virginia lehnte daher im Rahmen der Beratungen zu Sec. 2 Sherman Act die zu weitgehende Sprachfassung der Vorschrift ab. Er war der Ansicht, dass infolge des Gesetzes jemand verurteilt werden könnte, "who happens by his skill and energy to command an innocent and legitimate monopoly of a business", vgl. Cong. Rec. 21 (1890), 3151.

574 Senator *George F. Hoar* aus Massachusetts, einer der maßgeblichen Verfasser des Sherman Acts, widersprach Senator *Kenna* (siehe vorherige Fn.) und stellte klar, dass von einem Monopolisten i. S. d. Sherman Acts keine Rede seien könne, wenn jemand allein durch überlegenes Geschick und Fertigkeit den Markt für sich vereinnahmt. Die Monopolisierung erfordere vielmehr "something like the use of means which made it impossible for other persons to engage in fair competition", Cong. Rec. 21 (1890), 3151, 3152.

575 Cong. Rec. 21 (1890), 3151, 3152; siehe auch *Lao*, Am. Univ. L. Rev. 54 (2004), 151, 159 Fn. 36.

576 *Kahn*, Harv. L. Rev. 67 (1953), 28, 48.

577 *United States v. Aluminium Co. of America*, 148 F.2d 416, 431 f. (2nd Cir. 1945). Der zweite Teil der Aussage fand u. a. Bestätigung in *Aspen Skiing Co. v. Aspen Highlands Skiing Corp.*, 472 U.S. 585, 602 (1985).

Element der Verdrängungsabsicht durch.[578] Die Fokussierung griff insbesondere auch auf den den Sherman Act ergänzenden Robinson-Patman Act über, der ein sehr weitgreifendes Diskriminierungsverbot enthielt.[579] Dies führte mitunter soweit, dass auch legitime Preissenkungen effizienter und nicht marktbeherrschender Unternehmen verboten wurden. Exemplarisch für diese Entwicklung ist die auf Sec. 2 Robinson-Patman Act gestützte Entscheidung des U.S. Supreme Court in der Rechtssache *Utah Pie Co. v. Continental Baking Co.*[580] Ausgangspunkt des Rechtsstreits war ein lokaler Preiskrieg zwischen einem familiengeführten Anbieter von tiefgefrorenem Backwerk ("frozen pies") in Salt Lake City, Utah, und seinen drei wesentlich größeren Hauptkonkurrenten (u. a. Continental Baking Co.). Während Utah Pie sein Backwerk fast ausschließlich regional in Utah anbot, vertrieben die drei Wettbewerber ihre Ware überregional. Utah Pie erreichte bereits kurz nach Markteintritt einen Marktanteil von 66 %. Dieser ging insbesondere auf die günstigen Preise von Utah Pie zurück. Anders als seine Wettbewerber war Utah Pie in der Lage, sein gefrorerenes Backwerk lokal herzustellen und damit Transportkosten einzusparen. Seine drei Hauptkonkurrenten hatten dagegen nur sehr geringe Marktanteile und leiteten daher einen lokal auf Utah begrenzten Preiskrieg ein, um Utah Pie Marktanteile abzunehmen. Trotz des Preiskampfs konnte Utah Pie weiterhin einen Marktanteil von 45,3 % behaupten und seinen Umsatz um 270 % steigern.[581] Dennoch verklagte Utah Pie seine Wettbewerber u. a. wegen Preisdiskriminierung auf Schadensersatz und obsiegte schließlich vor dem U.S. Supreme Court. Der oberste Gerichtshof wertete den Sachverhalt als Verstoß gegen das in Sec. 2 Robinson Patman Act verortete Verbot der selektiven Preisunterbietung, da

578 *Lao,* Am. Univ. L. Rev. 54 (2004), 151, 161 ff.

579 Vgl. dazu vertiefend und kritisch *Hovenkamp,* The Antitrust Enterprise, 191 ff. ("the most anticompetitive antitrust rules [...] are those imposed by the Robinson-Patman Act. [...] The statute is sometimes described as the "Wrong Way Corrigan" of antitrust. On July 18, 1938, pilot Douglas "Wrong Way" Corrigan took of from New York City intending to fly to Los Angeles, but landed twenty hours later in Dublin, Ireland. The characterization is appropriate, because the Robinson-Patman Act often operates to harm consumers for the benefit of weaker or less efficient dealers."); *Mestmäcker,* Der verwaltete Wettbewerb, 45 ff, 169 ff.; *Wurmnest,* Marktmacht und Verdrängungsmissbrauch, 34 ff.; siehe auch den Kommentar, o. V., "Unlawful Primary Line Price Discriminations: Predatory Intent and Competitive Injury", Colum. L. Rev. 68 (1968), 137 ff.

580 *Utah Pie Co. v. Continental Baking Co.,* 386 U.S. 685 (1967). Vgl. auch die Sachverhaltsdarstellung und Besprechung bei *Mestmäcker,* Der verwaltete Wettbewerb, 169 ff.

581 Vgl. *Utah Pie Co. v. Continental Baking Co.,* 386 U.S. 685, 691 (1967).

die überregionalen Hersteller den Preisverfall ("deteriorating") aktiv eingeleitet und in Verdrängungsabsicht gehandelt hatten.[582] Das Urteil wurde in der Literatur mit Vehemenz angegriffen.[583] Es führe zu einem Schutz mittelständischer Kleinunternehmen, statt zum Schutz des Wettbewerbsprozesses und richte sich somit gegen den Preiswettbewerb.[584] Die Kritik ist berechtigt. Das Urteil statuiert letztlich ein Verbot selektiver Preissetzung ohne auf die möglicherweise geringe Marktmacht oder eine bestehende Kostendeckung Bezug zu nehmen. Selektive Preissenkungen sind aber grundsätzlich Bestandteil eines jeden leistungsorientierten Preiswettbewerbs. Eine bestehende Verdrängungsabsicht allein vermag daran nichts zu ändern.

Trotz der kritischen Aufnahme dieses Urteils blieben Motiv und Zweck (und damit auch die Verdrängungsabsicht) noch bis zur Neuordnung der Antitrustpolitik unter Präsident *Ronald Reagan,* durch die die Lehren der Chicago School Anfang der 1980er Jahre eine prominente Aufwertung erfuhren,[585] Stützpfeiler der amerikanischen Antitrustanwendung.[586]

---

582 Vgl. *Utah Pie Co. v. Continental Baking Co.,* 386 U.S. 685, 697 ff. (1967): "Pet's [ein Wettbewerber von Utah Pie] own management [...] identified Utah Pie as an 'unfavorable factor', one which 'd(u)g holes in our operation' and posed a constant 'check' on Pet's performance in the Salt Lake City market. Moreover, Pet candidly admitted that during the period when it was establishing its relationship with Safeway [einer der größten Einzelhändler in den USA], it sent into Utah Pie's plant an industrial spy to seek information that would be of use to Pet in convincing Safeway that Utah Pie was not worthy of this customer."

583 *Bowman,* Yale L.J. 77 (1967), 70 ff., 84: "The result is not very serious to pie-eaters in Utah. They can eat cake. But it is indeed serious that the antitrust law has been turned into a law against price competition. *Utah Pie* must rank as the most anticompetitive antitrust decision of the decade." Siehe auch den Kommentar, o. V., "Unlawful Primary Line Price Discriminations: Predatory Intent and Competitive Injury", in Colum. L. Rev. 68 (1968), 137, 150 ff., 154: "All efforts to make [Section 2(a) Robinson-Patman Act] into a workable and constructive enacment (sic.) have been set back by the Supreme Court's indefensible decision in *Utah Pie*. It may at least be hoped that the case's weaknesses are so glaring that it cannot long survive." *Bork,* The Antitrust Paradox, 387: "Defendants were convicted not of injuring competition but, quite simply, of competing"; *Wurmnest,* Marktmacht und Verdrängungsmissbrauch, 419: „Die wettbewerbspolitische Absurdität liegt auf der Hand."

584 *Bowman,* Yale L.J. 77 (1967), 70 f.; *Wurmnest,* Marktmacht und Verdrängungsmissbrauch, 419.

585 *Wurmnest,* Marktmacht und Verdrängungsmissbrauch, 44.

586 Vgl. m. w. N. *Lao,* Am. Univ. L. Rev. 54 (2004), 151, 162.

In diesem Zusammenhang ist auch das vom U.S. Supreme Court 1966 ergangene Urteil in der Rechtssache *United States v. Grinnel Corp.* hervorzuheben, welches den bis heute noch geltenden zweistufigen Maßstab für das Monopolisierungsverbot entwickelte:

> "The offense of monopoly under s 2 of the Sherman Act has two elements: (1) the possession of monopoly power in the relevant market and (2) the willful acquisition or maintenance of that power as distinguished from growth or development as a consequense of superior product, business acumen, or historic accident."[587]

Danach erfasst Sec. 2 Sherman Act Unternehmen, die (1.) auf dem relevanten Markt in Besitz von Monopolmacht sind und (2.) diese Monopolmacht *bewusst und gewollt* durch ein wettbewerbswidriges Verhalten erworben oder aufrechterhalten haben. Die zweite Voraussetzung der „bewussten und gewollten" Aufrechterhaltung der Monopolmacht öffnet bis heute das Tor für eine mögliche Berücksichtigung subjektiver Absichten und Motive eines Marktbeherrschers.

Die in den 1980er Jahren immer prominenter werdenden Lehren der Chicago School führten jedoch zu einem verstärkten Rückgriff auf ökonomische Methoden und Wirkungszusammenhänge, die die Verdrängungsabsicht als Missbrauchs- bzw. Analysekriterium in den Hintergrund rückten.[588] Bei der Prüfung einer vollendeten Monopolisierung wird von der Möglichkeit, subjektive Absichten des Marktbeherrschers zu berücksichtigen, allerdings nur in sehr eingeschränktem Maße Gebrauch gemacht.[589] Regelmäßig wird die Unternehmensintention überhaupt nicht berücksichtigt oder sie wird – entsprechend dem von *Learned Hand* geprägten Grundsatz, ein Monopolist weiß, was er tut – aus der Monopolmacht in Verbindung mit dem jeweiligen Verdrängungsverhalten geschlussfolgert. In rechtspraktischer Hinsicht kommt diese Vorgehensweise einer grundsätzlichen Ablehnung eines eigenständigen intentionsbezogenen Kriteriums im Rahmen der Monopolisierungsanalyse gleich.[590]

Nichtsdestotrotz sah sich der U.S. Supreme Court in *Aspen Skiing*, einem Fall zur Lieferverweigerung ("refusal to deal"), zu der Klarstellung veranlasst, dass die Unternehmensintention nicht nur im Rahmen des Monopolisierungsversuchs, sondern auch im Rahmen der vollendeten Monopolisierung eine Rolle

587 *United States v. Grinnell Corp.*, 384 U.S. 563, 570 f. (1966); ferner u. a. *Aspen Skiing Co. v. Aspen Highlands Skiing Corp.*, 472 U.S. 585 (1985); *Conwood Co., L.P. v. U.S. Tobacco Co.*, 290 F.3d 768, 781 (6th Cir. 2002).

588 Vgl. *Lao*, Antitrust L. J. 73 (2005), 171 u. 177; *Melícias*, W. Comp. 33 (2010), 569, 574.

589 *Hovenkamp*, Federal Antitrust Policy, 302.

590 *Hovenkamp*, Federal Antitrust Policy, 302.

spielt.[591] Der Nachweis einer Absicht lasse nämlich Rückschlüsse auf die Frage zu, ob ein Marktverhalten tatsächlich als anti-kompetitiv eingestuft werden kann.[592]

> "[…] the question of intent is relevant to both offenses. […] In the [case of monopolization] evidence of intent is merely relevant to the question whether the challenged is fairly characterized as "exclusionary" or "anticompetitive" – to use the words in the trial court's instructions – or "predatory," to use a word scholars seem to favor."[593]

Der US Supreme Court hatte in *Aspen Skiing* das Geschäftsverhalten zweier ortsansässiger Betreiber von Skiliften zu beurteilen. Diese verkauften seit 15 Jahren gemeinsame Skipässe, die zur Benutzung der Skilifte von Aspen Skiing (in drei Skigebieten) und von Aspen Highlands (in einem Skigebiet) berechtigten. Ohne konkreten Anlass stellte Aspen Skiing, dessen drei Skigebiete von weit größerer Bedeutung waren als das Einzelne von Aspen Highlands, die Vermarktung des gemeinsamen Skipasses ein. Um auch weiterhin für Skifahrer attraktiv zu bleiben, war Aspen Highlands allerdings bereit, die Skipässe von Aspen Skiing zum Marktpreis zu kaufen. Auch dies verweigerte Aspen Skiing jedoch. Der U.S. Supreme Court sah darin einen kartellrechtswidrigen Monopolisierungsversuch. Er bejahte in seiner Entscheidung zwar das grundsätzliche Recht eines jeden Unternehmens, sich seine Geschäftspartner frei auswählen zu können, stellte aber zugleich klar, dass dies kein unbegrenztes Recht sei. So lege das Verhalten von Aspen Skiing nahe, dass *bewusst* kurzfristige Verluste sowie ein Schwächung des Goodwill bei den Kunden in Kauf genommen wurden, *um Wettbewerber langfristig zu schädigen.*[594] Dies sei jedoch nicht mehr von dem Grundsatz der Auswahlfreiheit gedeckt und stelle daher eine versuchte Monopolisierung dar.[595]

Der U.S. Supreme Court verdeutlicht damit eine wichtige Rolle, die ein etwaiges Absichtskriterium im Rahmen der Monopolisierungs- sowie Missbrauchskontrolle grundsätzlich einnehmen kann. In schwierigen Grenzfällen, in denen das Wettbewerbsverhalten nicht eindeutig als anti- oder pro-kompetitiv charakterisiert werden kann, kann der Nachweis einer Verdrängungsabsicht

---

591 *Aspen Skiing Co. v. Aspen Highlands Skiing Corp.*, 472 U.S. 585, 602 (1985). Der U.S. Supreme Court hatte zuvor bereits in *Lourain Journal* die Relevanz der einem Unternehmensverhalten zugrundeliegenden Absicht für den Fall einer versuchten Monopolisierung (ebenso in Form einer Lieferverweigerung) bejaht, siehe *Lourain Journal Co. v. United States,* 342 U.S. 143, 153 ff. (1951).

592 *Aspen Skiing Co. v. Aspen Highlands Skiing Corp.*, 472 U.S. 585, 602 (1985).

593 *Aspen Skiing Co. v. Aspen Highlands Skiing Corp.*, 472 U.S. 585, 602 (1985).

594 *Aspen Skiing Co. v. Aspen Highlands Skiing Corp.*, 472 U.S. 585, 608, 611 (1985).

595 *Aspen Skiing Co. v. Aspen Highlands Skiing Corp.*, 472 U.S. 585, 600 ff. (1985).

den erforderlichen Ausschlag in die eine oder andere Richtung geben. Auch in *Trinko*, einem jüngeren Urteil zur Lieferverweigerung, ging der U.S. Supreme Court auf die Differenzierung zwischen "competitive zeal" und "anticompetitive malice" sowie etwaigen "dreams of monopoly" ein.[596] Im Ergebnis verneinte er jedoch einen Verstoß gegen Sec. 2 Sherman Act und begründete dies unter anderem damit, dass das beanstandete Verhalten nicht ohne Weiteres auf eine anti-kompetitive Absicht seitens des Unternehmens schließen lasse.[597]

2. "Specific intent" im Rahmen der versuchten Monopolisierung

Spielt die Verdrängungsabsicht im Rahmen des Monopolisierungsverbots nur eine eingeschränkte Rolle, so nimmt sie im Rahmen des ebenso in Sec. 2 Sherman Act enthaltenen Verbots der *versuchten* Monopolisierung eine umso prominentere Rolle ein.

Zwar stehen beide Tatbestände in engem systematischem Zusammenhang und ergänzen sich gegenseitig. Für das Verbot der versuchten Monopolisierung haben sich jedoch teilweise eigenständige Tatbestandsmerkmale entwickelt. Die durch Rechtswissenschaft und Judikatur eher restriktiv erfolgte Entwicklung des Verbotstatbestandes der versuchten Monopolisierung ist vor dem Hintergrund der Besorgnis eines zu weiten Anwendungsbereichs des US-Antitrustrechts zu sehen.[598]

Durch das Versuchsverbot wird der Anwendungsbereich des Sec. 2 Sherman Act zunächst in das Versuchsstadium kartellrechtlich relevanter Verhaltensweisen ausgeweitet und verliert dadurch insbesondere an Trennschärfe.[599] Bereits frühzeitig bedurfte es klarer Prüfungskriterien, die eine allzu expansive Anwendung des Versuchsverbots vermieden.[600] Den Anfang markierte das 1905 ergangene Urteil in der Rechtssache *Swift & Co. v. United States*.[601] Die Beklagten,

596 *Verizon Communications Inc. vs. Law Offices of Curtis V. Trinko, LLP,* 540 U.S. 398, 409 (2004).

597 *Verizon Communications Inc. vs. Law Offices of Curtis V. Trinko, LLP,* 540 U.S. 398, 409, (2004).

598 *Cooper,* Mich. L. Rev. 72 (1973), 375.

599 Zu den Grenzen des Anwendungsbereichs des Verbots der versuchten Monopolisierung siehe den einflussreichen Beitrag von *Cooper,* Mich. L. Rev. 72 (1973), 375.

600 *Hovenkamp,* Federal Antitrust Policy, 279: "expansive use of the attempt offense to reach conduct not condemned by the other antitrust laws may do more harm than good to the competitive process. If attempt analysis focuses too little on market power the offense can operate to protect inefficient businesses from their more efficient rivals."

601 *Swift & Co. v. United States*, 196 U.S. 375 (1905).

denen unter anderem vorgeworfen wurde, den US-amerikanischen Markt für frisches Fleisch monopolisieren zu wollen, argumentierten im Laufe des Verfahrens, dass einige der ihnen vorgeworfenen Verhaltensweisen für sich genommen legal seien und ihre dahinterstehende Intention für die Rechtmäßigkeit keine Rolle spielen könne. Justice *Oliver Wendell Holmes Jr.* wies das Argument ab und formulierte in einer – später viel zitierten – Passage seines Urteils:

> "But they are bound together as the parts of a single plan. The plan may make the parts unlawful. [...] Intent is [...] essential to such an attempt. Where acts are not sufficient in themselves to produce a result which the law seeks to prevent, – for instance, the monopoly – but require further acts in addition to the mere forces of nature to bring that result to pass, an intent to bring it to pass is necessary in order to produce a dangerous probability that it will happen. [...] But when that intent and the consequent dangerous probability exist, this statute, like many others and like the common law in some cases, directs itself against that dangerous probability as well as against the completed result."[602]

Holmes bediente sich bei seiner Formulierung der im Common Law vorherrschenden Doktrin zur Versuchsstrafbarkeit und interpretierte diese in Sec. 2 Sherman Act hinein.[603] Das heute klassische[604] dreistufige Prüfungsprogramm des Monopolisierungsversuchs lässt sich unmittelbar auf diese Passage

602 *Swift & Co. v. United States*, 196 U.S. 375, 396 (1905).

603 So zitiert *Holmes* ein (von ihm verfasstes) Strafurteil, in dem es heißt: "If the preparation comes very near to the accomplishment of the act, the *intent to complete it* renders the crime so *probable* that the act will be a misdemeanor" (Herv. durch Verf.), *Com. v. Peaslee,* 177 Mass. 267, 272. Vgl. auch *Hovenkamp,* Federal Antitrust Policy, 280. Allgemein zur Analogie zum strafbaren Versuch *Cooper,* 72 Mich. L. Rev. 375, 379 (1973) sowie *Roszkowski/Brubaker*, 73 Marq. L. Rev. 355 (1990).

604 Die Tatbestandselemente und die genaue Reichweite des Monopolisierungsversuchs waren lange Zeit eine der umstrittensten Fragestellungen im U.S.-Antitrustrecht. Zentraler Streitpunkt war dabei insbesondere die Frage, ob die Versuchsstrafbarkeit eine gefährliche Wahrscheinlichkeit des Monopolisierungserfolges voraussetzt und, falls ja, wie diese festzustellen ist. Dabei haben sich zwei Hauptströmungen herausgebildet: der *klassische* Ansatz, der die gefährliche Erfolgswahrscheinlichkeit für notwendig erachtet und für deren Feststellung einen signifikanten Marktanteil verlangt, und der *expansionistische* Ansatz, der die Erfolgswahrscheinlichkeit entweder schon bei geringen Marktanteilen für gegeben hält oder diese gänzlich aus der Betrachtung lässt. Dahinter steht letztlich die Frage, ob das Verbot der versuchten Monopolisierung einen eigenen Unrechttatbestand bildet, der losgelöst vom ebenfalls in Sec. 2 Sherman Act enthaltenen Monopolisierungsverbots und dessen Kriterium der Monopolmacht ("monopoly power") interpretiert werden kann. Vgl. m. w. N. *Cooper,* 72 Mich. L. Rev. 375 (1973) sowie *Roszkowski/Brubaker*, 73 Marq. L. Rev. 355, 356 (1990).

zurückführen.[605] Der klassische Ansatz verlangt, dass das beklagte Unternehmen ein wettbewerbsschädliches Verhalten ("predatory or anticompetitive conduct") mit Monopolisierungsabsicht ("specific intent to monopolize") verfolgt und eine gefährliche Wahrscheinlichkeit besteht, dass es durch dieses Verhalten Monopolmacht auf dem relevanten Markt erlangen könnte ("dangerous probability of achieving monopoly power").[606] Dem Wortlaut nach bedarf es zur Anwendung des Versuchsverbots keiner Berücksichtigung der Marktmacht des betroffenen Unternehmens. Allerdings haben Rechtsprechung und Wissenschaft infolge der systematischen Nähe zum ebenso in Sec. 2 Sherman Act normierten Monopolisierungsverbot schon frühzeitig einen gewissen Grad an Markmacht verlangt ("sufficient market power"), um ein Verhalten als wettbewerbsschädlich bzw. -gefährdend zu verdammen.[607] Überwiegend wird daher im Rahmen des Tatbestandsmerkmals der hinreichenden Erfolgswahrscheinlichkeit die Frage aufgeworfen, ob ein Unternehmen eine Monopolstellung erlangen könnte.[608] Dies wird nur dann bejaht, wenn das betreffende Unternehmen bereits zu Beginn der vermeintlichen Monopolisierungsstrategie einen relativ hohen Marktanteil besitzt und diese Strategie objektiv geeignet ist, die vorhandene Machtstellung auszubauen.[609]

Das Verbot der versuchten Monopolisierung enthält *per definitionem* ein Absichtselement, welches über das allgemeine Vorsatzelement ("general intent") des Monopolisierungsverbots hinausgeht.[610] Der Bezugspunkt der Absicht bezieht sich auf die angestrebte Monopolisierung des Marktes bzw. die Erlangung von Marktmacht ("specific intent to achieve monopoly power").[611] In weiterer Konkretisierung wird darunter teilweise die Macht verstanden, den

605 *Hovenkamp*, Federal Antitrust Policy, 280; *Roszkowski/Brubaker*, 73 Marq. L. Rev. 355, 361 f. (1990).

606 *Spectrum Sports, Inc. v. McQuillan*, 506 U.S. 447, 456 (1993).

607 *Roszkowski/Brubaker*, 73 Marq. L. Rev. 355, 365 f. (1990).

608 *Roszkowski/Brubaker*, 73 Marq. L. Rev. 355, 365 f. (1990).

609 *Hovenkamp*, Federal Antitrust Policy, 285 f.; *Wurmnest*, Marktmacht und Verdrängungsmissbrauch, 32.

610 *Times-Picayune Publishing Co. v. United States*, 345 U.S. 594, 626 (1953): "While the completed offense of monopolization under § 2 demands only general intent to do the act, [...] a specific intent to destroy competition or build monopoly is essential to guilt for the mere attempt [...]"; *United States v. Aluminum Co. of Am.*, 148 F.2d 416, 432 (2d Cir. 1945): „the attempt offense requires 'specific intent,' which is "an intent which goes beyond the mere intent to do the act."

611 *McGahee v. Northern Propane Gas Company*, 858 F.2d 1487, 1493 (11th Cir. 1988).

Marktpreis zu bestimmen oder den Wettbewerb zu zerstören.[612] Andererseits betonen Gerichte aber auch, dass die Absicht, Wettbewerber zu verdrängen und im Wettbewerbsprozess als Sieger hervorzugehen, nicht ausreichend sein kann für die Annahme einer Monopolisierungsabsicht, da dieses Motiv jeder legitimen Wettbewerbshandlung zugrunde liegt.[613] Aus diesem Grunde wird die Monopolisierungsabsicht in systematischen Zusammenhang mit dem für den Versuch erforderlichen Verhaltenselement gebracht. So fordert der Court of Appeals für das Ninth Circuit, dass sich das Absichtselement in einer für den Wettbewerb schädlichen Verhaltensweise manifestiert.[614] Die Monopolisierungsabsicht lässt sich daher als die Absicht definieren, eine Monopolstellung durch die Nutzung wettbewerbsschädlicher oder -verdrängender Mittel zu erreichen.[615]

Der Nachweis einer solchen Absicht setzt nicht notwendigerweise eine Motivforschung voraus.[616] Vielmehr kann es ausreichend sein, dass das Marktverhalten den Schluss auf die Monopolisierungsabsicht nahelegt. Dem objektiven Verhalten des Beklagten kommt dabei meist ein höherer Beweiswert zu.[617] Aus diesem Grunde darf zum Zwecke der gerichtlichen Tatsachenfeststellung die Monopolisierungsabsicht aus dem wettbewerbsbeeinträchtigenden Verhalten des Beklagten geschlossen werden.

---

612 *Transamerica Computer Company, Inc. v. International Business Machines Corporation,* 698 F.2d 1377, 1382 (9th Cir. 1983) *William Inglis & Sons Baking Co. v. ITT Continental Baking Company, Inc.,* 668 F.2d 1014, 1027 (9th Cir. 1981): "specific intent to control prices or destroy competition."

613 So formulierte bspw. der Court of Appeals des Ninth Circuit in *Blair Foods, Inc. v. Ranchers Cotton Oil,* 610 F.2d 665, 670 (9th Cir. 1980): "The mere intention […] to exclude competition […] is insufficient to establish specific intent to monopolize […] To conclude otherwise would contravene the very essence of a competitive marketplace which is to prevail against all competitors." Ähnlich auch der Court of Appeals des Third Circuit in *Pennsylvania Dental Ass'n v. Medical Serv. Ass'n,* 745 F.2d 248, 260 f. (3d Cir. 1984): "In proving specific intent, a mere intention to prevail over rivals or improve market position is insufficient. Even an intent to perform acts that can be objectively viewed as tending toward the acquisition of monopoly power is insufficient, unless it also appears that the acts were not predominantly motivated by legitimate business aims."

614 *Hallmark Industry v. Reynolds Metals Company,* 489 F.2d 8, 12 (9th Cir. 1973): "specific intent must be accompanied by predatory conduct directed to accomplishing the unlawful purposes."

615 *Cooper,* 72 Mich. L. Rev. 375, 395 (1973); *Roszkowski/Brubaker,* 73 Marq. L. Rev. 355, 363. (1990).

616 *Mestmäcker,* Der verwaltete Wettbewerb, 42.

617 *Roszkowski/Brubaker,* 73 Marq. L. Rev. 355, 363. (1990).

3. Die Kampfpreisrechtsprechung im U.S.-Antitrustrecht ("Predatory Pricing")

Die Rechtsprechung zu Sec. 2 Sherman Act hat bereits frühzeitig das predatory pricing als wettbewerbswidrig qualifiziert. Infolge der Unbestimmtheit von Sec. 2 Sherman Act hatten Judikatur und Wissenschaft zu Anfang erhebliche Schwierigkeiten, einen einheitlichen Prüfungsmaßstab zu entwickeln. In der Rechsprechung wurden daher zunächst eine Vielzahl unterschiedlicher Theorien und Kriterien zu Rate gezogen, um die schwierige Abgrenzung von legitimem Preiswettbewerb und predatory pricing vorzunehmen.

In der U.S.-amerikanischen Judikatur wurde traditionell das Kriterium der Verdrängungsabsicht herangezogen, um missbräuchliche Verdrängungspraktiken und insbesondere (selektive) Kampfpreise zu identifizieren.[618] Die Rechtsprechung der Berufungsgerichte ist allerdings deutlich gespalten, wenn es um die Frage der Relevanz einer Verdrängungsabsicht bei der Feststellung von Kampfpreisen geht. Entsprechendes gilt für die amerikanische Rechtswissenschaft, in der teilweise die ausschließliche Heranziehung von Preis-Kosten-Vergleichen propagiert wird, während andere die Berücksichtigung des Absichtselements gerade wegen der Schwierigkeiten der Kampfpreisfeststellung befürworteten.[619] Bis zur *Brooke Group*-Entscheidung des Supreme Court hatten mehrere U.S.-amerikanische Berufungsgerichte die Gelegenheit, sich mit der Frage der Verdrängungsabsicht zu beschäftigen: Zwei der Gerichte hielten die Verdrängungsabsicht des marktbeherrschenden Unternehmens für die Missbrauchsfeststellung relevant; andere verabschiedeten sich gänzlich von diesem Element.[620] Im Folgenden werden die Entscheidungen kurz skizziert:

618 Vgl. m. w. N. *Beck,* Cornell L. Rev. 76 (1991), 1242, 1276.

619 Ausschließlich auf einen Kosten-Preis-Vergleich abstellend bspw. *Areeda/Turner,* Harv. L. Rev. 88 (1975), 697. Die Verdrängungsabsicht wird bspw. berücksichtigt von *Beck,* Cornell L. Rev. 76 (1991), 1242 ff.; *Comanor/Frech III.,* Antitrust Bulletin (1993), 293, 303; *Greer,* Antitrust Bull. 24 (1979), 233 ff.; *Scherer*, Harv. L. Rev. 89 (1976), 868, 890; *Posner,* Antitrust Law, 216. Vgl. dazu auch C.I.2.b).

620 Siehe zur Berufungsrechtsprechung und der dortigen Berücksichtung der Verdrängungsabsicht ausführlich *Beck,* Cornell L. Rev. 76 (1991), 1242 ff.;

a) "The Split"[621] – Die Spaltung der Berufungsgerichte

(1) William Inglis & Sons Baking Co. v. ITT Continental Baking Co.

Im Jahr 1981 bestätigte zunächst der Court of Appeals für das Ninth Circuit die Relevanz der Verdrängungsabsicht als Kriterium zur Feststellung einer Kampfpreisstrategie.[622] In dem zugrunde liegenden Fall verklagte William Inglis & Sons Baking Co. ("William Inglis"), eine familienbetriebene Großbäckerei in Nordkalifornien, ihren Konkurrenten ITT Continental Baking Co. ("Continental"), eine bundesweit agierende amerikanische Großbäckerei, auf dreifachen Schadensersatz[623]. William Inglis behauptete, dass Continental im Wege einer gezielten Kampfpreisstrategie versuche, den nordkalifornischen Großhandelsmarkt für Brot zu monopolisieren.[624] Sie stützte sich dabei sowohl auf Preis- und Kostendaten[625] als auch auf indirekte Nachweise, die ihrer Ansicht nach auf eine Verdrängungsabsicht hindeuteten.

Nachdem der District Court for the Northern District of California zugunsten von Continental entschieden hatte,[626] befasste sich auch der Court of Appeals

621 *Beck*, Cornell L. Rev. 76 (1991), 1242, 1253 ff. Vgl. auch *Sharpes*, Emory L.J. 61 (2012), 903 ff.

622 *William Inglis & Sons Baking Co. v. ITT Continental Baking Co., Inc.*, 668 F.2d 1014 (9th Cir. 1981).

623 Die gesetzliche Grundlage für den dreifachen Schadensersatz (sog. "treble damages"), der im Rahmen eines privaten Antitrust-Prozesses liquidiert werden kann, findet sich in Sec. 4 (a) Clayton Act: "[…] any person who shall be injured in his business or property by reason of anything forbidden in the antitrust laws may sue […] and shall recover threefold the damages by him sustained […]".

624 *William Inglis & Sons Baking Co. v. ITT Continental Baking Co., Inc.*, 668 F.2d 1014, 1024 (9th Cir. 1981).

625 Ein von William Inglis eingeholtes Sachverständigengutachten ergab, dass die Preise von Continental zwischen 1972 und 1973 periodenweise unterhalb der durchschnittlichen variablen Kosten lagen. Vgl. *William Inglis & Sons Baking Co. v. ITT Continental Baking Co., Inc.*, 668 F.2d 1014, 1025 (9th Cir. 1981).

626 *William Inglis & Sons Baking Co. v. ITT Continental Baking Co., Inc.*, 461 F.Supp. 410 ff.. Die Jury hatte Continental zunächst zur Zahlung von Schadensersatz in Höhe von 5 Mio. U.S.-Dollar verurteilt. Der District Court hob das Urteil jedoch auf und entschied *as matter of law* zugunsten von Continental. Der District Court war der Ansicht, dass William Inglis keine hinreichenden Beweise für das Vorliegen einer Kampfpreisstrategie vorgelegt hatte. Insbesondere sei nicht ausreichend, dass William Inglis das Unterschreiten der durchschnittlichen variablen Kosten durch Continental nachgewiesen hatte. Denn infolge der auf dem Markt bestehenden Überkapazitäten lägen die Grenzkosten bei der produzierten Ausbringungsmenge (noch) unterhalb der

for the Ninth Circuit mit dem Fall.[627] Mit Blick auf die Feststellung eines Kampfpreismissbrauchs formulierte das Gericht klare Anforderungen an den Kläger:

> "[...] to establish predatory pricing a plaintiff must prove that the anticipated benefits of defendant's price depended on its tendency to discipline or eliminate competition and thereby enhance the firm's long-term ability to reap the benefits of monopoly power."[628]

Der Kläger müsse beweisen, dass der Beklagte durch seine Preissenkung (finanzielle) Vorteile *antizipiert*, die nur in Folge einer erfolgreichen Disziplinierung oder Verdrängung von Wettbewerbern in Form einer Monopolrente möglich sind. Nach Ansicht des Gerichts seien Kampfpreise nur dann anzunehmen, wenn die Rechtfertigung der Preissenkung nicht in der eigenen Effizienz, sondern in der Verdrängungswirkung liegt, die es dem Unternehmen ermöglicht, seine kurzfristigen Verluste langfristig durch eine gesteigerte Monopolrente zu kompensieren.[629] Um dies nachzuweisen, sei der Kläger aber keinesfalls auf den direkten Nachweis der Verdrängungsabsicht beschränkt, sondern könne auch das Preis-Kosten-Verhältnis des Beklagten als indirekte Nachweisart nutzen.[630] In Hinblick auf das Preis-Kosten-Verhältnis legte das Gericht eine Beweislastverteilung fest, die der in *AKZO* sehr nahe kam.[631] Bei Preisen oberhalb der durchschnittlichen variablen Kosten und unterhalb der variablen Gesamtkosten, müsse der Kläger die Verdrängungsabsicht gesondert nachweisen. Hingegen bestehe bei Preisen unterhalb der durchschnittlichen variablen Kosten ein Anscheinsbeweis für das Vorliegen einer Verdrängungsabsicht. Die Beweislast gehe damit auf den Beklagten über, der nun nachweisen müsse, dass seine Preise aus legitimen Gründen gerechtfertigt seien.[632]

---

durchschnittlichen variablen Kosten, sodass Letztere keine geeignete Näherungsgröße für die Grenzkosten darstellen. *Ebenda*, 418.

627 Der Court of Appeals verwies den Fall später wieder zurück an den District Court.

628 *William Inglis & Sons Baking Co. v. ITT Continental Baking Co., Inc.*, 668 F.2d 1014, 1034 f. (9th Cir. 1981).

629 *William Inglis & Sons Baking Co. v. ITT Continental Baking Co., Inc.*, 668 F.2d 1014, 1035 (9th Cir. 1981).

630 *William Inglis & Sons Baking Co. v. ITT Continental Baking Co., Inc.*, 668 F.2d 1014, 1034 (9th Cir. 1981).

631 *Beck* bezeichnet den Maßstab des Gerichts als "sliding scale test for predatory pricing using intent and the relation of price to cost as the two variables", vgl. Cornell L. Rev. 76 (1991), 1242, 1255.

632 *William Inglis & Sons Baking Co. v. ITT Continental Baking Co., Inc.*, 668 F.2d 1014, 1035 f. (9th Cir. 1981). Inwieweit auch Preise oberhalb der durchschnittlichen Gesamtkosten wettbewerbswidrig sein können, ließ der Court of Appeals zunächst ausdrücklich offen, vgl. ebenda Fn. 30. In dem späteren Verfahren *Transamerica*

Da nicht hinreichend geklärt war, ob die Preise von Continental tatsächlich unterhalb der durchschnittlichen variablen Kosten lagen, befasste sich der Court of Appeals eingehend mit den weiteren von William Inglis vorgetragenen Verdrängungsindizien. William Inglis hatte zunächst auf ein von einer unabhängigen Beraterfirma verfasstes Schreiben verwiesen, in dem Continental nahelegt wurde, die niedrigen Preise beizubehalten, um die Verdrängung im Großhandel zu beschleunigen ("maintain price to hasten wholesaler exit"). Der Court of Appeals sah darin jedoch lediglich eine Empfehlung zu intensiverem Preiswettbewerb.[633] Ferner gebe es auch keinerlei Anhaltspunkte, dass Continental die Empfehlung tatsächlich in Erwägung gezogen bzw. umgesetzt hätte.[634] William Inglis stützte sich ferner auf interne Schriftstücke, aus denen hervorging, dass Continental gezielt Kunden von Inglis abzuwerben versuchte. Ferner hatte ein Verantwortlicher des mittleren Managements Zweifel geäußert, dass William Inglis in der Lage sein werde, noch über ein Jahr im Markt zu verbleiben.[635] Auch dies hielt der Court of Appeals für unzureichend, um eine Verdrängungsabsicht nachzuweisen.[636]

(2) Zwischenwürdigung

Der Court of Appeals for the Ninth Circuit prüfte den Vorwurf des "predatory pricing" unter dem Aspekt des Monopolisierungsversuchs und verortete die nicht-kostendeckenden Preise als (indirekten) Nachweis für die Tatbestandsvoraussetzung des "specific intent". Er nimmt somit bereits für den Ausgangspunkt seiner Prüfung die Unternehmensintention in den Blick. Seine Ausführungen lassen zugleich darauf schließen, dass er in der Verdrängungsabsicht einen

---

Computer v. IBM weitete er seinen "sliding scale test" jedoch auch auf Preise oberhalb der durchschnittlichen Gesamtkosten aus. Danach muss der Kläger klare und überzeugende Beweise ("clear and convincing evidence") vorlegen, die beweisen, dass es dem Beklagten nur um die Verdrängung seiner Wettbewerber ging. *Transamerica Computer Company, Inc. v. International Business Machines Corporation*, 698 f.2d 1377, 1388 (9th Cir. 1983).

633 *William Inglis & Sons Baking Co. v. ITT Continental Baking Co., Inc.*, 668 F.2d 1014, 1038 f. (9th Cir. 1981).

634 *William Inglis & Sons Baking Co. v. ITT Continental Baking Co., Inc.*, 668 F.2d 1014, 1039 (9th Cir. 1981).

635 *William Inglis & Sons Baking Co. v. ITT Continental Baking Co., Inc.*, 668 F.2d 1014, 1025 Fn. 2 (9th Cir. 1981).

636 *William Inglis & Sons Baking Co. v. ITT Continental Baking Co., Inc.*, 668 F.2d 1014, 1039 (9th Cir. 1981).

Indikator für eine konkrete Wettbewerbsgefährdung sieht.[637] Außerdem sieht er in dem Motiv der Preisstrategie ein logisches Differenzierungskriterium zwischen Wettbewerbs- und unzulässigem Verdrängungsverhalten.[638] Allerdings ist er sich dabei durchaus auch der Risiken der direkten Nachweisform bewusst und verweist auf *Posner*, der bereits zum Ausdruck gebracht hatte, dass das Auffinden interner und inkriminierender Dokumente oftmals nur von Glück und der Raffinesse des Beklagten abhänge.[639] Ferner seien interne Dokumente infolge ihrer bildhaften und übertriebenen Ausdrucksweise oftmals mehrdeutig.[640]

(3) McGahee v. Northern Propane (1988) – Eleventh Circuit

Sieben Jahre nach *William Inglis* schlug auch der Court of Appeals for the Eleventh Circuit in *McGahee v. Northern Propane Gas Co.*[641] den Weg des Ninth Circuit ein und sah in der Verdrängungsabsicht ein wesentliches Merkmal des Kampfpreismissbrauchs.

Ausgangspunkt des Rechtsstreits in *McGahee* war der Zwist zwischen einem Wettbewerber und seinem ehemaligen Arbeitgeber. Floyd McGahee war langjähriger Bezirksleiter einer von Northern Propane betriebenen Vertriebsstelle für Propangas im Südwesten Georgias. Nach Unstimmigkeiten mit seinem Arbeitgeber kündigte er und machte sich als Einzelhändler für Propangas selbstständig und trat damit in Wettbewerb zu seinem ehemaligen Arbeitgeber. Northern Propane war zum damaligen Zeitpunkt der marktbeherrschende Vertriebshändler für Propangas im Südwesen Georgias.[642] Der Markteintritt von McGahee führte zu einem intensiv geführten Preiskampf, bei dem Northern Propane seine

637 "[…] the requirement of specific intent is used to confine the reach of an attempt claim to conduct threatening monopolization"; "dangerous probability of success may be inferred from proof of specific intent"; "a dangerous probability of success may be inferred […] from direct evidence of specific intent plus proof of conduct directed to accomplishing the unlawful design", *William Inglis & Sons Baking Co. v. ITT Continental Baking Co., Inc.*, 668 F.2d 1014, 1027 u. 1029 (9th Cir. 1981).

638 *William Inglis & Sons Baking Co. v. ITT Continental Baking Co., Inc.*, 668 F.2d 1014, 1031 (9th Cir. 1981).

639 Vgl. *Posner,* Antitrust Law, 214 f.: "Any doctrine that relies upon proof of intent is going to be applied erratically at best. Judges and juries don't always understand that the availability of evidence of improper intent is often a function of luck and of the defendant's legal sophistication, not of the underlying reality"

640 *William Inglis & Sons Baking Co. v. ITT Continental Baking Co., Inc.*, 668 F.2d 1014, 10328 Fn. 6 (9th Cir. 1981).

641 *McGahee v. Northern Propane Gas Co.*, 858 F.2d 1487 (11th Cir. 1988).

642 *McGahee v. Northern Propane Gas Co.*, 858 F.2d 1487, 1491 (11th Cir. 1988).

durchschnittlichen Gesamtkosten unterschritt.[643] McGahee verklagte daraufhin Northern Propane und machte geltend, dass Northern Propane eine gegen Sec. 2 Sherman Act verstoßende Verdrängungspreisstrategie praktiziere. Der District Court for the Northern District of Georgia, der unter Anwendung des Areeda-Turner-Tests zu dem Ergebnis gelangte, dass keine Kampfpreise vorlagen, wies die Klage in Form eines "summary judgment" ab.[644] Der Court of Appeals for the Eleventh Circuit beanstandete die strikt kostenorientierte Vorgehensweise des District Courts und hob das Urteil auf und verwies es an den District Court zurück. Der Court of Appeals war der Ansicht, dass Hinweise, die auf eine bestehende Verdrängungsabsicht bei Northern Propane hindeuteten und von McGahee im Verfahren vorgetragen wurden, in die antitrustrechtliche Bewertung hätten einbezogen werden müssen:

> "[...] we hold that [...] the test for predatory pricing *must consider subjective evidence* and should use average total cost as the cost above which no inference of predatory intent can be made."[645] [Hervorhebung durch Verf.]

Der Court of Appeals stellte klar, dass zur Feststellung von Kampfpreisen der subjektive Nachweis der Verdrängungsabsicht berücksichtigt werden müsse und differenzierte dabei zwischen drei Szenarien: Erstens könne bei Preisen oberhalb der durchschnittlichen Gesamtkosten das Vorliegen einer Verdrängungsabsicht grundsätzlich verneint werden.[646] Zweitens deuten Preise zwischen den

---

643 McGahee, der bereits 30 Jahre in der Region tätig war und über ein umfangreiches Netzwerk an regionalen Kunden verfügte, konnte den Preiskampf jedoch erfolgreich abwehren und schnell einen Marktanteil von 23 % erobern. Der Marktanteil von Northern Propane ging hingegen von 60–65 % auf 35 % zurück. Vgl. *McGahee v. Northern Propane Gas Co.*, 858 F.2d 1487, 1492 (11th Cir. 1988).

644 Streng genommen wandte der District Court eine modifizierte Form des Areeda-Turner-Tests an. Nach Ansicht des District Court sei predatory pricing nämlich nicht nur bei Preisen unterhalb der durchschnittlichen variablen Kosten gegeben, sondern bei Vorliegen besonders hoher Markteintrittsbarrieren auch bei Preisen unterhalb der durchschnittlichen Gesamtkosten. Da der District Court jedoch von niedrigen Eintrittsbarrieren des örtlichen Propanmarktes ausging, waren – entsprechend dem Areeda-Turner-Test – allein die durchschnittlichen variablen Kosten ausschlaggebend. Vgl. dazu *McGahee v. Northern Propane Gas Co.*, 658 F.Supp. 189, 192 ff. (N.D. Ga. 1987); *McGahee v. Northern Propane Gas Co.*, 858 F.2d 1487, 1493 ff. (11th Cir. 1988).

645 *McGahee v. Northern Propane Gas Co.*, 858 F.2d 1487, 1496 (11th Cir. 1988).

646 *McGahee v. Northern Propane Gas Co.*, 858 F.2d 1487, 1496 (11th Cir. 1988).

durchschnittlichen Gesamtkosten und den kurzfristigen Grenzkosten[647] zwar auf eine Verdrängungsabsicht hin. Diese müsse aber durch weitere objektive oder subjektive Nachweise noch belegt werden. Dabei sei zu berücksichtigen, dass der Nachweis umso schwieriger wird desto näher der Preis an den durchschnittlichen Gesamtkosten liege.[648] Und drittens werde die Verdrängungsabsicht bei Preisen unterhalb der kurzfristigen Grenzkosten widerlegbar vermutet.[649]

Northern Propane hatte seine Produkte unterhalb der durchschnittlichen Gesamtkosten, aber noch oberhalb der durchschnittlichen variablen Kosten bepreist.[650] Der Preis-Kosten-Vergleich allein reichte somit nicht für den Nachweis einer Verdrängungsabsicht aus. Allerdings war der Court of Appeals der Auffassung, dass hinreichend Hinweise vorlagen, aus denen eine Jury auf das Vorliegen einer Verdrängungsabsicht hätte schließen können und die der District Court somit in seine Bewertung hätte miteinbeziehen müssen.[651] Der Court of Appeals wies ausdrücklich auf drei Umstände hin: Erstens hatte Northern Propane Erkundungen über die finanziellen Verhältnisse von McGahee eingeholt und sich eine Kopie seines vor Markteintritt abgeschlossenen Existenzgründungskredits verschafft.[652] Zweitens hatte Northern Propane begonnen, seine Gastanks in Regionen, in denen es mit McGahee konkurrierte, mietfrei anzubieten, um dadurch die finanzielle Schwäche von McGahee auszunutzen.[653]

---

647 Als Näherungsgröße für die Grenzkosten will das Gericht auch die durchschnittlichen variablen Kosten zulassen, *McGahee v. Northern Propane Gas Co.*, 858 F.2d 1487, 1504 (11th Cir. 1988).

648 *McGahee v. Northern Propane Gas Co.*, 858 F.2d 1487, 1503 (11th Cir. 1988): "If a defendant's prices were below average total cost and above short run marginal cost, then there is circumstantial evidence of predatory intent. An inference of predatory intent, however, may not rest solely on prices of this nature. To withstand judgment as a matter of law, a plaintiff must have other evidence, either objective or subjective, of predatory intent. [...] The closer a defendant's price is to average total cost, the stronger this other evidence must be for the plaintiff still to avoid summary judgment."

649 *McGahee v. Northern Propane Gas Co.*, 858 F.2d 1487, 1504 (11th Cir. 1988).

650 McGahee machte auf Tatsachen aufmerksam, die nach Ansicht des Court of Appeals sogar Preise unterhalb der durchschnittlichen variablen Kosten belegen könnten. Vgl. dazu *McGahee v. Northern Propane Gas Co.*, 858 F.2d 1487, 1504 f. (11th Cir. 1988).

651 *McGahee v. Northern Propane Gas Co.*, 858 F.2d 1487, 1504 f. (11th Cir. 1988).

652 *McGahee v. Northern Propane Gas Co.*, 858 F.2d 1487, 1491 f., 1504 (11th Cir. 1988).

653 *McGahee v. Northern Propane Gas Co.*, 858 F.2d 1487, 1492, 1504 (11th Cir. 1988). McGahee behauptete ferner, dass Northern Propane ihn systematisch behindere, indem Northern Propane die Gastanks bei den Kunden nicht abhole oder diese schlicht neu befülle, wenn Kunden die Abholung verlangen, um zu einem neuen Anbieter zu wechseln. Entferne McGahee daraufhin die Tanks, beschwere sich

Drittens hatte Northern Propane in einem internen Memorandum verkündet, zu den finanziellen Problemen von McGahee beizutragen.[654]

(4) Zwischenwürdigung

Ebenso wie in *William Inglis* prüfte das Berufungsgericht den Vorwurf des "predatory pricing" unter dem Aspekt des Monopolisierungsversuchs und verortete das "predatory pricing" als (indirekten) Nachweis für das die Tatbestandsvoraussetzung des "specific intent". Das Berufungsgericht bemühte hingegen eine völlig andere Argumentation für die Berücksichtigung der Verdrängungsabsicht. Es verwies auf die Gesetzgebungsgeschichte zum Sherman Act[655], Präzedenzfälle des U.S. Supreme Court[656] sowie den gesunden Menschenverstand ("common

---

Northern Propane bei der örtlichen Feuerwehrstelle. Diese Vorwürfe wurden jedoch aus prozessualen Gründen nicht Gegenstand des Berufungsverfahrens. Der Court of Appeals bezeichnete diesen Umstand als „unglücklich".

654 *McGahee v. Northern Propane Gas Co.*, 858 F.2d 1487, 1492, 1504 (11th Cir. 1988): "contribute to Floyd's financial problems".

655 Die vorherrschende Skepsis gegenüber den großen amerikanischen Trusts ("public outcry in 1890 against monopolies"; "Congressional concern with the economic and political power of large combinations") sowie der unzulängliche Schutz vor Wettbewerbsbeschränkungen durch das einzelstaatliche Common Law führten 1890 zu der Schaffung des Sherman Act, dem heutigen Herzstück des amerikanischen Kartellrechts. Der amerikanische Gesetzgeber bediente sich dabei – auch mit Blick auf den gewählten Monopolisierungsbegriff – des Common Law. Der Begriff der Monopolisierung geht auf die mittelalterlichen Verbote der *Preistreiberei* zurück. Diese erfassten Geschäftspraktiken, die nach dem damaligen Verständnis nicht der redlichen Ausübung von Rechten entsprachen, sondern stattdessen auf die Schädigung anderer Marktteilnehmer ausgerichtet waren und somit eine Schädigungsabsicht nahelegten. Vgl. dazu *McGahee v. Northern Propane Gas Co.*, 858 F.2d 1487, 1496 ff. (11th Cir. 1988). Siehe vertiefend auch *Standard Oil Company of New Jersey v. United States*, 221 U.S. 1, 50 ff. (1911).

656 Der Court of Appeals verwies auf drei Entscheidungen des US Supreme Court: *Cargill, Inc. v. Monfort of Colorado, Inc.*, 479 U.S. 104 (1986); *Matsushita Electric Industrial Co., Ltd. v. Zenith Radio Corp.*, 475 U.S. 574 (1986); *Utah Pie Co. v. Continental Baking Co.*, 386 U.S. 685 (1967). Aus den ersten beiden Fällen konnte das Berufungsgericht jedoch keine zwingenden Schlüsse hinsichtlich der Verdrängungsabsicht ziehen. In *Utah Pie* hingegen stützte sich der U.S. Supreme Court auf subjektive Nachweise einer Verdrängungsabsicht, um einen Fall des predatory pricing im Rahmen des Robinson-Patman Act festzustellen (siehe dazu näher D.I.1.).

sense")[657].[658] Auch zur Rolle der Ökonomie als objektive Nachweisform einer Verdrängungsabsicht äußerte es sich:

> "[...] an original Congressional intent of using evidence of a defendant's subjective intent is not to be ignored today just because the science (art?) of economics has made great strides since original passage of the statutes."[659]

Zwar sollen die neuesten ökonomische Erkenntnisse von den Gerichten möglichst intensiv genutzt werden. Dies bedeute aber nicht, dass subjektive Nachweise, die auf die Intention des monopolisierenden Unternehmens hindeuten, zu ignorieren seien. Im Ergebnis entwickelte das Berufungsgericht einen intentionsbezogenen Test, der die Kostenbenchmarks als Mittel zur Implementierung verschiedener Vermutungsregelungen sowie zur Verteilung der Beweislast nutzte.

Hinsichtlich der direkten und indirekten Nachweise selektierte der Court of Appeals und gab damit implizit zu erkennen, dass er gewisse qualitative Voraussetzungen an die Nachweise stellt. So berücksichtigte er beispielsweise nicht einen internen Report, aus dem ausdrücklich hervorging, dass der „neue Vertriebsleiter in die Offensive gehen und mit dem ehemaligen Mitarbeiter um den Markt kämpfen werde".[660] Ferner ging er nicht darauf ein, dass McGahee in internen Dokumenten als "Floyd The S.O.B."[661] bezeichnet wurde. Dem ist zuzustimmen. Der interne Report deutet lediglich auf eine beabsichtigte Intensivierung des Wettbewerbsverhaltens hin, lässt jedoch keinerlei Rückschlüsse auf ein etwaig wettbewerbsverzerrendes Geschäftsverhalten zu. Auch die Bezeichnung als "S.O.B." lässt, wenn überhaupt, nur eine persönliche Abneigung seitens

---

657 "[…] common sense suggests that objective, circumstantial evidence of prices and costs and direct and circumstantial evidence of subjective intent would both be important." *McGahee v. Northern Propane Gas Co.*, 858 F.2d 1487, 1500 (11th Cir. 1988).

658 Der Court of Appeals verneint aus denselben Gründen auch den von *Areeda* und *Turner* entwickelten Test: "The Areeda and Turner test is carved from economic assumptions, not from antitrust statutes and judicial precedents." Vgl. *McGahee v. Northern Propane Gas Co.*, 858 F.2d 1487, 1495 (11th Cir. 1988).

659 *McGahee v. Northern Propane Gas Co.*, 858 F.2d 1487, 1500 (11th Cir. 1988).

660 "[…] district manager has taken the offensive and will fight the former employee for the market." *McGahee v. Northern Propane Gas Co.*, 858 F.2d 1487, 1492 (11th Cir. 1988).

661 S.O.B. ist die Kurzform für die herabsetzende Bezeichnung "Son of a Bitch". *McGahee v. Northern Propane Gas Co.*, 858 F.2d 1487, 1492 (11th Cir. 1988).

Northern Propane gegenüber McGahee erkennen, nicht aber eine Verdrängungsabsicht.

(5) Barry Wright und Rose Acre Farms: Absage an die Verdrängungsabsicht

Der Court of Appeals for the First Circuit sprach sich in *Barry Wright Corp. v. ITT Grinnell Corp.*[662] als erstes Berufungsgericht gegen die Verdrängungsabsicht als Element des "predatory pricing" aus. Pacific Scientific Company ("Pacific"), die Beklagte im Verfahren[663], war Herstellerin von mechanischen Schwingungsdämpfern, die in Leitungssystemen von Kernkraftwerken eingesetzt wurden. Als alleinige Anbieterin, deren mechanische Dämpfer den Vorgaben der US-amerikanischen Nuclear Regulatory Commission entsprachen, hatte sie einen Anteil von 94 % auf dem amerikanischen Markt solcher Schwingungsdämpfer.[664] ITT Grinnell ("Grinnell") war als Hersteller und Monteur von nuklearen Rohrleitungssystemen einer der Hauptabnehmer von Pacific. Um nicht zu sehr in Abhängigkeit zu Pacific zu geraten, versuchte Grinnell eine alternative Bezugsquelle zu finden und schloss schließlich mit Barry Wright ("Barry") einen Entwicklungsvertrag ab. Barry verpflichtete sich darin, eine komplette Linie von Schwingungsdämpfern zu entwickeln; Grinnell versprach im Gegenzug Barry als exklusive Bezugsquelle für drei Jahre zu nutzen. Als Pacific erkannte, dass Grinnell sich eine eigene Bezugsquelle aufzubauen versuchte, bot sie Grinnell die Deckung dessen Jahresbedarfs für das kommende Jahr zu einem besonders günstigen Preis an.[665] Als Barry mit dem ihm vorgegebenen Fertigungsplan nicht nachkam, nahm Grinnell das Angebot von Pacific an. Nach weiteren Lieferschwierigkeiten beendete Grinnell schließlich die Kooperation mit Barry. Barry erhob daraufhin Klage und machte unter anderem geltend, dass die von Pacific angebotenen Ermäßigungen Verdrängungspreise darstellten, die gegen das Monopolisierungsverbot in Sec. 2 Sherman Act verstießen.[666]

---

662 *Barry Wright Corp. v. ITT Grinnell Corp.*, 724 F.2d 227 (1st Cir. 1983).

663 ITT Grinnell war auch Beklagte, einigte sich dann aber mit Barry Wright im Rahmen eines Vergleichs; *Barry Wright Corp. v. ITT Grinnell Corp.*, 724 F.2d 227, 230 (1st Cir. 1983).

664 Der noch verbleibende Marktanteil wurde unter anderem von Herstellern hydraulischer Schwingungsdämpfer gehalten, wobei diese jedoch als weniger zuverlässig galten. *Barry Wright Corp. v. ITT Grinnell Corp.*, 724 F.2d 227, 229 (1st Cir. 1983).

665 Statt des üblichen 20 %-Rabatts bot Pacific nun einen Nachlass in Höhe von 30 % für kleinere und 25 % für größere Schwingungsdämpfer an. *Barry Wright Corp. v. ITT Grinnell Corp.*, 724 F.2d 227, 229 (1st Cir. 1983).

666 *Barry Wright Corp. v. ITT Grinnell Corp.*, 724 F.2d 227, 230 f. (1st Cir. 1983); *Barry Wright Corp. v. Pacific Scientific Corp.*, 555 F.Supp. 1264, 1271 (D. Mass. 1983).

Sowohl der District Court als auch der Court of Appeals wiesen diesen Vorwurf zurück.[667] Der Court of Appeals setzte dabei einen rein kostenbasierten Prüfungsmaßstab an. Der District Court hatte bereits festgestellt, dass die Preise von Pacific sowohl oberhalb der durchschnittlichen Gesamtkosten als auch der Grenzkosten lagen.[668] Barry hatte dies nicht bestritten, war jedoch der Auffassung, dass auch solche Preise in einem oligopolistisch geprägten Markt unzulässig sein können.[669] Zudem habe Pacific gezielt versucht, Barry am Markteintritt zu hindern.[670] Der Court of Appeals lehnte die Argumentation von Barry ausdrücklich ab. Eine etwaige Schädigungsabsicht ("intent to harm") des Marktbeherrschers könne nicht dazu führen, dass Preise als wettbewerbswidrig qualifiziert werden. Denn die Verdrängungsabsicht sei grundsätzlich nicht geeignet zwischen „gutem" und „bösem" Wettbewerbsverhalten zu unterscheiden.[671] Sie sei als Standard schlicht zu ungenau, insbesondere in einer Welt, in der Vorstände und Geschäftsführer durch das Leitprinzip "Let's get more business" geprägt sind.[672] Auch seien die (subjektiven) Erwartungen des Marktbeherrschers an die langfristigen Auswirkungen einer Preisreduzierung auf die Wettbewerber und letztlich den Verbraucher nicht unfehlbar, da die Auswirkungen insbesondere von den Reaktionen der Wettbewerber abhängig seien.[673] Das Erfordernis eines direkten Nachweises führe zudem zu einer oftmals ergebnislosen Suche nach einer "smoking gun". Ein „kluges" Unternehmen werde sich schlicht entsprechend der Rechtslage anpassen und ausdrücklich dokumentierte Äußerungen über wettbewerbswidrige Auswirkungen einer Unternehmenshandlung unterlassen.[674]

Darüber hinaus lehnte der Court of Appeals auch die indirekte Nachweisform ab. Denn beschränke sich die Prüfung darauf, die Absicht aus objektiven ökonomischen Bedingungen abzuleiten, so könne man sich unmittelbar auf die objektiven Gegebenheiten konzentrieren, ohne zusätzlich eine Verdrängungsabsicht

---

667 *Barry Wright Corp. v. ITT Grinnell Corp.*, 724 F.2d 227, 231 ff. (1st Cir. 1983); *Barry Wright Corp. v. Pacific Scientific Corp.*, 555 F.Supp. 1264, 1271 (D. Mass. 1983). Für den Court of Appeals war in diesem Verfahren der spätere Supreme Court Justice *Stephen Breyer* federführend.

668 *Barry Wright Corp. v. Pacific Scientific Corp.*, 555 F.Supp. 1264, 1269 (D. Mass. 1983).

669 *Barry Wright Corp. v. ITT Grinnell Corp.*, 724 F.2d 227, 231 ff. (1st Cir. 1983).

670 *Barry Wright Corp. v. ITT Grinnell Corp.*, 724 F.2d 227, 232 (1st Cir. 1983).

671 *Barry Wright Corp. v. ITT Grinnell Corp.*, 724 F.2d 227, 232 (1st Cir. 1983).

672 *Barry Wright Corp. v. ITT Grinnell Corp.*, 724 F.2d 227, 232 (1st Cir. 1983).

673 *Barry Wright Corp. v. ITT Grinnell Corp.*, 724 F.2d 227, 232 (1st Cir. 1983).

674 *Barry Wright Corp. v. ITT Grinnell Corp.*, 724 F.2d 227, 232 (1st Cir. 1983).

hineininterpretieren zu wollen.[675] Die Argumentation des Court of Appeals geht letztlich dahin, dass der indirekte Nachweis einer Verdrängungsabsicht im Wesentlichen nichts anderes sei als der Nachweis eines objektiv wettbewerbswidrigen Verhaltens. Aus Sicht des Gericht sei das subjektive Element daher mittels „Ockhams Rasiermessers" aus der Prüfung „herauszuschneiden".[676]

Indem der Court of Appeals es nicht bei seiner Kritik an der direkten Nachweisform, beließ, sondern zusätzlich auch den indirekten Nachweis ablehnte, entzog er der Verdrängungsabsicht damit endgültig die Grundlage.[677] Der Court of Appeals stellte daher letztlich auf einen rein objektiven Kostenmaßstab ab, wobei er diesen nicht weiter konkretisierte. Vielmehr gab er sich mit dem Hinweis zufrieden, dass Preise oberhalb der durchschnittlichen Gesamtkosten weit überwiegend als zulässig angesehen würden.[678]

Sechs Jahre später lehnte auch der Court of Appeals for the Seventh Circuit die Verdrängungsabsicht als Abgrenzungskriterium ab. In *A.A. Poultry Farms, Inc. v. Rose Acre Farms, Inc.* unterstellten Wettbewerber dem Unternehmen Rose Acre Farms ("Rose Acre"), Unterkostenpreise praktiziert zu haben.[679] Rose Acre war ein vertikal integrierter Landwirtschaftsbetrieb, der sämtliche Produktionsstufen der Ei-Erzeugung inklusive Verpackung und Transport abdeckte. Die klagenden Wettbewerber warfen Rose Acre vor, seine Eier an entfernte Supermärkte trotz erhöhter Transportkosten zu besonders niedrigen Preise zu verkaufen.[680] Die Preise lägen teilweise unter den durchschnittlichen Gesamtkosten sowie unter den durchschnittlichen variablen Kosten des Unternehmens.[681] Ihre

---

675 Ebenso *Beck*, 76 Cornell L. Rev. 1242, 1260 (1991). Diese Gefahr erkennt auch der Court of Appeals des Ninth Circuit, wenn er in *William Inglis & Sons Baking Co. v. ITT Continental Baking Co., Inc.* konstatiert: "Too heavy a reliance on circumstantial evidence incurs the risk of reducing almost to the point of extinction the existence of the requirement."; 668 F.2d 1014, 1027 (9th Cir. 1981).

676 *Barry Wright Corp. v. ITT Grinnell Corp.*, 724 F.2d 227, 232 (1st Cir. 1983): "using Occam's razor, we can slice "intent" away". Ockhams Rasiermesser bezeichnet eine nach dem britischen Scholastiker *Wilhelm von Ockham* benannte Regel, die bei der Bildung von Theorien höchstmögliche Sparsamkeit vorschreibt (sog. Sparsamkeitsprinzip).

677 *Barry Wright Corp. v. ITT Grinnell Corp.*, 724 F.2d 227, 232 (1st Cir. 1983). Dazu treffend auch *Beck*, 76 Cornell L. Rev. 1242, 1260 (1991): "Having disposed of direct evidence, the court proceeded to kill off intent altogether".

678 *Barry Wright Corp. v. ITT Grinnell Corp.*, 724 F.2d 227, 233 (1st Cir. 1983).

679 *A.A. Poultry Farms, Inc. v. Rose Acre Farms, Inc.*, 881 F.2d 1396 (7th Cir. 1989).

680 Die Klage wurde nicht auf Sec. 2 Sherman Act, sondern auf § 2 (a) Clayton Act (Tatbestand der Preisdiskriminierung) gestützt.

681 *A.A. Poultry Farms, Inc. v. Rose Acre Farms, Inc.*, 881 F.2d 1396, 1398 (7th Cir. 1989).

Vorwürfe untermauerten die Kläger mit Unterlagen, die eine Verdrängungsabsicht seitens Rose Acre belegen sollten.[682] So äußerte sich der Geschäftsführer gegenüber einem Konkurrenten mit den Worten "We are going to run you out of the egg business. Your days are numbered." Die Finanzleitung des Unternehmens gab ferner zu verstehen, dass sich die Produktionskosten und der Verkaufspreis nicht gegenseitig bedingten. Trotz eines zugunsten der Kläger ergangenen Jury-Urteils gab der Richter des District Court dem Beklagtenantrag auf Erlass eines "judgment notwithstanding the verdict" statt und wies die Klage ab.[683] Die daraufhin eingelegte Berufung wurde durch den Court of Appeals abgewiesen.[684]

Unter der Federführung von Judge *Easterbrook* skizzierte das Gericht zunächst drei grundlegenden Ansätze zur Differenzierung von legitimem und wettbewerbswidrigem Preissetzungsverhalten: (1.) die Untersuchung des Preis-Kosten-Verhältnisses, (2.) das Abstellen auf die Absicht des Beklagten und (3.) die Analyse der Marktbedingungen und die entsprechende Wahrscheinlichkeit des "recoupment".[685] Das Gericht favorisierte letztere Herangehensweise und erteilte der Verdrängungsabsicht mit den Worten "intent plays no useful role in this kind of litigation" eine klare Absage.[686]

Nach Ansicht des Court of Appeals mache eine Kampfpreisstrategie nur dann wirtschaftlichen Sinn, wenn der Angreifer die Aussicht besitzt, erlittene Verluste zu einem späteren Zeitpunkt wieder auszugleichen.[687] Falls diese Kompensationsaussicht nicht bestehe, könne davon ausgegangen werden, dass die Preise keine Verdrängungswirkung entfalten und der Verbraucher keinen Nachteil erleidet. Dies gelte selbst dann, wenn die Preise unterhalb der Kosten liegen. Denn Unterkostenpreise, denen ein Wettbewerbspreis folgt, können als Geschenk an den Verbraucher angesehen werden.[688]

---

682 *A.A. Poultry Farms, Inc. v. Rose Acre Farms, Inc.*, 881 F.2d 1396, 1398 f. (7th Cir. 1989).

683 *A.A. Poultry Farms, Inc. v. Rose Acre Farms, Inc.*, 881 F.2d 1396, 1397 (7th Cir. 1989).

684 *A.A. Poultry Farms, Inc. v. Rose Acre Farms, Inc.*, 881 F.2d 1396, 1408 (7th Cir. 1989).

685 *A.A. Poultry Farms, Inc. v. Rose Acre Farms, Inc.*, 881 F.2d 1396, 1400 f. (7th Cir. 1989).

686 *A.A. Poultry Farms, Inc. v. Rose Acre Farms, Inc.*, 881 F.2d 1396, 1401 (7th Cir. 1989).

687 *A.A. Poultry Farms, Inc. v. Rose Acre Farms, Inc.*, 881 F.2d 1396, 1401 (7th Cir. 1989): "Predatory prices are an investment in a future monopoly, a sacrifice of today's profits for tomorrow´s. The investment must be recouped. If a monopoly price later is impossible, then the sequence is unprofitable and we may infer that the low price now is not predatory. More importantly, if there can be no "later" in which recoupment could occur, then the consumer is an unambiguous beneficiary even if the current price is less than the cost of production."

688 *A.A. Poultry Farms, Inc. v. Rose Acre Farms, Inc.*, 881 F.2d 1396, 1401 (7th Cir. 1989).

Der Court of Appeals lässt der Kompensationsaussicht eine kostensparende Filterfunktion zukommen. Nur in Fällen, in denen Aussicht auf nachträgliche Gewinnschöpfung besteht, bedürfe es einer aufwendigen Preis-Kosten-Analyse.[689] Gleichzeitig könne auch eine etwaige Verdrängungsabsicht unberücksichtigt bleiben.[690] Selbst die bösartigste Intention eines angreifenden Unternehmens, würde nichts daran ändern, dass bei Fehlen der Kompensationsaussicht kein Verbraucherschaden eintritt.[691]

Im Ergebnis wies der Court of Appeals die Berufung genau wegen Fehlens einer solchen Kompensationsaussicht ab.

b) Brooke Group – *Der U.S. Supreme Court hat gesprochen*

Einen Wendepunkt der Judikatur stellte die Entscheidung des Supreme Courts in der Sache *Brooke Group* dar.[692] In ihr wurden die Voraussetzungen an einen Kampfpreismissbrauch konkretisiert und deutlich verschärft. Gegenstand des Verfahrens war ein Preiskrieg auf dem oligopolistisch geprägten U.S.-amerikanischen Zigarettenmarkt.[693] Durch das erhöhte Gesundheitsbewusstsein der amerikanischen Bürger sowie einer verstärkten „Anti-Raucher“-Gesetzgebung kam es in den frühen 80er Jahren zu einem erheblichen Nachfragerückgang und Umsatzeinbruch der Zigarettenhersteller. Liggett (später umbenannt in Brooke Group) führte daraufhin als erstes Unternehmen No-Name-Zigaretten (“generic cigarettes”) ein, die etwa 30 % unterhalb der Preise der Markenzigaretten lagen. Andere Wettberwerber zogen nach und es brach ein intensiv geführter Preiskampf aus, in dessen Verlauf Ligget seinen Wettbewerber Brown & Williamson verklagte. Liggett machte geltend, Brown & Williamson betreibe eine selektive Preisunterbietungspolitik und verstoße damit gegen das Preisdiskriminierungsverbot des

689 Judge *Easterbrook* bezeichnet die Kompensationsaussicht dabei sehr deutlich als “a way to cut the inquiry off at the pass, to avoid the imponderable questions that have made antitrust cases among the most drawnout and expensive types of litigation.” *A.A. Poultry Farms, Inc. v. Rose Acre Farms, Inc.*, 881 F.2d 1396, 1401 (7th Cir. 1989).

690 *A.A. Poultry Farms, Inc. v. Rose Acre Farms, Inc.*, 881 F.2d 1396, 1401 (7th Cir. 1989).

691 *A.A. Poultry Farms, Inc. v. Rose Acre Farms, Inc.*, 881 F.2d 1396, 1401 (7th Cir. 1989).

692 *Brooke Group Ltd. v. Brown & Williamson Tobacco Corp.*, 509 U.S. 209 (1993). Vgl. dazu auch *Fleischer*, WuW 95, 796 ff.; *Wurmnest*, Marktmacht und Verdrängungsmissbrauch, 420 ff.

693 Der amerikanische Zigarettenmarkt wurde zum damaligen Zeitpunkt im wesentlichen von sechs Unternehmen geprägt: Philip Morris (41,9 %), R.J. Reynolds (28,5 %), Brown & Williamson (11,4 %), Lorilard (8,0%), American (7 %) und Liggett (3,2 %). Vgl. dazu auch *Fleischer*, WuW 95, 796, 797.

Sec. 2(a) des Robinson-Patman Act. In einem der längsten Prozesse der amerikanischen Nachkriegszeit entschied der U.S. Supreme Court im Rahmen der Revision mit 6:3 Stimmen zugunsten des Beklagten.[694] Das Mehrheitsvotum unter der Federführung von Justice *Kennedy* arbeitete dabei zentrale Eckpunkte eines anspruchsübergreifenden Beurteilungsmaßstabs heraus, der bei allen Fällen der gezielten Kampfpreisunterbietung – unabhängig von der konkreten Anspruchsgrundlage – Anwendung finden soll.[695] Erst müsse der Kläger nachweisen, dass der Beklagte seine Produkte zu nicht-kostendeckenden Preisen vertreibt, wobei sich der U.S. Supreme Court nicht auf einen konkreten Kostenmaßstab festzulegen hatte.[696] Daran anschließend müsse der Kläger nachweisen, dass der Beklagte eine hinreichende Chance habe, seine im Zuge der Verdrängungsstrategie erlittenen Verluste später wieder auszugleichen.[697]

Die Entscheidung des U.S. Supreme Courts lässt die Verdrängungsabsicht somit weitgehend unberücksichtigt und konzentriert sich auf die ökonomische Plausibilität einer solchen Strategie. Dabei nehmen die Bundesrichter eine Reihe „ökonomischer Variablen" in den Blick, die teilweise auch für den indirekten Nachweis einer Verdrängungsabsicht herangezogen werden könnten: z. B. das Ausmaß und die Dauer der Preissenkung, die finanziellen Ressourcen der sich gegenüberstehenden Unternehmen sowie die Marktstruktur.[698] Manche Stellen der Urteilsbegründung deuten jedoch darauf hin, dass die Berücksichtigung der Verdrängungsabsicht auch in Zukunft zumindest mit Blick auf den Nachweis der Kompensationsaussicht nicht vollständig ausgeschlossen ist:

---

694 *Brooke Group Ltd. v. Brown & Williamson Tobacco Corp.*, 509 U.S. 209, 243 (1993). Die mündliche Verhandlung vor dem U.S. Supreme Court wurde in der damaligen Literatur auch als "clash of the titans" bezeichnet. Dies war nicht etwa auf das Aufeinandertreffens zweier großer Tabakkonzerne zurückzuführen, sondern auf die gerichtliche Auseinandersetzung ihrer prominenten Prozessvertreter: So wurde Liggett von Harvard-Professor *Phillip Areeda* und Brown & Williamson von dem früheren Bundesrichter *Robert H. Bork* vertreten. Vgl. dazu *Fleischer*, WuW 1995, 796, 798.

695 *Brooke Group Ltd. v. Brown & Williamson Tobacco Corp.*, 509 U.S. 209, 222 (1993). Vgl. dazu im Einzelnen *Fleischer*, WuW 1995, 796, 799 ff.; *Wurmnest*, Marktmacht und Verdrängungsmissbrauch, 422 ff.

696 *Brooke Group Ltd. v. Brown & Williamson Tobacco Corp.*, 509 U.S. 209, 222 f. (1993).

697 *Brooke Group Ltd. v. Brown & Williamson Tobacco Corp.*, 509 U.S. 209, 224 ff. (1993).

698 Vgl. *Brooke Group Ltd. v. Brown & Williamson Tobacco Corp.*, 509 U.S. 209, 225 f. (1993).

> "Determining whether recoupment of predatory losses is likely requires [...] a close analysis of [...] the *scheme* alleged by the plaintiff. [...] This requires an understanding [...] of their respective incentives and will."[699]

4. Das Absichtselement im Rahmen der strafrechtlichen Kartellrechtsdurchsetzung

Zwar wird das heutige Monopolisierungsverbot in den USA schwerpunktmäßig durch private Kläger durchgesetzt. Die Federal Trade Commission ("FTC") und das U.S. Department of Justice ("DOJ") können jedoch auch behördliche Zivilverfahren einleiten. Das DOJ hat darüber hinaus die Befugnis, ein Strafverfahren wegen Verstoßes gegen Sec. 2 Sherman Act anzustrengen.[700] Anders als der Clayton Act und der Federal Trade Commission Act handelt es sich bei den Verbotstatbeständen des Sherman Act um originäre Straftatbestände, deren Verstoß mit einer Gefängnisstrafe von bis zu 10 Jahren oder einer hohen Geldstrafe geahndet werden kann.[701]

Im Rahmen einer auf den Sherman Act gestützten Strafverfolgung gelten im Vergleich zum behördlichen Zivilverfahren und infolge des Straftatcharakters einschränkende Voraussetzungen. So ist es beispielsweise durchaus möglich, dass das Gericht bei gleicher Tatsachengrundlage zwar einen Zivilrechtsverstoß, nicht aber einen Strafrechtsverstoß feststellen kann.[702] Der unterschiedliche Prüfungsmaßstab geht insbesondere auf die 1978 ergangene Supreme Court Entscheidung in der Rechtssache *Gypsum*[703] zurück. In ihr sah das Gericht den Nachweis eines Verstoßes gegen Sec. 1 Sherman Act für die Verhängung zivilrechtlicher Sanktion als hinreichend gegeben an. Das Gericht verlangte für die in Sec. 1 Sherman Act enthaltene Strafrechtsfolge jedoch zusätzlich den Nachweis eines Unrechtsvorsatzes (*mens rea*).

---

699 *Brooke Group Ltd. v. Brown & Williamson Tobacco Corp.*, 509 U.S. 209, 225 f. (1993).

700 Die vom DOJ eingeleiteten Strafverfahren betreffen jedoch weit überwiegend horizontale Absprachen, die gegen § 1 Sherman Act verstoßen, vgl. dazu *Areeda/Kaplow/Edlin*, Antitrust Analysis, Rn. 136.

701 Bei Einzelpersonen kann eine Geldstrafe von bis zu 1 Mio. US-Dollar und bei Unternehmen bis zu 100 Mio. US-Dollar verhängt werden. Alternativ kann nach 18 U.S.C. § 3571 (d) eine Geldstrafe verhängt werden, die sich an den finanziellen Verlusten des Geschädigten orientiert und maximal das Doppelte dessen betragen darf. Neben dem Sherman Act enthält auch § 3 des Robinson-Patman Act eine Strafsanktion für Preisdiskriminierungen, die in der Praxis jedoch kaum durchgesetzt wird.

702 *Areeda/Kaplow/Edlin*, Antitrust Analysis, Rn. 138.

703 *United States v. United States Gypsum Company*, 438 U.S. 422 (1978).

"[W]e hold that a defendant's state of mind or intent is an element of criminal antitrust offense which must be established by evidence and inferences drawn therefrom and cannot be taken from the trier of fact through reliance on a legal presumption of wrongful intent from proof of an effect on prices."[704]

Zur Erfüllung dieses Vorsatzelementes ließ das Gericht es ausreichen, dass nachgewiesen werde, dass der Angeklagte in Kenntnis der möglichen und wahrscheinlich wettbewerbsverzerrenden Folgen gehandelt hat.[705] Zu betonen ist allerdings, dass *Gypsum* eine Fallgestaltung betraf, die sich in einem Graubereich der Kartellrechtswidrigkeit befand. Verstößt ein Unternehmensverhalten eindeutig gegen den Sherman Act, beispielsweise durch eine horizontale Preisabsprache, so wird allgemein davon ausgegangen, dass der zusätzliche Nachweis des Unrechtsvorsatzes nicht notwendig ist.[706]

5. Zusammenfassung

Zusammenfassend kann für das US-amerikanische Antitrustrecht festgehalten werden, dass es der Verdrängungsabsicht im Vergleich zur europäischen Missbrauchskontrolle mit deutlich mehr Skepsis begegnet. Dennoch bietet sowohl der in der Judikatur konkretisierte Monopolisierungstatbestand („*willful* acquisition) als auch der Tatbestand der versuchten Monopolisierung ("specific intent") Einbruchstellen für eine mögliche Berücksichtigung des Absichtselement. Bei der Bewertung von Kampfpreisstrategien weicht die Monopolisierungskontrolle allerdings wesentlich von dem europäischen Ansatz ab. Während der EuGH ein recoupment-Erfordernis ausdrücklich ablehnt und regelmäßig auf die Verdrängungsabsicht abstellt, verlangt der U.S. Supreme Court spätestens seit *Brooke Group* den recoupment-Nachweis. Die Verdrängungsabsicht nimmt dabei – wenn überhaupt – eine untergeordnete Rolle ein.

---

704 *United States v. United States Gypsum Company,* 438 U.S. 422, 435 (1978).

705 *United States v. United States Gypsum Company,* 438 U.S. 422, 444 (1978): "we conclude that undertaken with knowledge of its probable consequences and having the requisite anticompetitive effects can be a sufficient predicate for a finding of criminal liability under the antitrust laws."

706 So etwa *United States v. Gillen,* 599 F.2d 541 (3d Cir. 1979); *United States v. Brighton Bldg. & Maintenance Co.,* 598 F.2d 1101 (7th Cir. 1979); vgl. ferner *Areeda/Kaplow/Edlin*, Antitrust Analysis, Rn. 138 (S. 49 f.); *Stucke*, J.L. Econ. & Pol'y 8 (20012), 801, 811; m. w. N. *Hovenkamp*, Federal Antitrust Policy, 585.

II. Die Verdrängungsabsicht in der deutschen Missbrauchskontrolle

Ähnlich wie in den USA wird die Verdrängungsabsicht in der Praxis der deutschen Missbrauchskontrolle im Wesentlichen im Zusammenhang mit Kampfpreisen in Form gezielter Niedrigpreise angesprochen. Historisch knüpft die Missbrauchskontrolle zunächst an die Lauterkeitsrechtsprechung zur Beurteilung von Kampfpreisen nach § 1 UWG a. F. an. Im weiteren Verlauf entwickelte sich zu § 26 Abs. 2 GWB a. F. (Verbot der unbilligen Behinderung) eine Praxis, die die Verdrängungsabsicht im Rahmen einer eigenständigen kartellrechtlichen Bewertung von Kampfpreisen thematisiert. Mit der Einführung eines Regelbeispiels für unbillige Behinderung im Rahmen von § 20 Abs. 4 S. 2 a. F. GWB (heute: § 20 Abs. 3 S. 2 GWB) versuchte sich der Gesetzgeber vom Merkmal der Verdrängungsabsicht zu lösen, um ein generelles Verbot für längerfristige Verkäufe unter Einstandspreis einzuführen.[707]

1. Historische Anknüpfung an die Lauterkeitsrechtsprechung zur Beurteilung von Kampfpreisen nach § 1 UWG a. F.

Bei der kartellrechtlichen Beurteilung von Kampfpreisen hat die Rechtsprechung zunächst an die Grundsätze der lauterkeitsrechtlichen Beurteilung von Kampfpreisen nach § 1 UWG angeknüpft, die bereits auf die reichsgerichtliche Rechtsprechung, insbesondere den Benrather Tankstellenfall, zurückgeht.[708] Gegenstand des Verfahrens war der Rechtsstreit zwischen einer unabhängigen Tankstelle in Benrath und einem Herstellerkartell von Autotreibstoff, dass einheitliche Tankstellenpreise durchgesetzt hatte. Als sich die Benrather Tankstelle nicht an den vorgegebenen Preis halten wollte, wies das Kartell die benachbarten Tankstellen in Benrath an, ihrer Preise stets niedriger als die des Konkurrenten festzusetzen.

Das Reichsgericht stellte damals fest, dass es als unlauter anzusehen sei, wenn die gegen einen bestimmten Mitbewerber gerichtete Preisunterbietung in Form nicht leistungsgerechter Kampfpreise die Verdrängung und Vernichtung des Mitbewerbers bezweckt. In diesem Zusammenhang war die Verdrängungs- bzw. Vernichtungsabsicht ein konstitutives Element der Lauterkeitsprüfung.

---

707 Siehe dazu *Krause/Oppholzer*, WuW 2000, 17 ff.

708 RG, Urt. v. 18.12.1931, RGZ 134, 342 ff. – *Benrather Tankstelle;* vgl. dazu auch *Mestmäcker*, Der verwaltete Wettbewerb, 162 f.; *Wurmnest*, Marktmacht und Verdrängungsmissbrauch, 481 f.

Allerdings reichte auch in der lauterkeitsrechtlichen Rechtsprechung allein die Feststellung einer Vernichtungs- bzw. Verdrängungsabsicht noch nicht für die Rechtswidrigkeit aus. Nur wenn sich das Unternehmen dabei leistungsfremder Mittel bedient, die nicht mehr vernünftiger kaufmännischer Kalkulation entsprechen, führt die Verdrängungsabsicht zur Unlauterkeit nach § 1 UWG.[709]

In den Fällen *Abwehrblatt I* und *Abwehrblatt II* wurden diese Grundsätze vom BGH auch für die Prüfung einer unbilligen Behinderung im Sinne des § 26 Abs. 2 a. F. GWB als maßgeblich anerkannt.[710] In den *Abwehrblatt*-Fällen hatte die Klägerin ein kostenloses Anzeigenblatt auf den Markt gebracht, was die beklagten Wettbewerber veranlasste, ein konkurrierendes Anzeigenblatt mit Anzeigenpreisen einzuführen, die verlustbringend waren. Aufgrund des ruinösen Preiswettbewerbs stellte die Klägerin nach etwa einem halben Jahr das Anzeigenblatt wieder ein und verklagte die Herausgeber der konkurrierenden Anzeigenblätter auf Schadensersatz wegen kartell- und wettbewerbswidrigen Verdrängungswettbewerbs gem. §§ 26, 35 GWB, 826 BGB.

Das Landgericht hatte die Klage abgewiesen. Auf die Berufung hin erklärte das OLG Düsseldorf die Klage dem Grunde nach für gerechtfertigt.[711] Es stützte sich dabei ausdrücklich auf die zu § 1 UWG entwickelten Grundsätze:

> „Die Unterbietung des Konkurrenzpreises stellt allerdings für sich alleine keine unbillige Behinderung dar, sondern ist im Gegenteil ein wesentliches Element gesunden Wettbewerbs. Eine unbillige Behinderung ist aber dann anzunehmen, wenn ein Unternehmen unter Ausnutzung seiner Marktmacht nicht nur gelegentlich mit Preisen arbeitet, die unter den für das betreffende Produkt aufzuwendenden Selbstkosten liegen, und wenn dies geschieht in der Absicht, einen Wettbewerber vom Markt zu verdrängen.“[712]

In diesem Fall erfolgte die Prüfung und Feststellung der Verdrängungsabsicht durch das OLG anhand von Indizien, vornehmlich interner Korrespondenz und offizieller Verlautbarungen der Beklagten.[713]

Während das OLG sich in der ersten Instanz auf die Feststellung verlustbringender Preisunterbietung und der Verdrängungsabsicht auf Seiten der Beklagten beschränkte und auf dieser Grundlage einen Behinderungsmissbrauch als gegeben ansah, hat der Bundesgerichtshof in der Revisionsinstanz die Prüfung um

709 Vgl. RGZ a. a. O., 355; BGH Urt. v. 31.1.1979, WuW/E BGH 1579 ff. – *Verkauf unter Einstandspreis*.

710 BGH, Urt. v. 28.2.1985, WuW/E BGH 2187 – *Abwehrblatt I*; BGH, Urt. v. 10.12.1985, BGHZ 96, 337 – *Abwehrblatt II*.

711 OLG Düsseldorf WuW/E 2642 – *Siegener Kurier*.

712 OLG Düsseldorf WuW/E OLG 2642, 2647 – *Siegener Kurier*.

713 OLG Düsseldorf WuW/E OLG 2642, 2648 f. – *Siegener Kurier*.

das Element erweitert, ob die mit Verdrängungsabsicht eingesetzten Preise nicht mehr im Rahmen des Leistungswettbewerbs gebildet waren, das heißt nicht mehr im Rahmen einer „betriebswirtschaftlich vernünftigen, jedenfalls nach kaufmännischen Grundsätzen vertretbaren Kalkulation" berechnet waren.[714]

Die danach erforderliche Prüfung der Kalkulation durch das OLG nach Rückverweisung ergab, dass die Vorkalkulation betriebswirtschaftlich vernünftig war. Der vom Gericht beauftragte Sachverständige hielt eine Anlaufzeit mit verlustbringenden Niedrigpreisen von mehr als einem Jahr noch für angemessen. Damit hatte das Merkmal der Verdrängungsabsicht in dieser Entscheidung seine konstitutive Relevanz verloren, die die lauterkeitsrechtliche Würdigung der Vorinstanz bestimmte.

Nach diesem Urteil hat es keine nennenswerte Praxis des Kartellamtes oder der Gerichte zu Kampfpreisstrategien marktbeherrschender oder marktmächtiger Unternehmen im Rahmen des § 26 Abs. 2 GWB a. F. mehr gegeben, in denen die Verdrängungsabsicht eine Rolle gespielt hätte.[715]

2. Rechtsprechung zu § 19 Abs. 1, 4 Nr. 1 GWB

Erst nach der Neufassung des Tatbestands des Missbrauchs einer marktbeherrschenden Stellung im § 19 Abs. 4 GWB hat es im Jahr 2002 wieder eine Entscheidung des OLG Düsseldorf zu einem Fall der Flugpreisunterbietung durch die Lufthansa gegeben,[716] in der die Verdrängungsabsicht eine entscheidungserhebliche Rolle spielte.

In diesem Fall ging es um die gezielte Einführung eines Billigtarifs auf einer bestimmten Strecke, auf der ein Newcomer (Germania) erstmals für Wettbewerb sorgte. Das OLG stellte zunächst unter Bezugnahme auf den Prozessvortrag der Lufthansa fest, dass der neue Billigtarif in der Absicht eingeführt wurde, den Newcomer vom Markt zu verdrängen. Unter Bezugnahme auf die einschlägige Rechtsprechung des BGH sah das OLG das Bestreben eines marktbeherrschenden Unternehmens durch seine Preisgestaltung einen Konkurrenten aus dem Markt zu verdrängen noch nicht als ausreichend für die Annahme eines Behinderungsmissbrauchs an. Hinzukommen müsse, dass das marktbeherrschende Unternehmen bei seiner Preisgestaltung die betriebswirtschaftlich vernünftige Kalkulation verlasse. Dies hatte das OLG nach Prüfung der Kosten- und Erfolgssituation der beiden Wettbewerber bejaht. Dabei spielte auch die von

---

714 BGH, Urt. v. 10.12.1985, BGHZ 96, 337 ff. – *Abwehrblatt II.*

715 Vgl. hierzu *Nothdurft*, in Langen/Bunte, § 19 GWB Rn. 343 f.

716 OLG Düsseldorf, Beschluss v. 27.3.2002, Kart 7/02 (V), WuW/DE-R 867 – *Germania.*

der Lufthansa eingesetzte Preisspaltung innerhalb des Tarifs und zwischen vergleichbaren inländischen Flugstrecken (der Kampftarif galt nur für die auch von Germania bediente Strecke) eine wesentliche Rolle, für die das OLG keine sachliche Rechtfertigung finden konnte.[717] Dogmatisch verorteten Bundeskartellamt und OLG die Würdigung in der zur Feststellung der Unbilligkeit erforderlichen Abwägung der Interessen des betroffenen (= behinderten) Wettbewerbers mit denen des marktbeherrschenden Unternehmens, die „auf Indizien sowie auf eine Zusammenschau subjektiver und objektiver Kriterien" angewiesen ist.

Damit ist die Verdrängungsabsicht im Rahmen der zur Feststellung stets erforderlichen Interessenabwägung der Unbilligkeit der Behinderung bzw. des Fehlens einer sachlichen Rechtfertigung eines der subjektiven Kriterien, deren Zusammenschau mit objektiven Kriterien erst zum Unwerturteil über die Preisstrategie des Marktbeherrschers führen kann.[718]

3. Rechtsprechung zu § 20 Abs. 1 GWB

Auf der gleichen Linie liegt das Urteil des OLG Düsseldorf zur Nichtweitergabe von Preisevorteilen an bezugsgebundene Franchisenehmer aus dem Jahre 2008.[719] In diesem Fall hatte ein Franchisegeber einem Teil seiner Franchisenehmer die Preisvorteile aus dem Einkauf von Ware nicht weitergegeben, obwohl die Franchisenehmer bezugsgebunden waren und die konkurrierenden, zum Franchisegeber gehörenden Franchisenehmer in den Genuss der entsprechenden Einkaufsvorteile kamen. Anders als das Bundeskartellamt sah das OLG in dieser Preisgestaltung des Franchisegebers keine unbillige Behinderung im Sinne von § 20 Abs. 1 Alt. 1 GWB. Dabei prüft es im Rahmen der Interessenabwägung u. a. ausdrücklich, ob die Preisgestaltung in der Absicht der Verdrängung eingesetzt wurde,[720] was mangels entsprechender Anhaltspunkte verneint wurde. Auch hier wird die Verdrängungsabsicht als ein wichtiges Element in die Interessenabwägung eingestellt.

---

717 OLG Düsseldorf, Beschluss v. 27.3.2002, Kart 7/02 (V), WuW/DE-R 867, 873 – *Germania.*

718 OLG Düsseldorf, Beschluss v. 27.3.2002, Kart 7/02 (V), WuW/DE-R 867, 873 – *Germania.*

719 OLG Düsseldorf, Beschluss v. 16.1.2008, VI-Kart 11/06 (V), WuW/DE-R 2235 – *Baumarkt.*

720 OLG Düsseldorf, Beschluss v. 16.1.2008, VI-Kart 11/06 (V), WuW/DE-R 2235, 2240 – *Baumarkt.*

4. Zusammenfassung

Zusammenfassend kann für die deutsche Missbrauchskontrolle festgehalten werden, dass die Verdrängungsabsicht in erster Linie bei der Würdigung behindernder Preisstrategien marktbeherrschender Unternehmen eine wesentliche Rolle spielt. Zwar war die Verdrängungsabsicht in der lauterkeitsrechtlichen Beurteilung von Niedrigpreisstrategien ein ganz wesentliches und auch eigenständiges Element. Bei der Rezeption dieser lauterkeitsrechtlichen Beurteilung in die kartellrechtliche Würdigung von Behinderungsmissbräuchen ist die Verdrängungsabsicht aber nur einer der subjektiven und objektiven Umstände eines jeweiligen Einzelfalles, die bei der für die Billigkeitsfeststellung maßgeblichen Interessenabwägung im Rahmen von § 19 und § 20 GWB zu berücksichtigen sind. Dieser dogmatische Ausgangspunkt der deutschen Missbrauchskontrollpraxis dürfte dazu führen, dass für die Unbilligkeitsfeststellung bei geeigneter Fallkonstellation auf die Prüfung der Verdrängungsabsicht nicht verzichtet werden wird. Die Feststellung einer derartigen Verdrängungsabsicht wird aber in der Regel nicht für die Feststellung einer Unbilligkeit ausreichen. Hierfür ist die umfassende Würdigung aller Umstände des jeweiligen Einzelfalls erforderlich, zu denen auch die betriebswirtschaftliche Vernünftigkeit und Sinnhaftigkeit einer Preiskalkulation zählt, ebenso wie die Auswirkung einer Preispolitik auf den Bestand des Wettbewerbs auf einem Markt.

E. Der Nachweis der Verdrängungsabsicht

Soll der Verdrängungsabsicht im Rahmen der Missbrauchsanalyse eine bedeutende und eigenständige Rolle zukommen, so bedarf es ihres Nachweises. Dies hatte die Kommission mit Blick auf den Kampfpreismissbrauch bereits in *AKZO* klargestellt. So könne die Verdrängungsabsicht (beispielsweise) nicht aus dem Umstand der bloßen Preisunterbietung gefolgert werden, sondern sei grundsätzlich selbstständig nachzuweisen. Nur in besonders gelagerten Ausnahmefällen, in denen der Verdrängungseffekt einer Preisunterbietung offensichtlich ist, bedürfe es keines weiteren Nachweises.[721]

Der Nachweis der Verdrängungsabsicht wird in der europäischen Entscheidungspraxis seit *AKZO* entweder *direkt* durch unternehmensinterne Dokumente erbracht oder *indirekt* aus den konkreten Umständen des Falles gefolgert.[722] Meist werden auch beide Nachweisarten in unterschiedlicher Gewichtung herangezogen.[723] So plädierte die Kommission in *AKZO* beispielsweise dafür, dass für die Beweisführung in erster Linie *direkte* schriftliche Beweismittel wie etwa interne Unternehmensdokumente zu berücksichtigen seien. Nur wenn solche Beweismittel nicht auffindbar seien, sei auch ein Rückgriff auf die konkreten Umstände des Falles möglich.[724] Dabei seien ggf. auch die Kosten des marktbeherrschenden Unternehmens zu berücksichtigen, da sie für die Feststellung, ob ein Preisverhalten sowie dessen Ziel- und Zweckrichtung unangemessen sind, von erheblicher Bedeutung sein können.[725] Die besondere Gewichtung direkter Nachweise lässt sich auch in dem Verfahren *Wanadoo Interactive* bzw. *France Télécom* beobachten. Dort standen die direkten Nachweise der Vereinnahmungsabsicht im Vordergrund.[726] Anders verhielt es sich beispielsweise in der Rechtssache *Tetra Pak II*.[727] Anders als in *AKZO* stieß die Kommission im Rahmen ihrer Durchsuchung der Geschäftsräume von Tetra Pak nicht auf eine sog. "smoking gun". Die

---

721 Kommission, Entsch. v. 14.12.1985, ABl. 1985 L 374/1, Rn. 80 – *ECS/AKZO*.

722 EuGH, Urt. v. 3.7.1991, Rs. C-62/86, Slg. 1991, I-3359, Rn. 73 ff. – *AKZO*; Kommission, Entsch. v. 14.12.1985, ABl. 1985 L 374/1, Rn. 80 ff. – *ECS/AKZO*.

723 EuGH, Urt. v. 3.7.1991, Rs. C-62/86, Slg. 1991, I-3359, Rn. 102 – *AKZO*; Kommission, Entsch. v. 14.12.1985, ABl. 1985 L 374/1, Rn. 81 ff. – *ECS/AKZO*.

724 Kommission, Entsch. v. 14.12.1985, ABl. 1985 L 374/1, Rn. 80 – *ECS/AKZO*.

725 Kommission, Entsch. v. 14.12.1985, ABl. 1985 L 374/1, Rn. 80 – *ECS/AKZO*.

726 Vgl. Kommission, Entsch. v. 16.7.2003, COMP/38.233, Rn. 110 ff. und 272 f. – *Wanadoo Interactive*.

727 Vgl. Kommission, Entsch. v. 24.7.1991, ABl. 1992 L 72/1, Rn. 147 ff. – *Tetra Pak II*.

schriftlichen Unterlagen, die aufgefunden wurden, deuteten zwar auf eine Verdrängungspraxis hin, enthielten aber keine offen ausgesprochenen Drohungen oder konkrete Maßnahmepläne zur gezielten Verdrängung ihrer Wettbewerber. Der Kommission gelang es aber, die von Tetra Pak betriebene Preispolitik in Zusammenhang mit einer Reihe anderer missbräuchlicher Verhaltensweisen zu stellen, die alle durch ein gemeinsames Ziel verbunden und somit allesamt Teil einer einheitlichen Verdrängungspolitik waren.[728]

I. "Hot Docs"[729] – der direkte Nachweis der Verdrängungsabsicht

Die Verdrängungsabsicht ist *per definitionem* zunächst ein rein subjektiver Zustand. Darauf weist auch die Kommission in *Wanadoo Interactive* hin.[730] Lassen sich interne Unternehmensdokumente finden, die eine entsprechende Absicht belegen oder andeuten, sollten sie damit auch Eingang in die Beweiswürdigung finden.[731]

Besonderes Gewicht kommt dabei detaillierten Verdrängungsplänen[732] und Drohbriefen zum Zwecke der Disziplinierung oder Abschreckung[733] von

---

728 Dass auch die Kommission die missbräuchlichen Verhaltensweisen in ihrem Gesamtzusammenhang sieht, ergibt sich aus ihrer zusammenfassenden Darstellung in Rn. 105 sowie aus Artikel 1 des Tenors der Entscheidung, Kommission, Entsch. v. 24.7.1991, ABl. 1992 L 72/1 – *Tetra Pak II.*

729 Die gewählte Überschrift ist angelehnt an *Manne/Williamson,* Hot Docs vs. Cold Economics, Ariz. L. Rev. 47 (2005), 609 ff.

730 Kommission, Entsch. v. 16.7.2003, COMP/38.233, Rn. 96 – *Wanadoo Interactive.*

731 Der direkte Nachweis ist zwar eine nicht-ökonomische Nachweisform der Verdrängungsabsicht. Er ist mit dieser aber nicht gleichzusetzen. Unter die nicht-ökonomische Nachweisform fallen nämlich auch indirekte bzw. objektive Anhaltspunkte in Form begleitender Geschäftsmaßnahmen, die (oftmals eindeutig) auf eine Verdrängungsabsicht hindeuten und die zu beurteilende Verhaltensweise in eine Gesamtstrategie einbetten (z. B. Wirtschaftssabotage oder durch Bestechung erlangte Frachtbeschränkungen gegen den Wettbewerber).

732 Die Kommission fand im Rahmen einer Durchsuchung der Geschäftsräume von AKZO einen detaillierten und bezifferten Maßnahmeplan zur Verdrängung des Konkurrenten ECS, vgl. Kommission, Entsch. v. 14.12.1985, ABl. 1985 L 374/1, Rn. 81 f. – *AKZO/ECS.*

733 So hatte das marktbeherrschende Unternehmen AKZO seinem Konkurrenten ECS mit Vergeltungsmaßnahmen gedroht, als ECS in den Kunststoffmarkt eintrat und Hauptkunden von AKZO abzuwerben began, vgl. Kommission, Entsch. v. 14.12.1985, ABl. 1985 L 374/1, Rn. 25 f. – *AKZO/ECS.*

Wettbewerbern zu. Als Beispiel mag die Rechtssache *AKZO* dienen. Dort hatte die Kommission im Rahmen einer unangekündigten Durchsuchung der Geschäftsräume von AKZO Unternehmensdokumente gefunden anhand derer sich ein Verdrängungsplan belegen ließ. So enthielt ein als „privat und vertraulich" gekennzeichneter Vermerk eines leitenden Mitarbeiters von AKZO die Androhung aggressiver geschäftlicher Maßnahmen, falls ECS seine Geschäftstätigkeit im Kunststoffbereich nicht einstellen würde:

> *„Herrn Sullivan [geschäftsführender Direktor und größter Anteilseigner von ECS] wurde bestätigt, dass AKZO aggressive geschäftliche Maßnahmen bei den Mehlzusätzen ergreifen werde, wenn er nicht darauf verzichte, seine Erzeugnisse an die Kunststoffindustrie zu liefern."*[734]

Der Vermerk enthielt überdies einen detaillierten und bezifferten Maßnahmeplan, der zur Ausführung kommen sollte, sofern ECS nicht darauf verzichten würde, seine Produkte an die Kunststoffindustrie zu liefern.[735] In ihm wurde in aller Ausführlichkeit dargelegt, wie AKZO versuchen würde, jeden einzelnen Mühlenkunden von ECS abzuwerben. Dazu sollten den Kunden gezielt Niedrigpreise angeboten werden, die weit unter dem damaligen Preisniveau lagen und mit hohen Verlusten verbunden waren.[736] Eine Besonderheit des Falles lag darin, dass AKZO diese Drohung jedoch infolge einer durch ECS vor dem Londoner High Court erwirkten einstweiligen Verfügung nicht in die Tat umsetzen konnte.[737] Es stellte sich damit die entscheidende Frage, ob das ab 1980 praktizierte aggressive Preisverhalten durch AKZO die Ausführung des ursprünglichen Plans war oder das Preisverhalten auf anderen, nicht mit einer Verdrängungsabsicht gleichzusetzenden, Gründen beruhte.[738] Die Kommission bejahte ersteres und verwies dabei auf weitere Unternehmensdokumente. So hieß es in einem Betriebsbericht, dass AKZO seinen Marktanteil „mit allen Mitteln" zu verteidigen gedenke.[739] Ferner ergab sich aus verschiedenen Jahresberichten, dass AKZO bereit sei, die „SCADO-Lösung" zur Überwindung des ECS-Problems zu wählen. SCADO war ein Wettbewerber von AKZO im Kunststoffsektor, gegen den

---

734 Kommission, Entsch. v. 14.12.1985, ABl. 1985 L 374/1, Rn. 33 – *ECS/AKZO*.

735 EuGH, Urt. v. 3.7.1991, Rs. C-62/86, Slg. 1991, I-3359, Rn. 81 – *AKZO*; Kommission, Entsch. v. 14.12.1985, ABl. 1985 L 374/1, Rn. 81 f. – *ECS/AKZO*.

736 EuGH, Urt. v. 3.7.1991, Rs. C-62/86, Slg. 1991, I-3359, Rn. 81 – *AKZO*; Kommission, Entsch. v. 14.12.1985, ABl. 1985 L 374/1, Rn. 33 ff. – *ECS/AKZO*.

737 Kommission, Entsch. v. 14.12.1985, ABl. 1985 L 374/1, Rn. 36 – *ECS/AKZO*.

738 Zu diesem Problem äußert sich insbesondere GA *Lenz*, Schlussanträge zur Rs. C-62/86, Slg. 1991, I-3396, Rn. 203 ff. – *AKZO*.

739 Kommission, Entsch. v. 14.12.1985, ABl. 1985 L 374/1, Rn. 14, 48 – *ECS/AKZO*.

AKZO eine aggressive Preiskampagne geführt hatte und der sich – zumindest nach Einschätzung von AKZO – infolgedessen zurückgezogen hatte.[740] Nach Ansicht der Kommission verdeutlichten diese Dokumente, dass es sich auch bei dem Preisverhalten ab 1980 nicht um eine generelle Politik günstiger Preise zur Wiederherstellung von Gewinnspannen, sondern um die gezielte Schädigung und Verdrängung seines Konkurrenten ECS handelte.[741] Dass die Beweiskraft dieser Dokumente jedoch nicht vollkommen zweifelsfrei war, zeigen die Schlussanträge des Generalanwalts *Lenz,* der zu dem Ergebnis gelangt war, dass sich ein Verdrängungsplan nicht ohne Weiteres feststellen ließe.[742] Insbesondere der Umstand, dass ECS unmittelbar nach dem Verfügungsverfahren Preissenkungen vornahm, die zu einer erheblichen Unterbietung von AKZO's Preisen führten, könne dazu geführt haben, dass AKZO sich für berechtigt gehalten hat, nunmehr in einen rigiden Preiskampf einzutreten.[743] Der Gerichtshof teilte – zumindest in Hinsicht auf die Preissenkungen – die Bedenken von Generalanwalt *Lenz* nicht. Er verwies auf einen Vermerk eines Vertreters von AKZO, aus dem sich ergab, dass AKZO die Preise bewusst *deutlich* unter denen von ECS ansetzte. Daraus schlussfolgerte der Gerichtshof, dass es AKZO nicht um das bloße *meeting of competition* ging, sondern um die gezielte Beeinträchtigung der Lebensfähigkeit von ECS.[744] Ob die von AKZO ausgesprochene Drohung jedoch bereits für sich allein schon einen Missbrauchsfall begründet, lässt sich aus den Ausführungen des Gerichtshofs nicht entnehmen.[745]

Denkbar sind neben detaillierten Verdrängungsplänen und Drohbriefen auch erstellte oder eingeholte Studien über die finanziellen Schwächen und das finanzielle Durchhaltevermögen eines Wettbewerbers bei Zugrundelegung einer durchgeführten Preissenkung. So hatte in der Rechtssache *McGahee v. Northern Propane Gas Co.* das marktbeherrschende Unternehmen Erkundigungen über die finanziellen Verhältnisse eines Konkurrenten eingeholt und sich eine Kopie seines vor Markteintritt abgeschlossenen Existenzgründungskredits verschafft. Der zuständige Court of Appeals for the Eleventh Circuit sah darin einen Nachweis für eine bestehende Verdrängungsabsicht.[746]

---

740 Vgl. Kommission, Entsch. v. 14.12.1985, ABl. 1985 L 374/1, Rn. 48 – *ECS/AKZO.*

741 Vgl. dazu auch *Moritz* in: FIW, Schwerpunkte des Kartellrechts 1993/1994, 71, 74.

742 Ebenso kritisch *Mastromanolis,* ECLR 1998, 211, 215.

743 GA *Lenz,* Schlussanträge zur Rs. C-62/86, Slg. 1991, I-3396, Rn. 215 – *AKZO.*

744 EuGH, Urt. v. 3.7.1991, Rs. C-62/86, Slg. 1991, I-3359, Rn. 102 f. – *AKZO.*

745 Vgl. auch *Rousseva,* Rethinking Exclusionary Abuses, 153.

746 Vgl. *McGahee v. Northern Propane Gas Co.,* 858 F.2d 1487, 1491 f., 1504 (11th Cir. 1988) sowie die Ausführungen unter D.I.3.a) (3). Zu weiteren "direkten oder

Der direkte Nachweis ist allerdings mit Schwierigkeiten verbunden und ist daher reger Kritik ausgesetzt.[747] Im Folgenden werden die einzelnen Einwände identifiziert und erwidert.

1. Die geringe Entdeckungswahrscheinlichkeit

Dass die Praktikabilität und Aussagekraft der direkten Nachweisführung von Seiten des Schrifttums oftmals mit Skepsis betrachtet wird, liegt zum einen an der grundsätzlichen Schwierigkeit, innere Zustände und Motivationen, die „vielfach sehr komplex"[748] sind, eindeutig festzustellen und zum anderen an der teilweise als äußerst gering eingeschätzten Entdeckungswahrscheinlichkeit solcher Nachweise.[749] So weist *Möschel* darauf hin, dass Unternehmen, „anders als zu Zeiten des Benrather Tankstellenkrieges", ihre „Absicht nicht mehr zu Markte tragen".[750]

In dieselbe Richtung geht auch die Befürchtung, dass (anwaltlich) gut beratene Unternehmen bewusst davon absehen werden, inkriminierendes Schriftmaterial zu generieren und, sofern sie es doch tun, dieses verschwinden lassen.[751] Umgekehrt könne ein Unternehmen, dem es an kartellrechtlicher Sensibilität mangelt, infolge der unbedachten oder übertriebenen Äußerungen seines Führungspersonals leicht in den Missbrauchsverdacht geraten.

---

nicht-ökonomischer Nachweisen" siehe die Übersicht bei *Greer,* Antitrust Bulletin 24 (1979), 233, 247 f.

747 Vgl. nur *Cass/Hylton,* S. Cal. L. Rev. 74 (2001), 657, 677; *Manne/Williamson*, Ariz. L. Rev. 47 (2005), 609, 610; *Melicias,* W. Comp. 33 (2010), 569, 576 f.; Möschel, ORDO 30 (1979), 295, 303; *Wurmnest,* Marktmacht und Verdrängungsmissbrauch, 344 f; *Whish,* Competition Law, 731.

748 *Möschel,* ORDO 30 (1979), 295, 303.

749 Vgl. *Posner,* Univ. of. Chicago L. R. 41 (1974), 506, 518: "Intent may be impossible to prove." Diese Bedenken verleiten *Posner* aber nicht dazu, von der Verdrängungsabsicht vollständig Abstand zu nehmen, vgl. *Posner,* Antitrust Law, 216: „bringing intent into the picture [...] I see no alternative." *Möschel,* ORDO 30 (1979), 295, 303.

750 *Möschel,* Pressekonzentration und Wettbewerbsgesetz, 104; *ders.*, ORDO 30 (1979), 295, 303.

751 *Cass/Hylton,* S. Cal. L. Rev. 74 (2001), 657, 677; *Melicias,* W. Comp. 33 (2010), 569, 577; *Korah,* EC Competition Law, 191; *Whish,* Competition Law, 731. *Smith* weist zudem auf die Gefahr hin, dass geschickte Unternehmen auch Nachweise erstellen können, die auf vermeintlich prokompetitive Absichten hindeuten, Temple L. Rev. 84 (2012), 995, 1023.

> "A firm with executives sensitized to antitrust problems will not leave any documentary trail of improper intent; one whose executives lack this sensitivity will often create rich evidence of such intent simply by a clumsy choice of words to describe innocent behavior. Especially misleading is the inveterate tendency of sales executives to brag to their superiors about their competitive prowess, often using metaphors of coercion that are compelling evidence of predatory intent to the naive."[752]

Im Ergebnis führe ein subjektives Prüfungskriterium daher zu einer sehr unregelmäßigen und unberechenbaren Kartellrechtsdurchsetzung, die maßgeblich vom Glück der jeweiligen Wettbewerbsbehörde und der juristischen Raffinesse des Marktbeherrschers und nicht etwa von der zugrunde liegenden Realität abhängt.[753]

Die Kritik scheint auf den ersten Blick nicht völlig unberechtigt. Dies zeigt das Beispiel des *Intel*-Falls. Dort hatte die Rechtsabteilung eine interne "Sales and Marketing Creation Reference Card" verfasst, die den Mitarbeitern empfahl, bestimmte Redewendungen und Formulierungen nicht mehr zu benutzten und stattdessen neutralere Varianten zu verwenden:

> "Avoid ALL militaristic, aggressive language ANYWHERE (including internal mail, memos...) e.g. erect barriers, ...exclude from competition ...War ...Battle ...Tie ...Leverage ...dominate ...Top to Bottom ...Squash ...blow away the competition ...be a killer ...bundle ...technology treadmill Use instead: lead the field ...set the specifications ...grow the market segment ...be the vendor of choice ...build upon ...add value."[754]

Das Beispiel zeigt allerdings auch, wie der Versuch, inkriminierendes Beweismaterial zu vermeiden, durch schriftlich belegte Anweisungen genau in das Gegenteil umschlagen kann. Ein ähnliches Problem stellt sich im Übrigen auch im Rahmen der Durchsetzung des Art. 101 AEUV. So werden Kartellanten grundsätzlich versucht sein, jeden potenziellen schriftlichen Nachweis einer Preisabsprache zu vermeiden. Ferner betreffen die Kritikpunkte und die genannten Gefahren nicht nur den Nachweis einer inneren Motivationslage, sondern ein grundsätzliches Problem der Beweisführung, die auch in anderen Zusammenhängen auftritt. So ist auch die Aufdeckung eines nach Art. 101 AEUV verbotenen Kartells nicht ohne gewissen Ermittlungs- und Analyseaufwand durchführbar.[755]

---

752 *Posner,* Antitrust Law, 214 f.

753 *Posner,* Antitrust Law, 214 f.: "Any doctrine that relies upon proof of intent is going to be applied erratically at best. Judges and juries don't always understand that the availability of evidence of improper intent is often a function of luck and of the defendant's legal sophistication, not of the underlying reality"; ebenso *Bavasso,* ECLR 26 (2005), 616, 618 f.

754 EuG, Urt. v. 12.6.2014, Rs. T-286/09, Rn. 1544 – Intel.

755 *O'Grady,* World Competition 37 (2004), 459, 467.

Ferner erweist sich nach eingehender Analyse der europäischen Entscheidungs- und Rechtsprechungspraxis die Skepsis als nicht begründet. Immer wieder gelangte die Kommission im Wege ihrer Nachprüfungsbefugnisse nach Art. 20 VO 1/2003 an unternehmensinterne Vermerke sowie Memoranda und Emails, mit denen sich eine Verdrängungsabsicht des überführten Unternehmens unschwer und eindeutig belegen ließ. Der Fundus beschränkte sich dabei nicht auf Dokumente vereinzelter Angestellter der unteren und mittleren Unternehmensebene, sondern erfasste ganz im Gegenteil auch Berichte, Vermerke und Präsentationen der jeweiligen Unternehmensführung (z. B. des Verwaltungsrats von Tetra Pak oder der strategischen Führung von France Télécom).[756]

Beispielhaft dafür ist das Verfahren *Wanadoo*, in dem die Kommission auf zahlreiche beschlagnahmte interne Unternehmensunterlagen zurückgreifen konnte, um den direkten Nachweis einer Verdrängungsabsicht bzw. Vereinnahmungsabsicht zu erbringen. Zahlreiche Unternehmensdokumente führender Mitarbeiter der Unternehmensleitung belegten dabei eine Strategie der Vereinnahmung des Breitbandmarktes durch Wanadoo.[757] Das von der Kommission ausgewertete Fundmaterial umfasste u. a. E-Mails, interne Vermerke, Zielsetzungsschreiben, Strategiepläne sowie offizielle Präsentationen für den Vorstand. Die Unterlagen belegten durchgehend, dass Wanadoo die Vereinnahmung im Wege einer Absatzsteigerung bei „negativer finanzieller Bilanz" erreichen wollte.[758] Besonders deutlich geht das beabsichtigte Vorgehen aus einem Vermerk der strategischen Führung von Wanadoo hervor. Dort heißt es:

> „Das Breitband und der ADSL-Markt werden noch für einige Jahre vom Gedanken der Eroberung geprägt sein, wobei das strategische Ziel darin besteht, eine beherrschende Stellung bei den Marktanteilen zu erlangen, während die Rentabilitätsphase erst später kommt."[759]

Im Zusammenhang mit der Eroberung des ADSL-Marktes formulierte der damalige Präsident der France Télécom bildhaft, dass „man den Wettbewerbern

---

756 Kommission, Entsch. v. 24.7.1991, ABl. 1992 L 72/1, Rn. 150 – *Tetra Pak II*; Kommission, Entsch. v. 16.7.2003, COMP/38.233, Rn. 111 – *Wanadoo Interactive*.

757 EuG, Urt. v. 30.1.2007, Rs. T-340/03, Slg. 2007, II-107, Rn. 199 ff. – *France Télécom*; Kommission, Entscheidung v. 16.7.2003, COMP/38.233, Rn. 110 ff. und 272 f. – *Wanadoo Interactive*.

758 EuG, Urt. v. 30.1.2007, Rs. T-340/03, Slg. 2007, II-107, Rn. 199 – *France Télécom*.

759 EuG, Urt. v. 30.1.2007, Rs. T-340/03, Slg. 2007, II-107, Rn. 215 – *France Télécom*.

den Boden unter den Füßen wegzieh[en]" müsse.[760] Ein Zielsetzungsschreiben belegte überdies, dass Wanadoo sich nicht mit einer Rolle als bloßer Marktführer zufrieden geben würde, sondern einen Marktanteil von 70–80 % anstrebte.[761] Das besonders ambitionierte Marktanteilsziel teilte der Verwaltungsratsvorsitzende von Wanadoo auch dem Vorstand der France Télécom mit.[762] Die Kommission sowie das EuG wiesen darauf hin, dass es sich bei den zitierten Unterlagen keinesfalls um unbedachte und beiläufige Äußerungen vereinzelter untergeordneter Mitarbeiter handelte. Vielmehr stammte der Großteil der Äußerungen von Führungskräften des Unternehmens.[763] Auch die zurückhaltende Ausdrucksweise und der Kontext, in dem manche dieser Äußerungen getätigt wurden, ließ es als äußerst zweifelhaft erscheinen, dass es sich dabei lediglich um spontane und unüberlegte Stellungnahmen handelte.[764] So verwerteten die Kommission und das EuG beispielsweise offizielle Präsentationen, die im Rahmen von Vorstandssitzungen vorgestellt wurden, sowie „sorgfältig ausformulierte Zielsetzungsschreiben".[765] Überdies hatte die Idee der Vereinnahmung eine solche Verbreitung innerhalb des Unternehmens und in unterschiedlichsten Sachzusammenhängen erfahren, dass es über den individuellen Charakter der einzelnen Dokumente hinaus ein einheitliches Unternehmensziel dokumentierte.[766]

Vor diesem Hintergrund kann man den ehemaligen Generaldirektor der Generaldirektion Wettbewerb der Europäischen Union *Lowe* nur zustimmen, wenn er den direkten Nachweis der Verdrängungsabsicht für durchaus möglich hielt:

---

760 Vgl. Kommission, Entscheidung v. 16.7.2003, COMP/38.233, Rn. 111 – *Wanadoo Interactive*; die Kommission zitierte an dieser Stelle aus einem Urteil des Pariser Berufungsgerichts vom 9.4.2002 in der Rechtssache *France Télécom/T-Online.*

761 EuG, Urt. v. 30.1.2007, Rs. T-340/03, Slg. 2007, II-107, Rn. 200 – *France Télécom*; vgl. auch Kommission, Entscheidung v. 16.7.2003, COMP/38.233, Rn. 112 – *Wanadoo Interactive.*

762 EuG, Urt. v. 30.1.2007, Rs. T-340/03, Slg. 2007, II-107, Rn. 200 – *France Télécom.*

763 EuG, Urt. v. 30.1.2007, Rs. T-340/03, Slg. 2007, II-107, Rn. 202 – *France Télécom*; Kommission, Entscheidung v. 16.7.2003, COMP/38.233, Rn. 123 – *Wanadoo Interactive.*

764 EuG, Urt. v. 30.1.2007, Rs. T-340/03, Slg. 2007, II-107, Rn. 202 – *France Télécom*; Kommission, Entscheidung v. 16.7.2003, COMP/38.233, Rn. 121 ff. (siehe dort auch Fn. 117) – *Wanadoo Interactive.*

765 EuG, Urt. v. 30.1.2007, Rs. T-340/03, Slg. 2007, II-107, Rn. 200 und 202 – *France Télécom*; Kommission, Entscheidung v. 16.7.2003, COMP/38.233, Rn. 121 – *Wanadoo Interactive.*

766 Kommission, Entscheidung v. 16.7.2003, COMP/38.233, Rn. 122 – *Wanadoo Interactive.*

> "It may be possible for our officials (or those of a national competition authority) to find in a dawn raid documentary proof such as statements by the company or its decision making bodies. [...] In the same way, sometimes it is possible to find documented threats to competitors or internal documents, schemes, projections, and prognosis work used in the decision-making process to support the decision to incur short term losses with the prospect to eliminate or discipline a competitor."[767]

Ferner wird von Kritikern oftmals auf die mit der Suche nach "smoking guns" verbundenen Kosten verwiesen.[768] Die Durchführung einer Auswirkungsanalyse und die gegebenenfalls erforderliche Einholung verschiedener Sachverständigengutachten dürfte jedoch kaum weniger kostenintensiv sein.[769] Darüber hinaus ist fraglich, ob es einem marktbeherrschenden Unternehmen mit möglicherweise komplexen internen Kommunikationsstrukturen tatsächlich gelingt, mögliche Beweismittel einer Verdrängungsabsicht vollständig verschwinden zu lassen.

2. Die bildhafte Sprache von Vertriebs- und Leitungspersonal

Kritiker machen ferner auf die harte verbale Gangart aufmerksam, die in vielen Unternehmen vorherrsche und damit schriftlichen Nachweisen nur schwachen Aussagegehalt zukommen lasse.[770] Vor allem *Posner* weist darauf hin, dass in der Geschäftswelt, insbesondere auf Ebene der Vertriebsleitung „harte Töne" und bildhafte Ausdrucksweisen in Bezug auf die Wettbewerber keine Seltenheit sind.[771] Auch *Cass/Hylton* teilen die Bedenken und konstatieren, dass vor dem Hintergrund der allgemein üblichen Verwendung von Kriegs- und Wettkampfmetaphern ("common practice of speaking in the language of war or of sports contests") Vorsicht geboten ist.[772] Aus solchen Äußerungen und Ausdrucksweisen könnten vorschnell irreführende Schlüsse geführt werden.[773] Ferner sei es nicht Aufgabe der kartellrechtlichen Missbrauchskontrolle, eine gemäßigtere und sachliche Unternehmenskommunikation einzuführen und durchzusetzen.

---

767 *Lowe* in seiner in Stockholm gehaltenen Rede am 5. Dezember 2003, "EU Competition Practice on Predatory Pricing – Introductory address to Seminar'Pros and Cons of Low Prices'", abrufbar unter http://ec.europa.eu/competition/speeches/text/sp2003_066_en.pdf (zuletzt besucht am 1. August 2018).

768 *A. A. Poultry Farms v. Rose Acre Farms,* 881 F.2d 1396, 1401 f. (7th Cir. 1989).

769 *Odudu,* W. Comp. 25 (2002), 463, 485.

770 *Cass/Hylton,* S. Cal. L. Rev. 74 (2001), 657, 677; *Posner,* Antitrust Law, 214 f..

771 *Posner,* Antitrust Law, 214 f.; ebenso *Geradin/Layne-Farrar/Petit,* Rn. 4.275;

772 *Cass/Hylton,* S. Cal. L. Rev. 74 (2001), 657, 677.

773 *Cass/Hylton,* S. Cal. L. Rev. 74 (2001), 657, 677.

Insbesondere die US-amerikanische Rechtsprechung zum "predatory pricing" hält einige anschauliche Beispiele bereit, die diese Bedenken stützen. In *A.A. Poultry Farms* teilte der Geschäftsführer des beklagten Landwirtschaftsbetriebes beispielsweise seinem Konkurrenten mit: "We are going to run you out of the egg business. Your days are numbered."[774] In *Advo* hatte der CEO sein Management angewiesen: "when you see the competition drowning, stick a water hose down their throat."[775] In der europäischen Rechtspraxis weist die Unternehmenskommunikation bisher eine etwas mildere Tonart auf. So äußerte sich der damalige Präsident von France Telecom dahingehend, es müsse den Wettbewerbern der Boden unter den Füßen weggezogen werden.[776] Dabei ist jedoch auch zu berücksichtigen, dass im U.S.-amerikanischen Kartellrecht (infolge seiner längeren Tradition) auf einen viel breiteren Fundus von Rechtsprechungsfällen zurückzugreifen ist als in Europa.

Ein ähnliches Problem besteht auch bei Äußerungen, die mehrere unterschiedliche Interpretationsmöglichkeiten zulassen. Ein gutes Beispiel dafür bietet erneut die Rechtssache *A.A. Poultry Farms.* Dort hatte die Finanzleitung einem Wettbewerber indirekt mitgeteilt, dass sich die Preise des Unternehmens nicht nach dessen Kosten richteten. Die Klägerseite sah darin eine "smoking gun" für den Nachweis einer Kampfpreisstrategie. Der Court of Appeals for the Seventh Circuit erteilte dem allerdings eine klare Absage. Die Aussage sei vielmehr dahingehend zu verstehen, dass sich das Unternehmen nach dem Wettbewerbspreis im Markt richten müsse ("such a statement reveals Rose Acre to be a price taker").[777] Das Gericht – durch den vorsitzenden Judge Easterbrook – wies in diesem Zusammenhang ausdrücklich auf die Gefahr solcher mehrdeutigen Aussagen hin. Gerade Juristen und Geschworene, deren Expertise nicht auf dem Feld der Wirtschaftswissenschaften liege, könnten diese leicht missverstehen.[778]

Die in den USA teilweise vorherrschende Skepsis lässt sich vor allem auf die Besonderheit des Jury-Systems zurückführen. Dies lässt die Äußerung eines Behördenmitarbeiters des DOJ erkennen, der im Rahmen einer öffentlichen Ansprache im Jahr 2002 Folgendes geäußert hatte:

> "In the United States, we believe that intent is an unreliable guide for deciding the lawfulness of single firm conduct, especially in the heads of a jury. [...] Under our law, if

774 *A.A. Poultry Farms, Inc. v. Rose Acre Farms, Inc.*, 881 F.2d 1396, 1398 (7th Cir. 1989).
775 *Advo, Inc. v. Philadelphia Newspapers,* Inc., 51 F.3d 1191, 1199 (3rd Cir. 1995).
776 Vgl. C. I. 1. b) (2).
777 Vgl. D.I.3.a) (5).
778 Kritisch auch *Quinn,* St. John's L. Rev. 64 (1990), 607, 620 f.

intent is relevant at all, it is to help us understand the likely effect of the monopolist's conduct. Even here, we are cautious in how we use it because we know that intent evidence, especially in the hands of juries, is generally more likely to mislead than to illuminate."[779]

Die aufgezeigten Bedenken mögen durchaus ihre Berechtigung haben. Allerdings sollte dies nicht zu einer Aufgabe der Verdrängungsabsicht als Element der Missbrauchsprüfung führen. Denn letztlich kann dem Problem durch erhöhte Anforderungen im Rahmen der Beweiswürdigung begegnet werden. So sollte sich die direkte Nachweisführung insbesondere auf die konkrete (betriebswirtschaftliche) Motivation der jeweiligen Unternehmensentscheidung und des zu beurteilenden Unternehmensverhaltens konzentrieren. Es gilt somit allgemein herabwürdigende und übertrieben bildhafte Äußerungen, die nur beiläufig getätigt worden, von Äußerungen in einem formelleren Kontext zu differenzieren. Zum Zwecke der Differenzierung ist auf die Rahmenbedingungen zu achten, in denen die Äußerungen getätigt wurden. So macht es durchaus einen Unterschied, ob ein Unternehmensangestellter mit Leitungskompetenz einen Vermerk verfasst, der nur für ihn selbst bestimmt ist, oder ob er ihn in einer Unternehmenspräsentation unterbringt. Auch der Adressat, die Häufigkeit des Auftretens sowie unterschiedliche Urheberschaften inhaltlich ähnlicher Vermerke können gewichtige Anhaltspunkte für eine einheitliche Unternehmenspolitik sein. Dieser Ansatz wird auch durch die Kommissionspraxis bestätigt. Besonders deutlich wird dies in *Wanadoo Interactive*. Die Kommission sowie das EuG wiesen im Rahmen der Beweiswürdigung darauf hin, dass es sich bei den aufgefundenen Unterlagen keinesfalls um unbedachte und beiläufige Äußerungen einiger vereinzelter Mitarbeiter handelte. Vielmehr stammte der Großteil der Äußerungen von Führungskräften des Unternehmens.[780] Auch die zurückhaltende Ausdrucksweise und der Kontext, in dem manche dieser Äußerungen getätigt wurden, ließen es als äußerst zweifelhaft erscheinen, dass es sich dabei lediglich um spontane und unüberlegte Stellungnahmen handelte.[781] So verwerteten

779 *William J. Kolasky* (Deputy Assistant Attorney General for International Enforcement, Antitrust Division), What is Competition?, Address Before the Seminar on Convergence on 28 October 2002, abrufbar unter https://www.justice.gov/atr/speech/what-competition#N_1_ (zuletzt besucht am 10. Dezember 2016).

780 EuG, Urt. v. 30.1.2007, Rs. T-340/03, Slg. 2007, II-107, Rn. 202 – *France Télécom*; Kommission, Entscheidung v. 16.7.2003, COMP/38.233, Rn. 123 – *Wanadoo Interactive*.

781 EuG, Urt. v. 30.1.2007, Rs. T-340/03, Slg. 2007, II-107, Rn. 202 – *France Télécom*; Kommission, Entscheidung v. 16.7.2003, COMP/38.233, Rn. 121 ff. (siehe dort auch Fn. 117) – *Wanadoo Interactive*.

die Kommission und das EuG beispielsweise offizielle Präsentationen, die im Rahmen von Vorstandssitzungen vorgestellt wurden sowie „sorgfältig ausformulierte Zielsetzungsschreiben".[782] Überdies hatte die Idee der Vereinnahmung eine solche Verbreitung innerhalb des Unternehmens und in unterschiedlichsten Sachzusammenhängen erfahren, dass es über den individuellen Charakter der einzelnen Dokumente hinaus ein einheitliches Unternehmensziel dokumentierte.[783]

Gleichzeitig ist das Verhalten zu berücksichtigen, das zur Beurteilung steht. Je relevanter die Verhaltensweise für die Förderung des Wettbewerbs sein kann, desto höhere Anforderungen sind an den Nachweis der Verdrängungsabsicht zu stellen. Letzteres gilt gerade mit Blick auf das Festsetzen nicht kostendeckender Preise. Preiswettbewerb ist Teil eines gesunden und dynamischen marktwirtschaftlichen Systems. Es gilt ihn daher aufrecht zu erhalten und nicht unnötig durch zu rigide Eingriffe der Wettbewerbsbehörden zu beeinträchtigen. An den Nachweis sind in diesem Kontext daher besonders hohe Anforderungen zu stellen.

Zuletzt ist auch darauf hinzuweisen, dass Tatrichter bzw. Gerichte auch in anderen Rechtsgebieten mit ähnlichen Problemen konfrontiert sind und somit gewohnt sein sollten, eine Beweiswürdigung hinsichtlich getätigter Äußerungen durchzuführen.[784]

3. Die Zurechnung direkter Nachweise der Verdrängungsabsicht

Das Kriterium der Verdrängungsabsicht zielt grundsätzlich nicht auf die Feststellung der inneren Geisteshaltung eines Einzelnen (z. B. des Unternehmensangestellten) ab. Vielmehr geht es darum, die Absicht des Unternehmens als Ganzem zu ermitteln und, sofern möglich, die Beweggründe herauszuarbeiten, die einer auf das Marktverhalten ausgerichteten Unternehmensentscheidung zugrunde liegen (sog. "corporate intent").[785] Da eine „Willensbildung" nur durch die natürlichen Personen des Unternehmens erfolgen kann, bedarf es für die Feststellung der (übergeordneten) Unternehmensintention der Zurechnung.

---

782 EuG, Urt. v. 30.1.2007, Rs. T-340/03, Slg. 2007, II-107, Rn. 200 und 202 – *France Télécom*; Kommission, Entscheidung v. 16.7.2003, COMP/38.233, Rn. 121 – *Wanadoo Interactive*.

783 Kommission, Entscheidung v. 16.7.2003, COMP/38.233, Rn. 122 – *Wanadoo Interactive*.

784 *Greer*, Antitrust Bulletin 24 (1979) 233, 247.

785 *Akman*, E.L. Rev. 39 (2014), 316, 317 f.; *Melícias*, W. Comp. 33 (2010), 569, 570, 576 f.

Dies wirft verschiedene Fragen auf: Aus wessen Äußerungen und Schriftstücken kann auf die dem Unternehmen zugrunde liegende Intention oder Strategie geschlossen werden? Wie kann vermieden werden, dass beiläufige Kommentare oder Vermerke eines (einfachen) Angestellten dem Unternehmen als Ganzes zugerechnet werden?[786]

Teile der Literatur knüpfen ihre Kritik an dem direkten Nachweis der Verdrängungsabsicht daher auch an die vermeintlich unlösbaren Zurechnungsprobleme.[787] Vor allem bei Bestehen komplexer und undurchsichtiger Entscheidungsstrukturen in Unternehmen werde das Problem evident. So könne das Führungspersonal mit Blick auf Unternehmensentscheidungen unterschiedliche Motivationen und Intentionen haben.[788] Beispielsweise könne ein Teil der Führungsetage von dem Wunsch nach einem besseren und innovativeren Produkt geleitet sein, während es dem anderen Teil nur um die Vernichtung der Wettbewerber geht. Äußerungen können zudem spontan und unbedacht getroffen werden, auf Wunschdenken basieren oder getroffen werden, um eine bestimmte Zuhörerschaft zu beeindrucken.[789] Vor diesem Hintergrund sei eine Zurechnung willkürlich.[790]

Den genannten Zweifeln kann jedoch mit entsprechenden Einschränkungen zurechenbarer Äußerungen und den allgemeinen Regeln der Beweiswürdigung zuvorgekommen werden. Zunächst scheint es durchaus naheliegend, Äußerungen von Vorständen, Geschäftsführern oder Angestellten mit Leitungsmacht generell dem Unternehmen zuzurechnen. Sie sind es schließlich, die die dem Marktverhalten zugrunde liegenden unternehmerischen Entscheidungen treffen und gewährleisten, dass das Unternehmen überhaupt handlungsfähig wird und bleibt. *Lao* macht dies an einem besonders treffenden Beispiel unter Bezugnahme auf den früheren CEO von Microsoft deutlich:

> "If Bill Gates, for example, speaks about the potential risk of Netscape's browser eroding Microsoft's Windows monopoly and gives his assessment of the effectiveness of possible responses, it would be strange indeed to suggest that Gates's statements and preceptions cannot be attributed to Microsoft as evidence of corporate intent."[791]

---

786 *Melicias,* W. Comp. 33 (2010), 569, 576 f.

787 *McGowan,* J. Corp. L. 24 (1999), 485, 514 ff; *Melicias,* W. Comp. 33 (2010), 569, 576 f.

788 *Melicias,* W. Comp. 33 (2010), 569, 576.

789 *Melicias,* W. Comp. 33 (2010), 569, 576 f.

790 *McGowan,* J. Corp. L. 24 (1999), 485, 514 ("More generally, what one identifies as 'the firm's' intention in the run of cases will probably depend on who is asked, and even then the answer of one individual may not be worth much."); *Melicias,* W. Comp. 33 (2010), 569, 577.

791 *Lao,* Antitrust Bulletin 73 (2005), 171, 204; *dies.* Am. U. L. Rev. 54 (2004), 151, 206.

Die Zurechnung ist jedoch nicht nur in solchen Einzelfällen gerechtfertigt. Auch die Äußerungen und Vermerke leitender Angestellte mit Einfluss auf die Geschäftsstrategie sowie des mittleren Managements können dem Unternehmen grundsätzlich zugerechnet werden, sofern sie im Rahmen und in Bezug auf den jeweiligen Zuständigkeitsbereich abgegeben werden. Auch die Äußerungen des unteren Managements können relevant werden, wenn sie in einer Häufung auftreten, dass sie den Schluss auf eine allgemeine Unternehmensstrategie zulassen. Zwar wird regelmäßig eine Einzelfallbetrachtung erforderlich sein, bei der auch die Umstände zu berücksichtigen sind, in der eine Äußerung getroffen worden ist. Aus den Schwierigkeiten einer Einzelbetrachtung allerdings die grundsätzliche Ablehnung zu folgern, ist zu weitgehend. Es ist gerade die Aufgabe der zuständigen Wettbewerbsbehörde und ihrer Mitarbeiter sowie gegebenenfalls der Gerichte, das aufgefundene Beweismaterial auszuwerten und entsprechend nach seiner Glaubwürdig- und Glaubhaftigkeit zu selektieren.[792] Im Übrigen entspricht die Zurechnung der Verdrängungsabsicht auch der Praxis der EU-Kommission und der Unionsgerichte bei der Verhängung von Geldbußen gem. Art. 23 VO 1/2003. Dort werden dem Unternehmen sämtliche Handlungen seiner Mitarbeiter zugerechnet, die berechtigt sind für das Unternehmen zu handeln, ohne das es erforderlich wäre, dass sie vertretungsberechtigt sind oder im Auftrag von Organen des Unternehmens handeln.[793]

4. Zwischenergebnis

Im Ergebnis können die gegen die direkte Nachweisform geltend gemachten Bedenken nicht überzeugen. Einerseits zeigt bereits die Praxis, dass die Wettbewerbsbehörden durchaus in der Lage sind, direktes Beweismaterial im Rahmen interner Unternehmensdurchsuchungen sicherzustellen. Andererseits sind die Interpretations- und Zurechnungsprobleme typischerweise im Rahmen der Beweiswürdigung zu lösen. Ferner ist darauf hinzuweisen, dass bei verbleibenden Zweifeln immer noch der zusätzliche Nachweis über die objektiven Umstände offensteht.

II. "Cold Economics" – die indirekte Nachweisführung

Neben den direkten Nachweisen werden im Rahmen der europäischen Missbrauchskontrolle auch indirekte Nachweise genutzt. Indirekt bedeutet dabei in

---

792 Ähnlich auch *Lao*, Am. U. L. Rev. 54 (2004), 151, 207 f.

793 EuGH, Urt. V. 7.6.1983, Rs. 100–103/80, Slg. 1983, 1825 Rn 97 – *Pioneer*.

erster Linie, dass es sich nicht um schriftliche und interne Unternehmensunterlagen handelt, sondern um objektive ökonomische[794] und nicht-ökonomische[795] Anhaltspunkte, die eine Verdrängungsabsicht nahelegen.[796] Es handelt sich insoweit um einen Indizienbeweis, der von der Kommission und den Gerichten bisher stets zur Unterstützung und Bestätigung des direkten Beweismaterials genutzt wurde.[797]

1. Mögliche Anknüpfungspunkte für den indirekten Nachweis

Die Kommission und die europäischen Gerichte machen von den indirekten Nachweisen umfangreichen Gebrauch.[798] Dabei lassen sich im Wesentlichen drei Anknüpfungspunkte für den indirekten Nachweis erkennen.[799]

a) Begleitende Maßnahmen mit Verdrängungspotenzial

Erstens, wird regelmäßig ermittelt, ob die zu beurteilende Verhaltensweise in einem Zusammenhang mit anderen Maßnahmen steht, die möglicherweise in ihrer Gesamtschau eine Verdrängungsabsicht nahelegen.[800] Denkbar ist beispielsweise das Aufkaufen eines für die Produktion wesentlichen (und seltenen) Rohstoffes, um die Kosten des Wettbewerbers zu erhöhen ("raising rivals' costs"). Auch die systematische Nutzung von Kundenkontakten, um Informationen

---

794 So können beispielsweise das Aufrechterhalten eines besonders niedrigen Preisniveaus über lange Zeit oder das Vorliegen eines freiwilligen Gewinnopfers auf eine Verdrängungsabsicht hindeuten.

795 Wird eine selektive Preissenkung von Sabotageakten oder weiteren missbräuchlichen Verhaltensweisen begleitet, so deutet dies auch auf eine Verdrängungsabsicht hin.

796 Vgl. Kommission, Entsch. v. 14.12.1985, ABl. 1985 L 374/1, Rn. 80 ff. – *ECS/AKZO.* Der Begriff des indirekten Nachweises ist dabei etwas ungenau. So werden beispielsweise auch unternehmensinterne Dokumente davon erfasst, die lediglich Umstände belegen, aus denen wiederum die Verdrängungsabsicht abgeleitet werden kann. Dies ist beispielsweise der Fall, wenn sich aus sichergestellten Schriftstücken ergibt, dass bewusst finanzielle Opfer in Kauf genommen wurden. Der Schluss, dass eine Verdrängungsabsicht vorliegt, ergibt sich erst im Wege der Ableitung (im Sinne des "profit sacrifice"-Test). Vgl. Ferner *Beck,* Cornell L. Rev. 76 (1991), 1242, 1249.

797 Vgl. dazu Teil C.

798 Vgl. dazu Teil C.

799 Die Einteilung ist angelehnt an *Eilmansberger/Bien,* in: MünchKommEuWettbR, Art. 102 Rn. 509 ff.

800 Vgl. dazu auch die Auflistung möglicher ökonomischer Indizien für die Feststellung eines Kampfpreismissbrauchs bei *Greer,* Antitrust Bulletin 24 (1979), 233, 247 ff.

über die Einzelheiten der konkurrierenden Preisangebote einzuholen und die Konkurrenzangebote dann geringfügig zu unterbieten, kann eine solche Maßnahme sein.[801] Entsprechendes gilt für die Sicherung einer für sich genommen schon missbräuchlichen Ausschließlichkeitsbindung. Auch weniger eindeutige Verhaltensweisen können Berücksichtigung finden: So sah der Gerichtshof beispielsweise die Aufrechterhaltung eines künstlich niedrigen Preisniveaus über lange Zeit als Indiz für eine Verdrängungsabsicht an.[802]

Die Einbettung in eine solche unternehmenseinheitliche Gesamtstrategie hat die Kommission bereits in *AKZO*, *Hilti*, *Tetra Pak II*, *Tomra*, und *Intel* angenommen. Je nachdem wie offensichtlich die anderen unternehmerischen Maßnahmen auf die Verdrängung, Abschreckung oder Disziplinierung anderer Wettbewerber ausgerichtet sind (z. B. Wirtschaftsspionage, -sabotage oder andere unlautere Wettbewerbsmethoden)[803], desto geringer ist die Fehleranfälligkeit eines solchen Nachweises. Insbesondere in einem solchen Zusammenhang können interne Schriftstücke einen Zusammenhang zwischen nach außen hin zunächst unabhängig wirkenden Maßnahmen herstellen.

---

801 EuGH, Urt. v. 14.12.1985, Rs. C-62/86, Slg. 1991, I-3359, Rn. 147 ff. – *AKZO*; Kommission, Entsch. v. 14.12.1985, ABl. 1985 L 374/1, Rn. 82 f. – *ECS/AKZO*. Der Gerichtshof stellt fest, dass eine solche Praxis, wenn sie Teil eines Verdrängungsplans ist, bereits für sich genommen missbräuchlich ist, vgl. EuGH, Urt. v. 14.12.1985, Rs. C-62/86, Slg. 1991, I-3359, Rn. 148 – *AKZO*.

802 AKZO hatte über einen längeren Zeitraum Unterkostenpreise gegenüber Hauptabnehmern praktiziert. Ohne etwa durch Konkurrenzangebote objektiv gerechtfertigt zu sein, lagen die Preise von AKZO zwar oberhalb der durchschnittlichen variablen Kosten, aber unterhalb der durchschnittlichen Gesamtkosten. Dadurch wurde ein unwirtschaftliches Preisniveau künstlich aufrechterhalten, das AKZO nur infolge seiner eignen Finanzkraft nicht gefährlich werden konnte. ECS wurde hingegen davon abgehalten, sich den Hauptkunden von AKZO zuzuwenden. Vgl. EuGH, Urt. v. 14.12.1985, Rs. C-62/86, Slg. 1991, I-3359, Rn. 131 ff. – *AKZO*

803 So hatte in *Utah Pie Company v. Continental Baking Co.*, 386 U.S. 685, 697 (1967), die Pet Milk Company offen eingestanden, dass sie einen Spion in die Fabrik ihres Wettbewerbers Utah Pie geschickt hatte, um an diskreditierende Informationen zu gelangen, die sie gegenüber potenziellen Abnehmern einsetzen konnte ("it sent into Utah Pie's plant an industrial spy to seek information that would be of use to Pet in convincing Safeway that Utah Pie was not worthy of this customer"). Vgl. ferner Kommentar, Col. L. Rev. 68 (1968), 137, 143.

b) Konkrete Ausgestaltung des zu beurteilenden Geschäftsverhaltens

Zweitens, wird die konkrete Ausgestaltung des zu beurteilenden Geschäftsverhaltens in den Blick genommen. Dabei interessieren vor allem Umstände, die das Verdrängungspotenzial der Maßnahme erhöhen.[804] Bei Kampfpreisstrategien kann dies insbesondere die Selektivität der Preissenkungen sein. So hatte AKZO beispielsweise gezielt die Hauptkunden von ECS angesprochen und mittels nicht kostendeckender und bis zu 60 % niedrigerer Preise (als gegenüber seinen eigenen Abnehmern) abzuwerben versucht.[805] Durch die Beibehaltung der höheren Preise für den eigenen Abnehmerkreis gelang es AKZO das Verlustgeschäft zumindest teilweise durch die dortigen Verkaufsgewinne ausgleichen. Aus der Selektivität der Preissenkung folgerte der EuGH, dass es AKZO nicht um eine allgemeine Politik der niedrigen Preise ging, sondern um eine gezielte Schädigung und Verdrängung seines Wettbewerbers ECS.[806] Denn um die eigene Kundschaft zu halten, war ECS gezwungen, selbst die Preise bis zu einem unwirtschaftlichen Niveau zu senken. In eine ähnliche Richtung geht auch der Umstand, dass ein marktbeherrschendes Mehrproduktunternehmen für seine Preissenkung einen für sich selbst vergleichsweise unwichtigen Markt wählt, der jedoch für den Wettbewerber von existenzieller Bedeutung ist.[807]

Auch ein *deutlicher* Preisunterschied zum Wettbewerber wird mitunter als Indiz für das Bestehen einer Verdrängungsabsicht herangezogen. Der EuGH begründet dies in *AKZO* damit, dass es einer deutlichen Unterbietung grundsätzlich nicht bedürfe, um mit dem Wettbewerber erfolgreich konkurrieren zu können. Werde ein solcher Preisunterschied dennoch hergestellt, so lasse dies darauf schließen, dass es dem marktbeherrschenden Unternehmen nicht um den eigene Umsatz- bzw. Gewinnsteigerung ginge, sondern vielmehr um die bloße Schädigung eines unliebsamen Wettbewerbers.[808]

---

804 *Eilmansberger/Bien,* in: MünchKommEuWettbR, Art. 102 Rn. 510.

805 EuGH, Urt. v. 14.12.1985, Rs. C-62/86, Slg. 1991, I-3359, Rn. 115 – *AKZO.*

806 EuGH, Urt. v. 14.12.1985, Rs. C-62/86, Slg. 1991, I-3359, Rn. 115 – *AKZO.*

807 Diese Konstellation lag auch der Rechtssache *AKZO* zugrunde. Nach den Feststellungen der Kommission hatte AKZO eine marktbeherrschende Stellung auf dem europäischen Markt für organische Peroxide und nutzte Dort nutzte den für ECS finanziell besonders bedeutenden Markt für Mehlzusätze lediglich als „Kampffeld", um ECS unter Inkaufnahme möglichst geringer Verluste besonders hart treffen und an einem weiteren Ausbau seiner Stellung im Kunststoffsektor zu behindern, vgl. Kommission, Entsch. 14.12.1985, ABl. 1985 L 374/1 Rn. 79, 87 – *ECS/AKZO.*

808 EuGH, Urt. v. 14.12.1985, Rs. C-62/86, Slg. 1991, I-3359, Rn. 102, 108 – *AKZO.*

Solche Umstände legen eine Verdrängungsabsicht zwar durchaus sehr nahe, die Marktbedingungen und Wettbewerbsdynamiken dürfen dabei aber nicht aus dem Auge gelassen werden. Beispielsweise kann die Selektivität von Preissenkungen Ausdruck normalen Wettbewerbs sein und sich lediglich als Reaktion auf das Preisverhalten anderer erweisen.[809] Entsprechendes gilt für das plötzliche Abweichen von einer bisherigen kostendeckenden Geschäftspraxis. Auch ein solches Verhalten kann durchaus eine Reaktion auf den Wettbewerb im Sinne eines "meeting competition" darstellen. Die vorherigen höheren Preise können zudem auch durch ein bestehendes Kartell begründet sein.[810]

c) Betriebswirtschaftliche Rationalität des Unternehmensverhaltens

Der dritte Anknüpfungspunkt ist die betriebswirtschaftliche Rationalität des Geschäftsverhaltens. Dieser wird, wie nicht nur die bisherige Praxis, sondern auch die Prioritätenmitteilung der Kommission offenbart, besondere Bedeutung beigemessen. Bereits im Rahmen ihres 2005 veröffentlichten Diskussionspapiers zu Art. 82 EG, in dem die Kommission erstmals den Versuch einer vom konkreten Fall losgelösten Systematisierung der möglichen Nachweismethoden der Verdrängungsabsicht unternahm, rückte die Kommission – beschränkt auf den Fall der Kampfpreisunterbietung – die wirtschaftliche Plausibilität des Unternehmensverhaltens in den Vordergrund: Grundsätzlich sei dann von einer Verdrängungsabsicht auszugehen, wenn die einzig ökonomisch vernünftige Erklärung für das beanstandete Preissetzungsverhalten die Verdrängung der Mitbewerber sei.[811] Eine solche Vermutung solle insbesondere für die Fälle gelten, in denen sich die Kampfpreise in ein Gefüge weiterer Verdrängungs- und Missbrauchspraktiken einfügen und damit Teil einer Gesamtstrategie werden.[812] Ein weitergehender Nachweis eines (potenziellen) Verdrängungseffekts sei in diesen Fällen nicht erforderlich.[813]

Das 2009 folgende Prioritätenpapier zur Durchsetzung von Art. 82 EG[814] ist im Vergleich zum Diskussionspapier nicht nur wesentlich sparsamer mit seinen

---

809 *Smith,* Eur. L. Rev. 14 (1989), 209, 216, 219.

810 *Smith,* Eur. L. Rev. 14 (1989), 209, 219.

811 *DG Competition,* Diskussionspapier Art. 82 EG, Rn. 116.

812 *DG Competition,* Diskussionspapier Art. 82 EG, Rn. 116.

813 *DG Competition,* Diskussionspapier Art. 82 EG, Rn. 116.

814 Mitteilung der Kommission, Erläuterungen zu den Prioritäten der Kommission bei der Anwendung von Artikel 82 des EG-Vertrags auf Fälle von Behinderungsmissbrauch durch marktbeherrschende Unternehmen, ABl. EU 2009 C 45/7 ("Prioritätenmitteilung der Kommission").

Hinweisen zu den möglichen Nachweismethoden der Verdrängungsabsicht, sondern hat auch einen leicht modifizierten Ansatz eingenommen. In ihrem Prioritätenpapier knüpft die Kommission den indirekten Nachweis der Verdrängungsabsicht – zunächst wieder beschränkt auf den Fall der Kampfpreisunterbietung – an die Feststellung, dass das marktbeherrschende Unternehmen ein bewusstes Gewinnopfer – sog. sacrifice – in Kauf genommen hat.[815] Nach Auffassung der Kommission kann von einem solchen „Opfer" grundsätzlich ausgegangen werden, wenn das marktbeherrschende Unternehmen infolge seiner Preissetzung bzw. der Festlegung seiner Ausbringungsmenge zu vermeidende Verluste erzielt.[816] Dies ist insbesondere dann der Fall, wenn die zur Prüfung stehenden Preise unterhalb der durchschnittlichen vermeidbaren Kosten liegen und das Unternehmen diese Kosten hätte vermeiden können, wenn es die betreffende Menge nicht produziert hätte, der Verlust für das Unternehmen somit vermeidbar gewesen wäre.[817]

Die Kommission hält aber auch unabhängig von diesem AAC-Maßstab den Nachweis einer Verdrängungsabsicht für möglich. Dafür bedürfe es aber des Nachweises, dass das marktbeherrschende Unternehmen zum Zeitpunkt der Preissetzung eine zumutbare Handlungsalternative bewusst missachtete, die etwaige Gewinneinbußen vermieden bzw. verringert hätte.[818] Denn auch in solchen Fällen wäre der Verlust bzw. die Gewinneinbuße vermeidbar gewesen und stellte daher ein bewusstes „Opfer" dar. Damit der Marktbeherrscher aber nicht dafür verurteilt wird, dass er eine Geschäftsentscheidung gefällt hat, die, wie sich nachträglich herausstellt, betriebswirtschaftlich suboptimal war, will die Kommission nicht irgendwelche hypothetischen oder theoretischen Konstellationen als Vergleichsmaßstab heranziehen. Allein wirtschaftlich vernünftige und praktikable Alternativen, von denen angesichts der Marktbedingungen und des Geschäftsumfelds des marktbeherrschenden Unternehmens realistischerweise angenommen werden kann, dass sie gewinnbringender gewesen wären, sollen in die Beurteilung einbezogen werden.[819]

Der Ansatz der Kommission findet seinen konzeptionellen Ursprung in der amerikanischen Literatur und Rechtsprechung, in der dieser Begründungsansatz

815 Prioritätenmitteilung der Kommission, Rn. 63 ff.
816 Prioritätenmitteilung der Kommission, Rn. 64.
817 Prioritätenmitteilung der Kommission, Rn. 64.
818 Prioritätenmitteilung der Kommission, Rn. 65.
819 Prioritätenmitteilung der Kommission, Rn. 65.

als "profit sacrifice"-Test[820] bekannt ist. Der "profit sacrifice"-Test zielt letztlich darauf ab, unzulässigen Verdrängungswettbewerb von zulässigem Leistungswettbewerb zu unterscheiden.[821] Eine Besonderheit ist, dass ein Perspektivenwechsel eingenommen wird. Statt auf die Auswirkungen auf den Wettbewerb zu blicken, wird ausschließlich auf die betriebswirtschaftliche Ratio des Verhaltens des Marktbeherrschers geblickt und im Wesentlichen die Frage gestellt, ob er freiwillig auf den maximalen Gewinn verzichtet.[822] Dahinter steckt die Annahme, dass ein marktbeherrschendes Unternehmen nur dann freiwillig auf den maximalen Gewinn verzichtet, wenn es in einem späteren Stadium die Möglichkeit sieht, durch die Disziplinierung oder Verdrängung von Wettbewerbern höhere Gewinne zu erzielen, um das kurzfristige Gewinnopfer auszugleichen.[823] Über den Umweg der betriebswirtschaftlichen Ratio des Unternehmensverhaltens lässt sich das Konzept auch als indirekter Nachweis für das Vorliegen einer Verdrängungsabsicht verstehen: Geht das Unternehmen gezielt oder bewusst (und freiwillig) Gewinnopfer ein, so kann dies regelmäßig nur damit erklärt werden, dass es in Verdrängungs- oder Disziplinierungsabsicht handelt.[824] Im Rahmen der Beurteilung von Kampfpreisen kann dieser Ansatz daher als indirekter Nachweis sehr hilfreich sein. Selbst *Baumol, Ordover* und *Willig*, die den "profit sacrifice"-Test in seiner heutigen Ausgestaltung entscheidend mitgeprägt haben, sprechen von einem Werkzeug zur Ermittlung der Unternehmensintention ("tool for assessing wilfulness").[825] Die Überlegung kann auch auf den "no economic sense"-Test übertragen werden, der abstrakt danach fragt, ob das zu

820 Der "profit sacrifice"-Test (in der deutschen Literatur wird auch von dem Konzept des Gewinnopfers gesprochen) geht maßgeblich auf *Robert Bork* zurück, der den Ansatz nicht nur in seinen Grundzügen entwickelt hat, sondern ihn auch als Richter in die Rechtsprechung eingebracht hat. Später wurde der Ansatz durch die Ökonomen *Baumol, Ordover* und *Willig* fortentwickelt. Vgl. dazu *Wurmnest*, 360 ff.

821 Vgl. vertiefend *Wurmnest,* Marktmacht und Verdrängungsmissbrauch, 360 ff.

822 *Vickers,* Econ. J. 115 (2005), F244, F253 ff.; *Wurmnest,* Marktmacht und Verdrängungsmissbrauch, 360 ff.

823 *Wurmnest,* Marktmacht und Verdrängungsmissbrauch, 360 f.

824 *Vickers,* Econ. J. 115 (2005), F244, F253 f.; *Wurmnest,* , 361: „Ist ein Marktbeherrscher zu einer sehr starken „Gewinnaufopferung" bereit, indem er seine Produkte unter seinen – wie auch immer definierten – Selbstkosten anbietet, ohne dazu wirtschaftlichen Grund zu haben, so liegt es nahe, dass diese Strategie allein der Verdraengung bzw. Disziplinierung missliebiger Konkurrenten dienen *soll* [Herv. durch Verf.]."

825 *Baumol/Ordover/ Warren-Boulton/Willig,* Brief of Amici Curiae of Economic Professors in Support of Respondent in der Rechtssache Verizon Communications Inc. V. Law Offices of Curtis V. Trinko LLP vom 25.7.2003, 7 ff.

beurteilende Verhalten betriebswirtschaftlich sinnlos ist.[826] Dieser Ansatz dürfte vor allem bei der Bewertung anderer potenzieller Verdrängungspraktiken vorzugswürdig sein. Denn auch freiwillige Gewinnopfer wie etwa hohe Investitionen in Forschung und Entwicklung eines neuen Produktes werden vom "profit-sacrifice"-Test erfasst werden, obwohl sie prokompetitiv wirken.[827] Grundsätzlich gilt es daher auch die Rahmenbedingungen und weiteren Umstände in den Blick zu nehmen und sich nicht frühzeitig mit einer (isoliert betrachteten) indirekten Nachweisform zufrieden zugeben.

Der "profit sacrifice"-Test sowie der "no economic sense"-Test sind in der Kommissionspraxis und Rechtsprechung bereits mehrfach Grundlage des indirekten Nachweises gewesen. Insbesondere dem AKZO-Test liegt dieser Gedanke bei Preisen unterhalb der durchschnittlichen variablen Kosten zugrunde.[828] Dies wird in der Formulierung des EuGH deutlich, dass ein Unternehmen nur dann ein Interesse habe, solche Preise zu praktizieren, wenn es seine Konkurrenten ausschalten will.[829] Ferner lassen sich viele der in *AKZO* und *Tetra Pak II* herangezogenen objektiven Anhaltspunkte auf beide Konzepte zurückführen (z. B. der deutliche Preisunterschied zum Wettbewerber, der allgemeinen Umfang und die Dauer der Preissenkung). So mögen Tetra Paks nicht kostendeckende Preise zwar kurzfristig gerechtfertigt sein, beispielsweise als Teil einer Marketingkampagne oder als Strategie der Produkteinführung. Die Dauerhaftigkeit legt jedoch das Fehlen einer solchen rationalen Motivation nahe.[830]

2. Gefahren des indirekten Nachweises

Der Versuch, die Verdrängungsabsicht ausschließlich im Wege objektiver Umstände nachzuweisen, kann einer Wirkungsanalyse sehr nahe kommen und damit die eigenständige Bedeutung des Absichtskriteriums aufheben.[831] Dies gilt insbesondere wenn die Verdrängungsabsicht aus den tatsächlichen Auswirkungen eines Verhaltens gefolgert wird. Da der Verdrängungsabsicht unter anderem eine Prognosefunktion hinsichtlich der potenziellen Auswirkungen zukommt,

---

826 *Nazzini*, 208 f.

827 *Wurmnest*, Marktmacht und Verdrängungsmissbrauch, 362.

828 *Nazzini*, 208. *Nazzini* weist überdies darauf hin, dass der EuGH in seinem Urteil auch auf den "as efficient competitor"-Test Bezug nimmt.

829 EuGH, Urt. v. 3.7.1991, Rs. C-62/86, Slg. 1991, I-3359, Rn. 114 – *AKZO*.

830 *Østerud*, 150

831 Vgl. *Möschel*, RIW 1988, 501, 505 Fn. 47.

kann dies zu einem Zirkelschluss führen.[832] Dies zeigt sich an einem jüngeren Beispiel der koreanischen Kartellrechtspraxis. Dort hatte POSCO, einer der weltweit größten Stahlerzeuger, seinem Konkurrenten Hyundai Hysco die Belieferung von Stahldrahtrollen (sog. "Coils") verweigert. Hyundai Hysco hatte diese benötigt, um kaltgeformte Stahlplatten für Hyundai und Kia Motors zu produzieren. Die koreanische Wettbewerbsbehörde (Korea Fair Trade Commission) sah darin eine missbräuchliche Ausnutzung der marktbeherrschenden Stellung in Form einer Lieferverweigerung und setzte gegen POSCO ein Bußgeld fest.[833] Im Rahmen des daran anknüpfenden Rechtsmittelverfahrens konstatierte der koreanische Supreme Court erstmals, dass eine positive Missbrauchsfeststellung sowohl den Nachweis einer Verdrängungsabsicht ("specific intent") als auch den Nachweis wettbewerbsschädlicher Auswirkungen erfordert. Dabei könne die Verdrängungsabsicht auch aus den negativen Auswirkungen auf den Wettbewerbsprozess gefolgert werden. Die Möglichkeit des indirekten Nachweises führt bei diesem Ansatz jedoch zu einem Zirkelschluss: Stellt die Wettbewerbsbehörde wettbewerbsschädliche Auswirkungen auf dem Markt fest, so kann sie daraus regelmäßig auf die Verdrängungsabsicht schließen. Da der Nachweis solcher Auswirkungen nach dem Urteil des Supreme Courts zwingend ist, ist auch der indirekte Nachweis der Verdrängungsabsicht stets gegeben. Das Kriterium der Verdrängungsabsicht übt somit keine selbstständige Funktion mehr aus und ist damit entbehrlich.[834]

Schließlich darf der indirekte Nachweis auch nicht dazu führen, dass der Nachweis der Verdrängungsabsicht auf die bloße Schlussfolgerung reduziert wird, dass das objektive Verhalten kartellrechtlich unerwünscht ist.[835] Auf diese Gefahr weist auch *Akman* hin und glaubt, deren Realisierung bereits in der

---

832 *Østerud* weist auch auf die Tatsache hin, dass sowohl prokompetitiven als auch antikompetitiven Verhaltensweisen eine Verdrängungswirkung zukommen kann. Daher sollte auch aus diesem Grunde kein Rückschluss aus den Auswirkungen des Verhaltens gezogen werden. Vgl. *Østerud*, 146.

833 Supreme Court of Korea, Urt. v. 22.11.2007, No. 2002Du8626 – *POSCO* (englische Fassung unter https://korealaw.files.wordpress.com/2008/02/2_1182002du8626_posco.pdf, zuletzt besucht am 1.08.2018). Vgl. auch den ähnlich gelagerten Fall Supreme Court of Korea, Urt. v. 11.12.2008, Case No. 2007Du25183 – *TBroad-I*. Eine englische Zusammenfassung ist verfügbar bei *Lee/Choi,* Asia-Pacific Antitrust Rev. 2009, 66, 67.

834 Vgl. dazu auch *Kim,* GCP 2008-II, 1 ff.

835 *Cooper* hatte in einem Beitrag aus dem Jahre 1973 auf eine entsprechende Entwicklung im US-amerikanischen Antitrustrecht hingewiesen, vgl. Mich. L. Rev. 71 (1973), 375, 395.

Rechtsprechung der Unionsgerichte erkennen zu können.[836] Sowohl in Bezug auf *AKZO* als auch *Tetra Pak II* ist sie der Ansicht, dass die Unionsgerichte den Nachweis der Verdrängungsabsicht mit der in Frage stehenden Preissenkung selbst begründet und damit das vorgegebene Prüfungsprogramm in eine Art Zirkelschluss führen, bei der der Verdrängungsabsicht keine eigenständige Bedeutung mehr zukommt.[837] Hinsichtlich der Rechtssache *Tetra Pak II* konstatiert sie, dass das EuG zum Nachweis der Verdrängungsabsicht nur Faktoren heranziehe, die letztlich eng mit der Preissenkung verbunden seien. Um „Preise unterhalb der Kosten und mit Verdrängungsabsicht" nachzuweisen, reiche es aber gerade nicht aus, nur „Preise unterhalb der Kosten" nachzuweisen und diesem Befund gleichzeitig eine Vermutungswirkung hinsichtlich der Verdrängungsabsicht zukommen zu lassen.[838] Den Ausführungen von *Akman* ist insoweit zuzustimmen, dass es im Rahmen des objektiven Absichtsnachweises darauf zu achten gilt, nicht vorschnell und unter Umständen aus der zur Prüfung stehenden Handlung selbst auf eine Verdrängungsabsicht zu schließen. Dies würde zu einer Umkehrung der Beweislast führen, die den in *AKZO* entwickelten Kriterien zuwiderliefe. Denn statt die Wettbewerbsbehörde bzw. den privaten Kläger mit dem Nachweis der Verdrängungsabsicht zu belasten, müsste nun das beklagte Unternehmen eine Rechtfertigung vortragen, um die Vermutung der Missbräuchlichkeit seines Verhaltens zu widerlegen.[839] Zudem würde die Verdrängungsabsicht – ebenso wie in *POSCO* – zu einem inhaltslosen Prüfungskriterium werden.

Hinsichtlich der Rechtsprechung der Unionsgerichte ist ein solcher Vorwurf jedoch nicht gerechtfertigt. Weder in *AKZO* noch in *Tetra Pak II* wurde der Nachweis der Verdrängungsabsicht auf die Tatsache der Preissenkung reduziert.

---

836 *Akman*, E.L. Rev. 39 (2014), 316, 321 (zu *AKZO*), 323 (zu *Tetra Pak II*), 325 (zu *France Telecom*). Entsprechend kritisiert *Akman* auch die Kommissionsentscheidung in *AstraZeneca* ("confusing of what is abuse with the evidence to prove abuse"), ebenda, 327.

837 *Akman*, E.L. Rev. 39 (2014), 316, 321 (zu *AKZO*: "The statements of the ECJ imply that it is the act of cutting prices in itself that makes this conduct anti-competitive."), 322 f. (zu *Tetra Pak II*: "This finding again gives the impression that the mere fact that the price is below cost raises a presumption of eliminatory intent. If this is so, then the question is what remaining role, if any, intent plays and why it is a separate part of the assessment at all.";"It is obviously the case that one cannot prove that prices were "below cost with eliminatory intent" by merely demonstrating that prices were "below cost").

838 *Akman*, E.L. Rev. 39 (2014), 316, 321 ff.

839 *Akman*, E.L. Rev. 39 (2014), 316, 321 f.

So hatte der Gerichtshof in *AKZO* den Nachweis der Verdrängungsabsicht nicht nur im Wege objektiver Faktoren, sondern auch durch Heranziehung eindeutiger interner Unternehmensdokumente erbracht. Zwar stellte der Gerichtshof im Rahmen des objektiven Nachweises auch indirekt auf die Preissenkung ab, entscheidend war dabei aber entweder ihre Selektivität, ihre Dauer oder ihr Ausmaß, und damit Kriterien, die der Preissenkung eine andere Qualität geben, aus der durchaus Rückschlüsse gezogen werden können. Ähnliches gilt für *Tetra Pak II*. Auch dort stellte das EuG auf die Dauer und den Umfang der Verlustverkäufe ab und verwies gleichzeitig noch auf die durch Schriftstücke belegte finanzielle „Opferbereitschaft."

Um die genannten Gefahren sowie Fehler in der Nachweisführung zu vermeiden, gilt es, die jeweiligen objektiven Faktoren nicht nur isoliert zu betrachten, sondern sie in den Gesamtzusammenhang des Geschehens zu setzen sowie in ihrer Interaktion mit den anderen objektiven und subjektiven Faktoren zu beurteilen. Dies ist nicht nur hinsichtlich der Bewertung der einzelnen Umstände hilfreich, sondern kann vor allem auch eine einheitliche Zwecksetzung offenbaren.[840] Nur so kann eine möglichst sichere und fehlerminimierte Nachweisanalyse durchgeführt werden. Die Vorgehensweise entspricht auch der europäischen Kommissions- und Gerichtspraxis, die meist sowohl objektive als auch subjektive Nachweise heranzieht.[841]

3. Das Verhältnis des indirekten Nachweises zum direkten Nachweis

Im Schrifttum wird die indirekte bzw. objektive Nachweisart, wie aufgezeigt, teilweise als vorzugswürdig erachtet.[842] So argumentieren *Whish/Bailey* etwa, dass der Nachweis einer Verdrängungsabsicht ohnehin sinnvoller sei, wenn er auf Grundlage objektiver und ökonomisch relevanter Anhaltspunkte erbracht werde. So könne beispielsweise der Frage nachgegangen werden, ob die zu beurteilende und von der kurzfristigen Gewinnmaximierung abgehende Verhaltensweise, nur dann unternehmerischen Sinn ("business sense") mache, wenn sie auf die Verdrängung von Wettbewerbern abziele.[843] Der Rückgriff auf die ökonomische Analyse kann zwar durchaus hilfreich sein, erschwert jedoch die

840 Vgl. auch *O'Donoghue/Padilla*, 279.

841 Vgl. nur Kommission, Entsch. v. 14.12.1985, ABl. 1985 L 374/1, Rn. 80 – *ECS/AKZO*.

842 *Korah, EC Competition Law*, 191; *O'Donoghue/Padilla*, 279; *Whish/Bailey*, Competition Law, 783.

843 *Whish/Bailey*, Competition Law, 783.

Praktikabilität der Führung des Absichtsnachweises. Dies gestehen auch *Whish/Bailey* ein.[844]

Die Praxis der Kommission sowie der Unionsgerichte hingegen lässt dem direkten Nachweis der Verdrängungsabsicht erhebliches Gewicht zukommen. In nahezu allen Fällen wurden interne Unternehmensdokumente herangezogen, um den Missbrauchsvorwurf zu begründen. Die bisher prominenteste Rolle kam der direkten Nachweisform in *Wanadoo Interactive* zu.[845] Dort stellte die Kommission fast ausschließlich auf die internen Unternehmensdokumente ab, um dem französischen Internet Service Provider die Absicht nachzuweisen, den französischen Breitbandmarkt einzunehmen.

Entgegen der in *Wanadoo Interactive* anklingenden Tendenz bemüht sich die Kommission hingegen grundsätzlich, vorgefundene und das Unternehmen inkriminierende Schriftstücke um weitere objektive Anhaltspunkte zu ergänzen. Dies verringert nicht nur die Wahrscheinlichkeit, aus den objektiven Umständen falsche Schlüsse zu ziehen, sondern wirkt auch in die umgekehrte Richtung. Bestehen hinsichtlich des Inhalts und der Deutung der direkten Beweismittel Zweifel, können die objektiven Anhaltspunkte weitere Klarheit verschaffen. Allerdings sollte vermieden werden, den Nachweis der Verdrängungsabsicht vollständig auf objektive Anhaltspunkte zu stützen, da dadurch das Absichtskriterium letztlich zu einem rein objektiven Kriterium der Auswirkungsanalyse wird, deren Schwierigkeiten bei der Durchführung es gerade im Wege der Verdrängungsabsicht es zu vermeiden galt.[846]

Die Nachweisformen stehen somit in einer ständigen Wechselbeziehung. Je eindeutiger die direkten Nachweise einer Verdrängungsabsicht sind, desto geringere Anforderungen sind an die indirekten Nachweise zu stellen. Findet die Wettbewerbsbehörde allerdings nur geringe oder mehrdeutige direkte Nachweise, so müssen die indirekten Nachweise entsprechend stärker auf eine Verdrängungsabsicht hindeuten bzw. das Verdrängungspotenzial erhöhen. Das gleiche gilt auch in umgekehrte Richtung. Insofern kann eine Parallele zu der gerichtlichen Beurteilung von Kampfpreisen gezogen werden. Liegen die Preise nämlich unterhalb der durchschnittlichen variablen Kosten, so ist diesem objektiven Umstand bereits ein solch hohes Verdrängungspotenzial immanent, dass es für das Missbrauchsverdikt keiner weiteren direkten Nachweise bedarf. Bei Preisen oberhalb dieser Kostengrenze sind hingegen zusätzliche objektive

844 *Whish/Bailey*, Competition Law, 783.
845 Vgl. dazu bereits C.I.1.b)(2).
846 Vgl. *Nazzini*, 58.

Anhaltspunkte oder direkte Nachweise zu erbringen, um die Missbräuchlichkeit zu begründen.[847]

III. Zusammenfassung

Für den Nachweis der Verdrängungsabsicht sollten in erster Linie direkte Nachweise herangezogen werden. Die genannten Bedenken hinsichtlich ihrer Praktikabilität und Aussagekraft vermögen, wie soeben aufgezeigt, nicht zu überzeugen. Die Fallpraxis der Kommission zeigt, dass die Kommission im Wege unangekündigter Durchsuchungen – trotz zunehmender unternehmensinterner Compliance-Anstrengungen – oftmals in der Lage ist, inkriminierendes Beweismaterial sicherzustellen. Auch verbleibende Unsicherheiten des Aussagegehaltes einzelner Dokumente können im Rahmen einer ausgewogenen Beweiswürdigung hinreichend berücksichtigt werden.

In Einklang mit der Unionspraxis sollten hingegen auch objektive Anhaltspunkte berücksichtigt werden, die letztlich zu einer sichereren Nachweisgrundlage führen können. Insoweit ist zu beachten das direkter und indirekter Nachweis in einer regen Wechselbeziehung zueinander stehen. Je schwächer die eine Nachweisform, desto höhere Anforderungen sind an die andere zu stellen. Der Nachweis der Verdrängungsabsicht allein im Wege objektiver Umstände sollte hingegen nur in Ausnahmefällen geschehen, beispielsweise wenn ein Geschäftsverhalten *offensichtlich* nur durch eine Verdrängungsabsicht motiviert seien kann.

847 Vgl. den ähnlichen Gedankengang bei *Greer*, Antitrust Bull. 24 (1979), 233, 245.

F. Die Verdrängungsabsicht auf Rechtsfolgenseite

Der Nachweis der Verdrängungsabsicht hat im Rahmen von Art. 102 AEUV nicht nur Bedeutung für die Tatbestandsmäßigkeit einer Zuwiderhandlung. Dem Nachweis der Verdrängungsabsicht kann durchaus auch auf Rechtsfolgenseite mit Blick auf die Bemessung eines angemessenen Bußgeldes Bedeutung zukommen. Nach Art. 23 Abs. 2 lit. a) Var. 2 VO 1/2003 kann die Kommission gegen Unternehmen, die vorsätzlich oder fahrlässig ihre marktbeherrschende Stellung ausgenutzt haben, durch Entscheidung Geldbußen verhängen. Hat die Kommission dem Unternehmen bereits eine Verdrängungsabsicht nachgewiesen, so wird der Verschuldensnachweis oftmals leicht gelingen. Marktbeherrschende Unternehmen werden mit dem wettbewerbsrechtlichen Regelungsrahmen oftmals besonders gut vertraut sein.[848] Zumindest wird von ihnen regelmäßig das Kennenmüssen der einschlägigen wettbewerbsrechtlichen Grenzen erwartet. Die Verdrängungsabsicht kann daher als ein besonders eindrucksvoller Beleg für das bewusste Überschreiten dieser Grenzen angesehen werden.

Dies zeigt auch das Verfahren *AstraZeneca.* Dort verteidigte sich das marktbeherrschende Pharmaunternehmen AstraZeneca gegen die Verhängung eines Bußgeldes damit, dass der konkrete Missbrauchsvorwurf neuartig sei und ihm somit keine Kenntnis der Zuwiderhandlung unterstellt werden könne. Ein Bußgeld sei daher nicht gerechtfertigt.[849] Unter Hinweis auf die wettbewerbsfeindlichen Ziele, die AstraZeneca mit seinem Verhalten verfolgte (Behinderung von Generikaherstellern und Parallelimporteuren), lehnte die Kommission dieses Argument jedoch entschieden ab.[850] Der Gerichtshof bestätigte die Haltung der Kommission und stellte dazu fest, dass selbst bei neuartigen, zuvor noch nicht entschiedenen Zuwiderhandlungen von der Kenntnis der Wettbewerbswidrigkeit durch das marktbeherrschende Unternehmen ausgegangen werden könne, wenn dieses „gezielt bezweckt“, die „Konkurrenten vom Markt fernzuhalten.“[851]

---

848 Kommission, Entsch. v. 15.6.2005, COMP/A.37.507/F3, ABl. Nr. L 332 v. 30.11.2006, S. 26, Rn. 904 – *AstraZeneca.*

849 Kommission, Entsch. v. 15.6.2005, COMP/A.37.507/F3, ABl. Nr. L 332 v. 30.11.2006, S. 26, Rn. 901, 904 – *AstraZeneca.*

850 Kommission, Entsch. v. 15.6.2005, COMP/A.37.507/F3, ABl. Nr. L 332 v. 30.11.2006, S. 26, Rn. 904 – *AstraZeneca.*

851 EuGH, Urt. v. 6.12.2012, Rs. C-457/10 P, Rn. 164 – *AstraZeneca.*

Vor diesem Hintergrund gelangt der Verdrängungsabsicht auch im Rahmen der Ermessensausübung Bedeutung zu. Die Kommission unterliegt bei der Festsetzung von Geldbußen dem Opportunitätsprinzip. Ihr kommt somit ein Entschließungs- und Auswahlermessen zu. Sie kann selbst bei Vorliegen aller Voraussetzungen eines Verstoßes von einer Geldbuße absehen. Dies kann insbesondere bei neuartigen Missbrauchsformen Bedeutung erlangen. In *AstraZeneca* stellte die Kommission klar, dass bei Vorliegen einer Absicht, Wettbewerber vom Markteintritt abzuhalten bzw. zu behindern, bei neuartigen Verstößen nicht *a priori* von einer Geldbuße abgesehen werden kann.[852]

Für die Bestimmung der Höhe der Geldbuße sind nach Art. 23 Abs. 3 VO 1/2003 die Schwere und die Dauer der Zuwiderhandlung zu berücksichtigen. Es erscheint daher naheliegende auch in der Verdrängungsabsicht ein berücksichtigungsfähiges Kriterium im Rahmen der Bußgeldfestsetzung zu sehen.[853] Zwar wird die Verdrängungsabsicht in den Bußgeldleitlinien der Kommission nicht ausdrücklich als berücksichtigungsfähiger Umstand erwähnt. Allerdings wird die fahrlässige Begehung der Zuwiderhandlung als ein mildernder Umstand im Rahmen der Anpassung des sog. Grundbetrages angesehen.[854] Dies deutet darauf hin, dass auch der Vorsatz bei besonderer Ausprägung des voluntativen Elements als erschwerender Umstand angesehen werden kann. Ferner zählen nach den Leitlinien auch die Rolle als Anführer oder Anstifter des Verstoßes sowie Vergeltungsmaßnahmen gegenüber anderen Unternehmen, um die Einhaltung der beschlossenen Verstöße durchzusetzen, als erschwerende Umstände, die zu einer Erhöhung des Bußgeldes führen können.[855] Beide Fälle sind insoweit mit dem Vorliegen einer Verdrängungsabsicht vergleichbar, als dass in ihnen eine besondere wettbewerbsbeschränkende Zielsetzung zum Ausdruck kommt.[856]

---

852 Kommission, Entsch. v. 15.6.2005, COMP/A.37.507/F3, ABl. Nr. L 332 v. 30.11.2006, S. 26, Rn. 904 – *AstraZeneca*.

853 Vgl. auch *Bavosso*, ECLR 2005, 616, 623; *O'Grady*, W. Comp. 37 (2014), 459, 482 f.

854 Kommission, Leitlinien für das Verfahren zur Festsetzung von Geldbußen gemäß Artikel 23 Absatz 2 Buchstabe a) der Verordnung (EG) Nr. 1/2003 (nachfolgend: „Bußgeld-Leitlinien"), Rn. 29, 2. Spiegelstrich.

855 Kommission, Bußgeld-Leitlinien, Rn. 28, 3. Spiegelstrich.

856 Andeutend auch *Bavosso*, ECLR 2005, 616, 623. Dass die Verdrängungsabsicht die Annahme eines „erschwerenden" Umstandes durchaus rechtfertigen kann zeigt auch der Blick in das englische Recht. Dieses gewährt unter bestimmten Voraussetzungen die Möglichkeit auf Strafschadensersatz (sog. "exemplary damages") zu klagen. Im Verfahren *2 Travel Group PLC (in liquidation) v. Cardiff City Transport Services Limited* hatte die Office of Fair Trading (OFT) die missbräuchliche Ausnutzung einer marktbeherrschenden Stellung durch das Busunternehmen Cardiff City Transport Services

Zuletzt kann die Absicht in Form eines Verdrängungsplans auch Einfluss auf die Verfolgungsverjährung nach Art. 25 Abs. 1 VO 1/2003 haben. Die Verjährungsfrist für die Festsetzung eines Bußgeldes wegen einer Zuwiderhandlung gegen Art. 102 AEUV beträgt fünf Jahr und beginnt gemäß Art. 25 Abs. 2 S. 1 VO 1/2003 grundsätzlich mit dem Tag, an dem die Zuwiderhandlung begangen worden ist. Bei sog. „dauernden oder fortgesetzten Zuwiderhandlungen" beginnt die Verjährung gemäß Art. 25 Abs. 2 S. 2 VO 1/2003 jedoch erst an dem Tag, an dem die Zuwiderhandlung beendet ist. Die Verjährung richtet sich demnach nicht nach der Beendigung von Teilakten, sondern beginnt erst nach Beendigung des tatsächlichen Verstoßes. Dies kann entscheidende Auswirkungen auf die Verjährung von Verstößen haben, insbesondere wenn sie sich aus mehreren Teilakten zusammensetzen. Ein Verhalten kann unter anderem dann als eine „dauernde und fortgesetzte" Handlung eingestuft werden, wenn es sich in einen „Gesamtplan" mit wettbewerbsfeindlichem Ziel einordnen lässt.

Limited festgestellt. 2 Travel Group klagte daraufhin mit eine follow on-Klage vor dem Competition Appeals Tribunal (CAT) erfolgreich Strafschadensersatz ein. Das Vorliegen der Verdrängungsabsicht ("exclusionary intent") stützte dabei die Rechtfertigung des Strafschadensersatzes. Vgl. CAT, Urt. v. 5.7.2012, Nr. 1178/5/7/11, Rn. 593 f.

G. Zusammenfassende Thesen

Erstens: Trotz der zunehmenden Ökonomisierung des europäischen Kartellrechts ist die Verdrängungsabsicht im Rahmen der europäischen Missbrauchskontrolle zu einem häufig verwendeten Hilfskriterium der Missbrauchsfeststellung geworden. So beschränkt sich ihre Berücksichtigung nicht nur auf die Fälle des Kampfpreismissbrauchs, sondern findet auch Anwendung auf Rabattfälle (vgl. S. 104 ff.) sowie die spezielleren Fälle der missbräuchlichen Rechtsdurchsetzung (vgl. S. 38). Die europäische Missbrauchskontrolle hat damit einen eigenständigen dogmatischen Ansatz entwickelt, der sich von der im US-Kartellrecht zu beobachtenden zunehmenden Skepsis gegenüber einer Relevanz der Verdrängungsabsicht unbeeindruckt zeigt (vgl. dazu S. 136 ff.).

Zweitens: Die Verdrängungsabsicht steht weder in Widerspruch zu dem Postulat des objektiven Missbrauchsbegriffs (vgl. S. 23 ff.) noch zu der zunehmenden wirtschaftlichen Betrachtungsweise bei der Auslegung und Anwendung der europäischen Wettbewerbsregeln (vgl. S. 30 ff.). Insbesondere für Letzteres kann die Verdrängungsabsicht zusätzliche Erkenntnisse bringen.

Drittens: Das Streben nach der Verdrängung anderer Wettbewerber und nach der Steigerung der eigenen Marktanteile ist zwar einem jedem Wettbewerbprozess immanent. Mit einer entsprechenden inhaltlichen Präzisierung (*Plan* zur Ausschaltung aktueller und potenzieller Wettbewerb) lässt sich die Verdrängungsabsicht aber als ein hilfreiches und praktikables Prüfkriterium nutzbar machen, das die Differenzierung zwischen wettbewerbskonformem und wettbewerbswidrigem Verhalten bei Behinderungsmissbräuchen erleichtert (vgl. S. 19 ff.).

Viertens: Für die Beurteilung von Kampfpreisen stellt die Verdrängungsabsicht insbesondere mit Blick auf ihre Praktikabilität ein grundlegendes und wichtiges Abgrenzungskriterium dar, welches die isolierte Betrachtung etwaiger Kostengrenzen nicht zu leisten vermag (vgl. S. 70 ff.). Die Verdrängungsabsicht ermöglicht der Missbrauchskontrolle vor allem die Berücksichtigung der langfristigen und strategischen Erwägungen des Unternehmens (vgl. S. 84 ff.). Es verdient zudem den Vorzug vor einem recoupment-Kriterium, welches dem Gefährdungscharakter des Art. 102 AEUV nicht gerecht wird (vgl. S. 101 ff.).

Fünftens: Die kartellrechtliche Beurteilung von Kosten-Preis-Scheren-Sachverhalten ist mit erheblichen praktischen Schwierigkeiten sowie einem hohen Ermessensspielraum der Behörden verbunden. Dem sich daraus ergebenden

Fehlerpotenzial kann mit dem Kriterium der Verdrängungsabsicht wirksam entgegen gewirkt werden. Unabhängig von der dogmatischen Einordnung der Kosten-Preis-Schere ist es daher geboten, das Missbrauchsverdikt an den Nachweis der Verdrängungsabsicht zu knüpfen (vgl. S. 94 ff.).

Sechstens: Die Verdrängungsabsicht (in Form der Marktabschottungsabsicht) ist auch bei Treuerabatten sowie vertraglichen Ausschließlichkeitsbindungen ein zentrales Analysekriterium. Eine Marktabschottungsabsicht darf bei Treuerabatten im engeren Sinne sowie bei Ausschließlichkeitsbindungen allerdings nicht einfach unterstellt werden. Vielmehr muss von dem in Rede stehenden Verhalten ein wettbewerbliches Gefahrenpotenzial ausgehen; erst dann ist die Vermutung einer Verdrängungsabsicht gerechtfertigt. Im Rahmen der Beurteilung von Treuerabatten im weiteren Sinne, bei denen eine Treuewirkung nicht ohne Weiteres ersichtlich ist, kann die Feststellung einer Marktabschottungsabsicht die notwendige Klarheit vermitteln (vgl. S. 104 ff. und 120 ff.).

Siebtens: Die Verdrängungsabsicht setzt ein Verhalten nicht automatisch dem Missbrauchsvorwurf aus. Vielmehr muss sich die Verdrängungsabsicht in einem objektiven Marktverhalten manifestieren, welches zumindest unter Zugrundelegung allgemeiner Erfahrungswerte geeignet ist, den Wettbewerbsprozess einer konkreten Gefahrenlage auszusetzen (vgl. S. 33 ff.).
Achtens: Um die Eigenständigkeit und den Aussagehalt der Verdrängungsabsicht zu wahren, sind an ihren Nachweis erhöhte Anforderungen zu stellen. Grundsätzlich sollte sich die Feststellung einer Verdrängungsabsicht sowohl auf direkte als auch indirekte Nachweismittel stützen. Fehlt es an direkten Beweismitteln, so müssen die indirekten Nachweis umso eindeutiger ausfallen. Dabei ist insbesondere darauf zu achten, dass der Nachweis der Verdrängungsabsicht nicht mit einer ökonomischen Analyse des Wirkungspotenzials gleichgesetzt wird (vgl. S. 155 ff.).

Im Ergebnis lässt sich die Untersuchung daher mit den Worten von *Greer* abschließen:

> "*There is no good reason to reject evidence of intent if it is available because it may help identify wolves and sheep.*"[857]

857 *Greer,* Antitrust Bull. 24 (1979), 233, 245.

Literaturverzeichnis

Ahlborn, Christian/Allan, Bill, The Napp Case: A Study of Predation?, W. Comp. 26 (2003), 233 ff.

Akman, Pinar, Searching for the Long-Lost Soul of Article 82 EC, Oxf. J. Leg. Stud. 29 (2009), 267 ff.

Akman, Pinar, The Role of Intent in the EU Case Law on Abuse of Dominance, E.L. Rev. 39 (2014), 316 ff.

Areeda, Phillip/ Kaplow, Louis/ Edlin, Aaron, Antitrust Analysis: Problems, Text, and Cases, 7. Auflage, New York 2013

Areeda, Phillip/Turner, Donald F., Predatory Pricing and Related Practices under Section 2 of the Sherman Act, Harv. L. Rev. 88 (1975), 697 ff.

Areeda, Phillip/Turner, Donald F., Scherer on Predatory Pricing: A Reply, Harv. L. Rev. 89 (1976), 891 ff.

Areeda, Phillip/Turner, Donald F., Williamson on Predatory Pricing, Yale L. J. 87 (1978), 1337 ff.

Baumol, William J., Quasi-Performance of Price Reductions: A Policy for Prevention of Predatory Pricing, Yale L. J. 89 (1979), 1 ff.

Bavasso, Antonio, The Role of Intent Under Article 82 EC: From „Flushing the Turkeys“ to “Spotting Lionesses in Regent’s Park”, ECLR 11 (2005), 616 ff.

Beck, Steven R., Intent as an Element of Predatory Pricing under Section 2 of the Sherman Act, Cornell L. Rev. 76 (1991), 1242 ff.

Bien, Florian, Besprechung von Thorsten Wilhelm Pries, Kampfpreismissbrauch im ökonomisierten EG-Kartellrecht, ZHR 176 (2012), 128 ff.

Bien, Florian/Krah, Matthias, The Ruling of the CJEU in Post Danmark: Putting an End to Selective Price Cuts as an Abuse Under TFEU Article 102 and Turning Towards a More Economic Approach, ECLR 2012, 482 ff.

Bien, Florian/Rummel, Per, Ende des More Economic Aproach bei der Beurteilung von Rabattsystemen?, EuZW 2012, 737 ff.

Bodenstein, Ines, Intel und Post Danmark II – Die Weichen für die zukünftige Bewertung von Rabatten nach Art. 102 AEUV sind so gut wie gestellt!, ZWeR 2015, 403 ff.

Bolton, Patrick/Brodley, Joseph F./Riordan, Michael H., Predatory Pricing: Strategic Theory and Legal Policy, Geo. L. J. 88 (2000), 2239 ff.

Bork, Robert H., The Antitrust Paradox: A Policy at War with Itself, New York 1978.

Bowman Jr., Ward S, Restraint of Trade by the Supreme Court: The Utah Pie Case, Yale L. J. 77 (1967), 70 ff.

Brodley, Joseph F./Hay, George A., Predatory Pricing: Competing Economic Theories and The Evolution of Legal Standards, Cornell L. Rev. 66 (1980–81), 738 ff.

Brodley, Joseph F./Ma, Ching-to Albert, Contract Penalties, Monopolizing Strategies, and Antitrust Policy, Stan. L. Rev. 45 (1993), 1161 ff.

Busche, Jan/Röhling, Andreas, Kölner Kommentar zum Kartellrecht, Köln 2016

Cass, Ronald A./Hylton, Keith N., Antitrust Intent, S. Cal. L. Rev. 74 (2001), 657 ff.

Colomo, Pablo Ibánez, Intel and Article 102 TFEU – Making Sense of a Perpetual Controversy, LSE Law, Society and Economy Working Paapers 29/2014, 1 ff.

Comanor, William S./Frech III, H.E., Predatory Pricing and the Meaning of Intent, Antitrust Bull. 38 (1993), 293 ff.

Comanor, William S./Frech III, H.E., Strategic Behavior and Antitrust Analysis, Am. Econ. Rev. 74 (1984), 372 ff.

Cooper, Edward H., Attempts and Monopolization: A Mildly Expansionary Answer to the Prophylactic Riddle of Section 2, Mich. L. Rev. 72 (1973), 375 ff.

Crane, Daniel A., Antitrust, New York 2014

Creighton, Susan A./Hoffman, D. Bruce/Krattenmaker, Thomas G./Nagata, Ernest A., Cheap Exclusion, Antitrust L. J. 72 (2005), 975 ff.

Dana, William F., “Monopoly” under the National Antitrust Act, Harv. L. Rev. 7 (1894), 338 ff.

Easterbrook, Frank H., Predatory Strategies and Counterstrategies, U. Chi. L. Rev. 48 (1981), 263 ff.

Edlin, Aaron S., Stopping Above-Cost Predatory Pricing, Yale L. J. 111 (2002), 941 ff.

Ehlermann, Claus-Dieter/ Atanasiu, Isabela (Hg.), Eruopean Competition Law Annual 2003: What Is an Abuse of a Dominant Position?, Oxford/Portland (Oregon) 2006

Eilmansberger, Thomas, How to Distinguish Good from Bad Competition under Article 82 EC: In Search of Clearer and More Coherent Standards for Anti-Competitive Abuses, CML Rev. 42 (2005), 129 ff.

Elhauge, Einer, Defining better Monopolization Standards, Stan. L. Rev. 56 (2003), 253 ff.

Emmerich, Volker, Kartellrecht, 14. Auflage, München 2018

Epstein, Richard A., Monopoly Dominance or Level Playing Field – The New Antitrust Paradox, U. Chi. L. Rev. 72 (2005), 49 ff.

Fleischer, Holger, Gezielte Kampfpreisunterbietung im Recht der Vereinigten Staaten – Der Supreme Court zwischen Chicago School und Post-Chicago Economics, WuW 1995, 796 ff.

Fox, Eleanor M./Sullivan, Lawrence A., Antitrust – Retrospective and Prospective: Where Are We Coming From? Where Are We Going?, N. Y. U. L. Rev. 62 (1987), 936 ff.

Fritzsche, Alexander/Marquier, Julia, Kampfpreisunterbietung ohne Verdrängungsabsicht – Das Ende des formbasierten Ansatzes in der europäischen Missbrauchsaufsicht?, EuZW 2012, 536 ff.

Gaudin, Germain/Mantzari, Despoina, Margin Squeeze: An above-cost predatory pricing approach, J.o.L.&Econ. (2016) 12 (1), 151 ff.

Glöckner, Jochen, Kartellrecht – Recht gegen Wettbewerbsbeschränkungen, 2. Auflage, Stuttgart 2017

Greer, Douglas F., A Critique of Areeda and Turner's Standard for Predatory Practices, Antitrust Bull. 24 (1979), 233 ff.

Gruber, Johannes Peter, Predatory Pricing (Kampfpreise) im europäischen Kartellrecht: Zu EuG 30.01.2007, T-340/03 – France Télécom/Kommission ("Wanadoo"), MR-Int. 2006, 167 ff.

Gunther, Jacques-Philippe/ Breuvart, Charlotte, Misuse of patent and drug regulatory approval systems in the pharmaceutical industry: an analysis of US and EU converging approaches, ECLR 2005, 669 ff.

Gyselen, Luc, Rebates – Competition on the Merits or Exclusionary Practice?, in: Ehlermann, Claus-Dieter/Atanasiu, Isabela (Hg.), European Competition Law Annual 2003: What is an Abuse of a Dominant Position?, Oxford und Portland/Oregon 2006, 287 ff.

Haberer, Anno, Konkretisierung der Rechtsprechung zu Ausschließlichkeitsrabatten, WuW 2017, 526 ff.

Henk-Merten, Katrin, Die Kosten-Preis-Schere im Kartellrecht, Köln u. a. 2004.

Hirsch, Günter/Montag, Frank/Säcker, Franz Jürgen (Hg.), Münchener Kommentar zum Europäischen und Deutschen Wettbewerbsrecht (Kartellrecht) – Kartellrecht, Missbrauchs- und Fusionskontrolle, Bd. 1: Europäisches Wettbewerbsrecht, München 2007 (zitiert als: MünchKommEuWettbR)

Hovenkamp, Herbert, Predatory Pricing under the Areeda-Turner Test, U. Iowa Leg. Stud. Research Paper No. 15–06, 2015, 1 ff.

Hovenkamp, Herbert, Federal Antitrust Policy: The Law of Competition and Its Practice, 4. Auflage, St. Paul/Minn. 2011.

Hovenkamp, Herbert, The Monopolization Offense, Ohio St. L. J. 61 (2001), 1035 ff.

Hovenkamp, Herbert, Antitrust Policy After Chicago, Mich. L. Rev. 84 (1985), 213 ff.

Hovenkamp, Herbert, The Antitrust Enterprise: Principle and Execution, Cambridge/Mass. 2005.

Howarth, David, Pricing Abuses – Unfair and Predatory Pricing under Article 82 EC: From Cost-Price Comparisons to the Search for Strategic Standards, in: Amato, Guilano/Ehlermann, Claus-Dieter (Hg.), EC Competition Law: A Critical Assessment, Oxford und Portland/Oregon 2007, 249 ff.

Hurwitz, James D./Kovacic, William E., Judicial Analysis of Predation: The Emerging Trends, Vand. L. Rev. 35 (1982), 63 ff.

Immenga, Ulrich/Mestmäcker, Ernst-Joachim (Hg.), Wettbewerbsrecht, Bd. I: Kommentar zum Europäischen Kartellrecht, 5. Auflage, München 2012 (zitiert als: Immenga/Mestmäcker, EU-Wettbewerbsrecht).

Jacobs, Michael S., An Essay on the Normative Foundations of Antitrust Economics, N. C. L. Rev. 74 (1995), 219 ff.

Jaeger, Wolfgang/Kokott, Juliane/Pohlmann, Petra, Frankfurter Kommentar zum Kartellrecht, Stand: 91. Ergänzungslieferung, August 2018.

Jaeger/Schroeder, Dirk,

Jones, Alison, Distinguishing Predatory Prices from Competitive Ones, E.I.P.R. 1995, 252 ff.

Jones, Alison/Sufrin, Brenda, EC Competition Law, 3. Auflage, Oxford 2008

Joskow, Paul L./Klevorick, Alvin K., A Framework for Analyzing Predatory Pricing Policy, Yale L. J. 89 (1979), 213 ff.

Kahn, Alfred E., Standards for Antitrust Policy, Harv. L. Rev. 67 (1953), 28 ff.`

Kantzenbach, Erhard/Kruse, Jörn, Kollektive Marktbeherrschung, Wirtschaftspolitische Studien aus den Instituten für Wirtschaftspolitik und für Industrie- und Gewerbepolitik der Universität Hamburg, Heft 75, Göttingen 1989.

Kauper, Thomas E., Section Two of the Sherman Act: The Search for Standards, Geo. L. J. 93 (2005), 1623 ff.

Keller, Matthias, Kampfpreisstrategien – Aktuelle Entwicklungen im Lichte des More Economic Approach, Würzburger Arbeiten im Wirtschaftsrecht, Würzburg: Universität Würzburg 2012, Band 2

Kim, Hyungbae, Should Intent Be a Separate Element of an Abuse of Market Dominance?, GCP 2008, Ausgabe 2, 1 ff.

Koller, Roland H., The Myth of Predatory Pricing: An Empirical Study, Antitrust L. & Econ. Rev. 4 (1971), 105 ff.

Kon, Stephen/Turnbull, Sarah, Pricing and the Dominant Firm: Implications of the Competition Commission Appeal Tribunal's Judgment in the *Napp* Case, ECLR 2003, 70 ff.

Korah, Valentine, An Introductory Guide to EC Competition Law and Practice, 9. Auflage, Oxford und Portland/Oregon 2007 (zitiert als: *Korah*, EC Competition Law and Practice).

Korah, Valentine, Tetra Pak II – Lack of Reasoning in Court's Judgment, ECLR 1997, 98 ff.

Krah, Matthias, Kurzbesprechung der Schlussanträge des Generalanwalts Mengozzi in der Rechtssache C-209/10 – Post Danmark A/S gegen Konkurrencerådet, EuZW 2012, 207 ff.

Krause, Nils/Oppolzer, Sebastian, Anwendungsprobleme des 20 IV GWB hinsichtlich des Verkaufs unter Einstandspreis, WuW 2000, 17 ff.

Lange, Knut Werner, Kampfpreisstrategien (predatory pricing) im europäischen Kartellrecht, ZHR 169 (2005), 495 ff.

Lange, Knut Werner/Pries, Thorsten, Die Neuorientierung der europäischen Missbrauchsaufsicht in dem Bereich von Kampfpreisstrategien (predatory pricing), EWS 2009, 57 ff.

Langen, Eugen/Bunte, Hermann-Josef (Begr./Hg.), Kommentar zum deutschen und europäischen Kartellrecht, Bd. 2: Europäisches Kartellrecht, 13. Auflage, Köln 2018

Langen, Eugen/Bunte, Hermann-Josef (Begr./Hg.), Kommentar zum deutschen und europäischen Kartellrecht, Bd. 1: Deutsches Kartellrecht, 13. Auflage, Köln 2018

Lao, Marina, Reclaiming a Role for Intent Evidence in Monopolization Analysis, Am. Univ. L. Rev. 54 (2004), 151 ff.

Lao, Marina, Aspen Skiing and Trinko: Antitrust Intent and "Sacrifice", Antitrust L. J. 73 (2005), 171 ff.

Lawrence, A. Sullivan, Monopolization: Corporate Strategy, The IBM Cases, and The Transformation of The Law, Texas L. Rev. 60 (1982), 587 ff.

Lee, Min-Ho/Choi, Karen Yookyung, Korea: Abuse of Market Dominance, Asia Pacific Antitrust Rev. 2009, 66 ff.

Levy, Nicholas, Case C-62/86 *AKZO Chemie B.V. v. Commission*, Judgment of 3 July 1991 (Fifth Chamber), CML Rev. 29 (1992), 415 ff.

Loewenheim, Ulrich/Meessen, Karl Matthias/Riesenkampff, Alexander/Kersting, Christian/Meyer-Lindemann, Hans Jürgen (Hg.), Kartellrecht: Kommentar zum deutschen und europäischen Recht, 3. Auflage, München 2016

Lundqvist, Björn/Ølykke, Grith Skovgaard, Post Danmark, now concluded by the Danish Supreme Court: Clarification of the Selective Low Pricing Abuse and Perhaps the Embryo of a New Test under article 102 TFEU?, ECLR 2012, 484 ff.

Mandorff, Martin/Sahl, Johan, The Role of the "Equally Efficient Competitor" in the Assessment of Abuse of Dominance, Comp. L. 2013, 221 ff.

Manne, Geoffrey A./Williamson, E. Marcellus, Hot Docs vs. Cold Economics, Arizona L. Rev. 47 (2005), 609 ff.

Marini-Balestra, Federico, Margin squeeze overstretched? A comment on the European Commission's decision in Slovak Telekom, ECLR 2016, 207 ff.

Martinez, Luis Miguel Hinojosa, Predatory Pricing Literature under European Competition Law: The AKZO Case, Leg. Iss. Econ. Integr. 20 (1993), 95 ff.

Mastromanolis, Emmanuel P., Predatory Pricing Strategies in the European Union: A Case for Legal Reform, ECLR 1998, 211 ff.

McGee, John S., Predatory Price Cutting: The Standard Oil (N. J.) Case, J. L. & Econ. 1 (1958), 137 ff.

McGee, John S., Predatory Pricing Revisited, Journal of Law & Economics 23 (1980), 289 ff.

McGowan, David, Networks and Intention in Antitrust and Intellectual Property, Journal of Corporation Law 24 (1999), 485 ff.

Melícias, Maria Jodo, The Use and Abuse of Intent Evidence in Antitrust Analysis, W. Comp. 33 (2010), 569 ff.

Merkin, Robert, Predatory Pricing or Competitive Pricing: Establishing the Truth in English and EEC Law, Oxf. J. Leg. Stud. 7 (1987), 182 ff.

Mestmäcker, Ernst-Joachim, Der verwaltete Wettbewerb: Eine vergleichende Untersuchung über den Schutz von Freiheit und Lauterkeit im Wettbewerbsrecht, Tübingen 1984

Mestmäcker, Ernst-Joachim/Schweitzer, Heike, Europäisches Wettbewerbsrecht, 3. Auflage 2014.

Moisejevas, Raimundas, The Importance of the Intent in Predatory Pricing Cases, Jurisprudencija 2010, 319 ff.

Moritz, Hans-Werner, Grenzen des zulässigen Wettbewerbs mit Unterkostenpreisen und selektiven Preisen – Die Rechtslage in der EU, der BRD und den USA, Schwerpunkte des Kartellrechts 1993/94, Band 163, 71 ff.

Möschel, Wernhard, Der Missbrauch marktbeherrschender Stellungen nach Art. 82 EG-Vertrag und der "More Economic Approach", JZ 2009, 1040 ff.

Möschel, Wernhard, Die Idee der rule of law und das Kartellrecht heute – Am Beispiel der gezielten Kampfpreisunterbietung, ORDO 30 (1979), 295 ff.

Möschel, Wernhard, Preis- und Konditionendifferenzierung durch marktbeherrschende Unternehmen nach EG-Recht, RIW 1988, 501 ff.

Möschel, Wernhard, Recht der Wettbewerbsbeschränkungen, Köln 1983

Möschel, Wernhard, Pressekonzentration und Wettbewerbsgesetz, Tübingen 1978

Motta, Massimo, Competition Policy – Theory and Practice, Cambridge 2009

Müller-Graff, Johanna/Fischmann, Filipe, Der Fall *Astra Zeneca*: "Tool boxes" im Arzneimittelsektor – wer hat die besseren Werkzeuge und welche sind erlaubt? Zum Urteil des Gerichts der Europäischen Union vom 1. Juli 2010, Rs. T-321/05, GRUR Int. 2010, 792 ff.

MünchKommEuWettbR, Siehe *Hirsch u. a.*

Murphy, Frances, Abuse of regulatory procedures – the AstraZeneca case, ECLR 2009, 289 ff.

Murphy, Frances/Liberatore, Francesco, Abuse of regulatory procedures – the AstraZeneca case, ECLR 2009, 223 ff.

Nazzini, Renato, The Foundations of European Union Competition Law: The Objective and Principles of Article 102, Oxford 2011.

O'Donoghue, Robert/Padilla, A. Jorge, The Law and Economics of Article 102 TFEU, 2. Auflage, Oxford und Portland/Oregon 2013

O'Grady, Colm, The Role of Exclusionary Intent in the Enforcement of Article 102 TFEU, W. Comp. 37 (2014), 459 ff.

Odudu, Okeoghene, Interpreting Article 81 (1): object as subjective intention, E. L. Rev. 2001, 60 ff.

Odudu, Okeoghene, Interpreting Article 81 (1): the object requirement revisited, E. L. Rev. 2001, 379 ff.

Odudu, Okeoghene, The Role of Specific Intent in Section 1 of the Sherman Act: A Markte Power Test?, W. Comp. 25 (2002), 463 ff.

Østerud, Eirik, Identifying Exclusionary Abuses by Dominant Undertakings under EU Competition Law, The Spectrum of Tests, New York 2010.

Paul, Thomas, Behinderungsmissbrauch nach Art. 82 EG und der "more economic approach", Köln 2008.

Paul, Thomas, Behinderungsmissbrauch nach Art. 82 EG und der "more economic approach", Köln und München 2008

Posner, Richard A., Exclusionary Practices and the Antitrust Laws, U. Chi. L. Rev. 41 (1974), 506 ff.

Posner, Richard A., Antitrust Law, 2. Auflage, Chicago 2001

Posner, Richard A./Easterbrook, Frank H., Antitrust: Cases, Economic Notes and Other Materials, 2. Auflage, St. Paul/Minn. 1981

Pries, Thorsten Wilhelm, Kampfpreismissbrauch im ökonomisierten EG-Kartellrecht, Tübingen 2009

Quinn, Michael C., Predatory Pricing Strategies: The Relevance of Intent Under Antitrust, Unfair Competition, and Tort Law, St. John's L. Rev. 64 (1990), 607 ff.

Richter, Ann-Christin, Mengen- und umsatzbezogene Rabatte marktbeherrschender Unternehmen in den Grenzen des Art. 102 AEUV, Frankfurt a. M. 2013

Richter, Ann-Christin, Mengen- und Umsatzbezogene Rabatte marktbeherrschender Unternehmen in den Grenzen des Art. 102 AEUV, Frankfurt 2013

Ritter, Cyril, Does the Law of Predatory Pricing and Cross-Subsidisation Need a Radical Rethink?, W. Comp. 27 (2004), 613 ff.

Rosenblatt, Howard/Armengod, Héctor/Scordamaglia-Tousis, Andreas, Post Danmark: predatory pricing in the European Union, Eur. Antitrust Rev. 2013, 21 ff.

Roszkowski, Mark E./Brubaker, Ralph, Attempted Monopolization: Reuniting a Doctrine Divorced From Its Criminal Law Roots and The Policy of the Sherman Act, Marquette L. Rev. 73 (1990), 355 ff.

Rousseva, Ekatarina/Marquis, Mel, Hell Freezes Over: A Climate Change for Assessing Exclusionary Conduct under Article 102 TFEU, JECLP 2013, 32 ff.

Rousseva, Ekaterina, Rethinking Exclusionary Abuses in EU Competition Law, Oxford und Portland/Oregon 2010

Rowe, Frederick M., The Decline of Antitrust and the Delusions of Models: The Faustian Pact of Law and Economics, Geo. L. J. 72 (1984), 1511 ff.

Rubinfeld, Daniel/Pindyck, Robert, Mikroökonomie, 7. Auflage, München u. a. 2009

Rummel, Per, Rechtssicherheit bei der Anwendung des equally efficient competitor-Test, Baden-Baden 2015.

Salop, Steven C., Exclusionary Conduct, Effect on Consumers, and the Flawed Profit-Sacrifice Standard, Antitrust L. J. 73 (2006), 311 ff.

Schäfer, Hans-Bernd/Ott, Claus, Lehrbuch der ökonomischen Analyse des Zivilrechts, 4. Auflage, Berlin 2005

Scherer, Frederic M., Predatory Pricing under Section 2 of the Sherman Act, Harv. L. Rev. 89 (1976), 868 ff.

Scherer, Frederic M., Predatory Pricing and the Sherman Act: A Comment, Harv. L. Rev. 89 (1976), 869 ff.

Schuhmacher, Florian, Altes und Neues zur Kampfpreisunterbietung, ZWeR 2007, 352 ff.

Schuhmacher, Florian, Altes und Neues zur Kampfpreisunterbietung: Gleichzeitig eine Besprechung des Urteils des EuG v. 30.1.2007 – Rs T-340/03 – France Télécom SA/Kommission, ZWeR 2007, 352

Schwarz, Dieter, Wettbewerbspolitische Problematik des Predatory Pricing, WuW 1987, 93 ff.

Schweitzer, Heike, The History, Interpretation and Underlying Principles of Section 2 Sherman Act and Article 82 EC, in: Ehlermann, Claus-Dieter/Marquis, Mel (Hg.), Europan Competition Law Annual 2007: A Reformed Approach to Article 82 EC, Oxford und Portland/Oregon 2008, 119 ff.

Sharpes, Dustin, Reintroducing Intent Into Predatory Pricing Law, Emory L. J. 61 (2012), 903 ff.

Sinclair, Duncan, Abuse of Dominance at a Crossroads – Potential Effect, Object and Appreciability under Article 82 EC, ECLR 2004, 491 ff.

Smith, Nicholas S., Innovative Breakthrough or Monopoly Bullying?: Determining Antitrust Liability of Dominant Firms in Exclusionary Product Redesign Cases, Temple L. Rev. 84 (2012), 995 ff.

Stucke, Maurice E., Is Intent Relevant?, J.L. Econ. & Pol'y 8 (2012), 801 ff.

Vickers, John, Abuse of Market Power, Econ. J. 115 (2005), F244 ff.

Waller, Spencer Weber, The language of Law and the Language of Business, Case Western Law Review 52 (2001), 283 ff.

Wazzan, C. Paul/Frech III, H.E., Allocating Costs in Ninth Circuit Predatory Pricing Cases: *Marsann Co. v. Brammall, Inc.* and its Problematic Progeny, *Inglis v. Continental Baking* and *Thales v. Matsushita*, Antitrust Bull. 54 (2009), 651 ff.

Whish, Richard, Competition Law, 6. Auflage, Oxford 2008

Whish, Richard/ Bailey, David, Competition Law, 8. Auflage, Oxford 2015

Wiedemann, Gerhard, Handbuch des Kartellrechts, 3. Auflage, München 2016

Williamson, Oliver E., Predatory Pricing: A Strategic and Welfare Analysis, Yale L. J. 87 (1977), 284 ff.

Williamson, Oliver E., Commentary: Williamson on Predatory Pricing II, Yale L. J. 88 (1979), 1183 ff.

Wurmnest, Wolfgang, Marktmacht und Verdrängungsmissbrauch, 2. Auflage, Tübingen 2012

Yamey, Basil S., Predatory Price Cutting: Notes and Comments, J. L. & Econ. 15 (1972), 129 ff.

Yu, Quiang, Software Predatory Pricing and Competition Law – Assessing Below-Cost Prices, ECLR 2012, 413 ff.

Zöttl, Johannes, Kein Verbot der Kosten-Preis-Schere im US-amerikanischen Kartellrecht, RIW 2009, 445 ff.